GETTING ALONG IN SPANISH

FIFTH EDITION

GETTING ALONG IN SPANISH

Ana C. Jarvis
Chandler-Gilbert Community College

Raquel Lebredo
California Baptist University

Houghton Mifflin Company
Boston   New York

Director, Modern Language Programs: E. Kristina Baer
Development Manager: Beth Kramer
Associate Sponsoring Editor: Amy Baron
Associate Development Editor: Rafael Burgos-Mirabal
Associate Project Editor: Amy Johnson
Manufacturing Manager: Florence Cadran
Marketing Manager: Patricia Fossi

Cover Design: Rebecca Fagan
Cover Image: "Ocean Park #72" Richard Diebenkorn, 1975
            (Philadelphia Museum of Art)

Printed in the U.S.A.

Library of Congress Catalog Card Number: 99-71967

ISBN: 0-395-96299-4

123456789-VG-03 02 01 00 99

Contents

Preface

Getting Along in Spanish, Fifth Edition, is a communication manual designed to serve those students who seek to develop basic conversational skills in Spanish. Written for use in two-semester or three-quarter courses, it presents everyday situations that students may encounter when traveling or living in Spanish-speaking countries and when dealing with Spanish-speaking people in the United States.

As a key component of the *Basic Spanish Grammar*, Sixth Edition, program, *Getting Along in Spanish* introduces essential vocabulary and provides students with opportunities to apply, in a wide variety of practical contexts, the grammatical structures presented in the corresponding lessons of the *Basic Spanish Grammar* core text.

New to the Fifth Edition

- This edition of *Getting Along in Spanish* features enhanced structural, thematic, lexical, and grammatical ties to the *Basic Spanish Grammar* core text. Like *Basic Spanish Grammar*, *Getting Along in Spanish* now has two preliminary lessons followed by twenty regular lessons.
- The fine-tuned grammatical sequence parallels all changes made in the Sixth Edition of *Basic Spanish Grammar*, allowing for an earlier presentation of the alphabet (*Lección preliminar I*), subject pronouns (*Lección preliminar II*), the present indicative of *ser* (*Lección preliminar II*), forms and position of adjectives (*Lección 1*), possession with *de* (*Lección 2*), possessive adjectives (*Lección 2*), the personal *a* (*Lección 2*), *ir a* + infinitive (*Lección 3*), contractions (*Lección 3*), expressions with *tener* (*Lección 4*), the present progressive (*Lección 5*), direct object pronouns (*Lección 6*), indirect object pronouns (*Lección 7*), the special construction with *gustar, doler,* and *hacer falta* (*Lección 8*), the preterit of stem-changing verbs (*Lección 11*), and *hace* meaning ***ago*** (*Lección 13*). In addition, informal greetings and farewell expressions are now presented in the corresponding *Lección preliminar I* of *Getting Along in Spanish* and of *Basic Spanish Grammar*.
- Technology-related vocabulary has been revised to reflect current technological equipment and means of communication.
- The dialogues have been revised as necessary to conform to the changes in the vocabulary sections and in the scope and sequence of the text.
- Revised and expanded *Notas culturales* are presented in English in the first half of the manual and in accessible Spanish in the second half.
- The appendices now feature a handy reference to the Spanish verb system, including charts with conjugations, as well as a list of useful classroom expressions.
- The Testing Program includes one vocabulary quiz for each of the twenty regular lessons.
- The Audio Program now comes on audio CDs and on cassettes.
- The *Phrasebook for Getting Along in Spanish* is now available.

Organization of the Lessons

- The *Aprenda estas palabras* section opens each regular lesson with illustrations, captioned in Spanish, depicting the thematic active vocabulary. The illustrations without Spanish labels are available as transparency masters in the *Testing Program/Transparency Masters* booklet that accompanies the *Basic Spanish Grammar* program.
- A Spanish dialogue introduces and employs key vocabulary and grammatical structures in the context of the lesson theme. Each dialogue is divided into manageable segments and is accompanied by illustrations to help students visualize what the characters are saying, thereby encouraging them to think in Spanish rather than English. The translations of the dialogues appear in an appendix.
- The *Vocabulario* section summarizes the new, active words and expressions presented in the dialogue and categorizes them by part of speech. A special subsection of cognates heads up the vocabulary list so

students can readily identify these terms. The *Vocabulario adicional* subsection supplies supplementary vocabulary related to the lesson theme.

- *Notas culturales* highlight important aspects of Hispanic culture, from practical information about everyday life to useful facts about history, geography, and civilization.
- The *Dígame...* questions check students' comprehension of the dialogue.
- The *Hablemos* section provides personalized questions spun off from the lesson theme. Students are encouraged to work in pairs, asking and answering each of the questions.
- The *¿Qué pasa aquí?* questions guide students as they describe illustrations depicting situations related to the lesson theme.
- The *En estas situaciones* section develops students' communication skills through role-playing in pairs or small groups.
- In Lesson 2 and Lessons 4–20, the *¿Qué dice aquí?* realia-based activity exposes students to authentic documents such as advertisements, menus, and weather maps. Questions guide students through the documents and elicit their personalized reactions.
- The *Una actividad especial* activity transforms the classroom into a real-world setting such as a restaurant, food market, or airport. The entire class participates in open-ended role-playing that recreates and expands on the situations introduced in the dialogue and the *En estas situaciones* section.
- The *Un paso más* section features an activity that practices the supplementary words and expressions in the *Vocabulario adicional* section.
- All lessons conclude with a Spanish saying, proverb, riddle, tongue-twister, song, or cartoon related to the lesson theme.

Organization of the Repasos

A review section containing the following materials appears after every five lessons.

- *Práctica de vocabulario* exercises check students' cumulative knowledge and use of active vocabulary in a variety of formats: matching, identifying related words, selecting the appropriate word to complete a sentence, and puzzles.
- A *Práctica oral* section features questions that review key vocabulary and structures presented in the preceding five lessons. To develop students' aural and oral skills, the questions are also recorded on the *Getting Along in Spanish* Audio Program.
- Also recorded on the Audio Program, the *Para leer y entender* reading comprehension section presents a passage that ties together the themes, vocabulary, and structures of the preceding five lessons. Follow-up questions check students' understanding.

Appendices

- Appendix A, "Introduction to Spanish Sounds and the Alphabet," presents the alphabet and briefly explains vowel sounds, consonant sounds, linking, rhythm, intonation, syllable formation, and accentuation.
- Appendix B, "Verbs," presents charts of the three regular conjugations and of the *-ar*, *-er*, and *-ir* stem-changing verbs, as well as lists of orthographic-changing verbs and some common irregular verbs.
- Appendix C, "English Translations of Dialogues," contains the translations of all dialogues in the preliminary lessons and the twenty regular lessons.
- Appendix D, "Useful Classroom Expressions," consists of a list of the most common expressions and directions used in the introductory Spanish language class.
- Appendix E, "Weights and Measures," features conversion formulas for temperature and metric weights and measures, as well as Spanish terms for U.S. weights and measures.
- Appendix F, "Answer Key to the *Crucigramas*," allows students to check their work on the crossword puzzles in the *Repaso* sections.

The End Vocabularies

The comprehensive Spanish-English and English-Spanish vocabularies contain all words and expressions from the *Aprenda estas palabras* and *Vocabulario* sections, and each term is followed by the lesson number in which this active vocabulary is introduced. All passive vocabulary items found in the *Vocabulario adicional* sections, in marginal glosses to readings, and in glosses of direction lines or exercises are also included.

Audio Program

The *Getting Along in Spanish* Audio Program opens with a recording of the vowels, consonants, and linking sections of Appendix A, "Introduction to Spanish Sounds and the Alphabet." The mini-dialogues and the vocabulary lists from the two preliminary lessons are also recorded. For the twenty regular lessons, the audio program, now available on audio CDs or cassettes, contains recordings of the lesson dialogues (paused and unpaused versions), the active vocabulary list, and the supplementary words and expressions in the *Vocabulario adicional* section. The recordings of the *Práctica oral* and *Para leer y entender* sections of the *Repasos* appear on the audio CDs and cassettes following Lessons 5, 10, 15, and 20 in accordance with their order in *Getting Along in Spanish*. For students' and instructors' convenience, a CD icon in the manual signals materials recorded on the Audio Program.

The audioscript for the *Getting Along in Spanish* Audio Program is available in a separate booklet that contains the audioscripts for the complete *Basic Spanish Grammar* program.

Testing

The *Testing Program/Transparency Masters* booklet for the *Basic Spanish Grammar* program includes a vocabulary quiz for every regular lesson and two sample final exams for *Getting Along in Spanish*. For instructors' convenience, answer keys for the tests and suggestions for scheduling and grading the quiz and exams are also provided.

The New Phrasebook for Getting Along in Spanish

This phrasebook contains the vocabulary in *Getting Along in Spanish*, Fifth Edition. The book comes in a convenient pocket size and the terminology is arranged alphabetically to serve as a handy and quick reference during the course and in real-life situations.

A Final Word

The many students who have used the previous editions of *Getting Along in Spanish* have enjoyed learning and practicing a new language in realistic contexts. We hope that the Fifth Edition will prepare today's students to communicate better with the Spanish-speaking people whom they encounter in the course of their activities.

We would like to hear your comments on and reactions to *Getting Along in Spanish* and to the *Basic Spanish Grammar* program in general. Reports of your experience using this program would be of great interest and value to us. Please write to us care of Houghton Mifflin Company, College Division, 222 Berkeley Street, Boston, MA 02116-3764.

Acknowledgments

We wish to thank our colleagues who have used previous editions of *Getting Along in Spanish* for their many constructive comments and suggestions. We especially appreciate the valuable input of the following reviewers of *Getting Along in Spanish*, Fourth Edition:

Dr. Martin Durant, *Mesa Community College*
Olga Gerberg, *Queens College*
Elaine d'Entremont Graybill, *Tyler Junior College*
Suzanne McLaughlin, *Chemeketa Community College*

Betsy McLoughlin, *Mesa State College*
Germán Pavía, *University of Miami at Coral Gables*
Carlos Poblet, *Los Angeles Southwest College*

Finally, we extend our sincere appreciation to the Modern Languages Staff of Houghton Mifflin Company, College Division: E. Kristina Baer, Director; Beth Kramer, Development Manager; Amy Baron, Associate Sponsoring Editor; Rafael Burgos-Mirabal, Associate Development Editor; and Amy Johnson, Associate Project Editor.

Ana C. Jarvis
Raquel Lebredo

Conversaciones breves

A. —Buenos días, señorita Vega. ¿Cómo está usted?
—Muy bien, gracias, señor Pérez. ¿Y usted?
—Bien, gracias.

B. —Buenas tardes, doctora Ramírez.
—Buenas tardes, señora Soto. Pase y tome asiento, por favor.
—Gracias.

C. —Profesora Ortiz: el señor Méndez.
—Mucho gusto.
—El gusto es mío.

D. —¿Qué fecha es hoy?
—Hoy es el cuatro de enero.
—¿Hoy es martes?
—No, hoy es lunes.

E. —Hola, ¿qué tal, Pepe?
　—Bien, ¿y tú? ¿Qué hay de nuevo?
　—No mucho.
　—Adiós.
　—Chau.

F. —Hasta luego, María Inés.
　—Hasta la vista, Jorge. Saludos a Claudia.

💿 Vocabulario *(Vocabulary)*

SALUDOS Y DESPEDIDAS *(Greetings and farewells)*

Buenas tardes. Good afternoon.
Buenos días. Good morning.
Adiós. Good-bye.
Chau. Bye.
Hasta la vista. I'll see you around. *(Until we meet again.)*
Hasta luego. I'll see you later.
Hola. Hello. (Hi.)
¿Cómo está Ud.?[1] How are you? *(formal)*
Muy bien, ¿y usted? Very well, and you?
¿Qué hay de nuevo? What's new?
¿Qué tal? How's it going? *(informal)*

TÍTULOS *(Titles)*

doctor(a) (Dr[a].)[2] doctor *(m., f.)*
profesor(a) professor, teacher *(f.)*
señor (Sr.) Mr., sir, gentleman
señora (Sra.) Mrs., madam, lady
señorita (Srta.) Miss, young lady

EXPRESIONES DE CORTESÍA *(Polite expressions)*

El gusto es mío. The pleasure is mine.
Gracias. Thank you.
Mucho gusto. It's a pleasure to meet you.
por favor please

OTRAS PALABRAS Y EXPRESIONES *(Other words and expressions)*

bien well, fine
conversaciones breves brief conversations
hoy today
mucho much, a lot
muy very
no no, not
Pase. Come in.
¿Qué fecha es hoy? What's the date today?
Saludos a... Say hello to . . .
Tome asiento. Have a seat.
y and

---

[1]**¿Cómo estás?** is used when addressing a friend or a very young person.
[2]In most Spanish-speaking countries, lawyers and members of many other professions who hold the equivalent of a Ph.D. are addressed as **doctor** or **doctora.**

Notas culturales (Cultural notes)

- Notice the difference between Dialogue A and Dialogue E on pages 1 and 2: Mr. Pérez greets Miss Vega and calls her *usted*. Miss Vega responds by also calling him *usted*. Their relationship is amicable but formal. In Dialogue E, Pepe and Marisa, who are both young, call each other *tú*. Their relationship is informal.
- In Spain and Latin America the week starts on Monday *(lunes)*, as you can see in the calendar in Figure D on page 1.
- When saying hello or good-bye and when being introduced, Hispanic men and women almost always shake hands. When greeting each other, girls and women often place their cheeks together, kissing not each other's cheek but the air. In Spain, this kissing is done on both cheeks. Men who are close friends sometimes embrace and pat each other on the back.
- **María** is a very popular name in Spain and Latin America. It is frequently used in conjunction with other names: **María Inés, Ana María, María Isabel,** etc. It is also used as a middle name for men, for example, **José María, Luis María,** etc.

Hablemos *(Let's talk)*

With a partner, take turns responding to the following greetings and questions.

1. Buenos días (Buenas tardes, Buenas noches [*Good evening*]), señor (señora, señorita).

   _____

2. Hola, ¿qué tal?

   _____

3. ¿Cómo está usted?

   _____

4. Mucho gusto, señor (señora, señorita).

   _____

5. ¿Qué fecha es hoy?

   _____

6. ¿Qué día es hoy?

   _____

7. ¿Qué hay de nuevo?

   _____

8. Hasta la vista.

   _____

En estas situaciones *(In these situations)*

What would you say in the following situations? What might the other person say?

1. You encounter Dr. Pérez in the morning and want to know how she is.

2. You greet Mrs. Peña in the evening.

3. You see your professor in the afternoon.

4. You greet your friend Carlos and ask what's new with him.

5. One of your relatives asks you how you are.

6. You are leaving your friend María, whom you're going to see again that same day.

7. You tell someone to say hello to your best friend.

Un poema *(A poem)*

Treinta días trae° noviembre	*brings*
con abril, junio y septiembre.	
De veintiocho sólo° hay uno,	*only*
y los demás° de treinta y uno.	*los... the others*

🔊 *En el club*

Por teléfono

<table>
<tr><td>A.</td><td>**RECEPCIONISTA**</td><td>—Club Náutico, buenos días.</td></tr>
<tr><td></td><td>**UN SEÑOR**</td><td>—Buenos días. ¿Está la señorita Ana Reyes?</td></tr>
<tr><td></td><td>**RECEPCIONISTA**</td><td>—¿De parte de quién?</td></tr>
<tr><td></td><td>**UN SEÑOR**</td><td>—De Mario Vargas.</td></tr>
<tr><td></td><td>**RECEPCIONISTA**</td><td>—Un momento, por favor.</td></tr>
</table>

<table>
<tr><td>B.</td><td>**RECEPCIONISTA**</td><td>—Bueno.</td></tr>
<tr><td></td><td>**UNA SEÑORA**</td><td>—¿Está el señor Calderón?</td></tr>
<tr><td></td><td>**RECEPCIONISTA**</td><td>—No, no está. Lo siento. ¿Algún mensaje?</td></tr>
<tr><td></td><td>**UNA SEÑORA**</td><td>—No, gracias. Llamo más tarde.</td></tr>
</table>

En la cafetería

<table>
<tr><td>C.</td><td>**LA SRA. PAZ**</td><td>—¿De dónde eres tú?</td></tr>
<tr><td></td><td>**MARIBEL**</td><td>—Yo soy de Quito. ¿De dónde son ustedes?</td></tr>
<tr><td></td><td>**LA SRA. PAZ**</td><td>—Nosotros somos de Bogotá.</td></tr>
</table>

<table>
<tr><td>D.</td><td>**EMPLEADO**</td><td>—¿Cuántas mesas hay aquí?</td></tr>
<tr><td></td><td>**EMPLEADA**</td><td>—Hay veinte mesas.</td></tr>
<tr><td></td><td>**EMPLEADO**</td><td>—¿Cuántas sillas hay?</td></tr>
<tr><td></td><td>**EMPLEADA**</td><td>—Hay ochenta sillas.</td></tr>
</table>

♨ Vocabulario *(Vocabulary)*

COGNADOS *(Cognates)*[1]

la cafetería   cafeteria
el club   club
el (la) recepcionista[2]   receptionist

NOMBRES *(Nouns)*

el club náutico   marina club, yacht club
el (la) empleado(a)   employee
el mensaje   message
la mesa   table
la silla   chair
el teléfono   phone

VERBO *(Verb)*

ser   to be

OTRAS PALABRAS Y EXPRESIONES *(Other words and expressions)*

algún mensaje   any message
aquí   here

Bueno   Hello
¿cuántos(as)?   how many?
de   from
de dónde   where from
¿De parte de quién?   Who's speaking (calling)?
¿Está... + name?   Is . . . (name) there?
hay   there is, there are
Lo siento.   I'm sorry.
Llamo más tarde.   I'll call later.
No está.   He (She) is not here.
por teléfono   on the phone
un momento   one moment

Nota cultural

- In Spanish-speaking countries, people use different expressions when answering the phone. The following are the most commonly used:

  In Mexico: "Bueno"
  In Spain: "Diga", "Dígame", "¿Sí?"
  In Cuba and other Caribbean countries: "Oigo"
  In Argentina: "¿Sí?", "Hable", "Hola"

Hablemos

With a partner, take turns responding to the following questions.

1. ¿De dónde eres tú?

_____

2. ¿De dónde es el profesor (la profesora)?

_____

[1]Cognates are words that resemble one another and have similar meanings in Spanish and English. Note that English cognates often have different spellings and always have different pronunciations than their Spanish counterparts.
[2]In nouns ending in **-ista,** only the article will change to indicate gender: **el recepcionista** *(m.)*; **la recepcionista** *(f.).*

3. ¿Cuántos estudiantes hay aquí hoy?

    _____

4. ¿Cuántos empleados hay en la oficina? *(office)*

    _____

5. ¿Hay un teléfono aquí?

    _____

6. ¿Hoy es lunes?

    _____

En estas situaciones

What would you say in the following situations? What might the other person say?

1. You are on the phone. You ask whether Mr. Campos is there.

2. You are answering the phone. Someone wants to speak with Miss Valdivia. Ask who is speaking and tell the person to wait a moment.

3. Someone wants to speak with your mother. Tell the person she is not home and ask if there's any message.

4. The person you are calling is not home. Say that you will call later.

5. You want to know how many chairs there are in the classroom (here).

6. Someone asks you where you are from. Reply.

Un dicho *(A saying)*

Querer es poder.   *Where there is a will, there is a way.*

● *Aprenda estas palabras (Learn these words)*

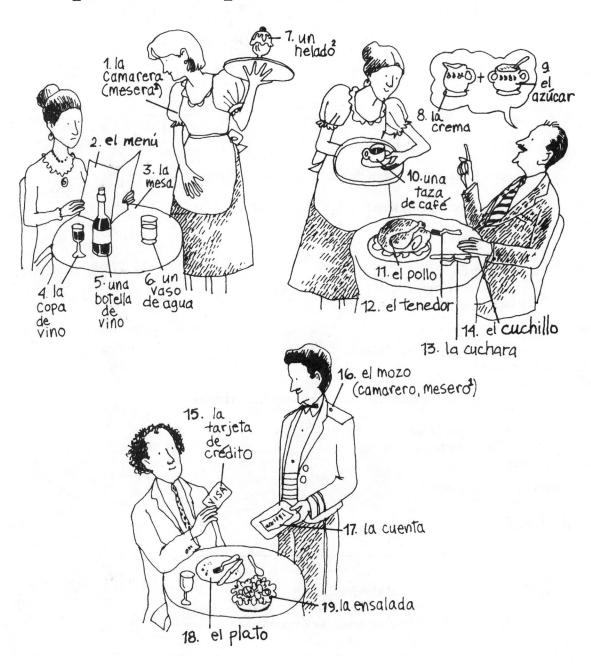

1. la camarera (mesera²)
2. el menú
3. la mesa
4. la copa de vino
5. una botella de vino
6. un vaso de agua
7. un helado²
8. la crema
9. el azúcar
10. una taza de café
11. el pollo
12. el tenedor
13. la cuchara
14. el cuchillo
15. la tarjeta de crédito
16. el mozo (camarero, mesero²)
17. la cuenta
18. el plato
19. la ensalada

¹Mexico and Puerto Rico.
²Also called *una nieve* in Mexico and *un mantecado* in Puerto Rico.

9

🎵 *En el restaurante El sombrero*

ANA	—Deseo una ensalada mixta, sopa de verduras y bistec con papas fritas.
MOZO	—¿Qué desea tomar? ¿Vino blanco... ? ¿Vino tinto... ?
ANA	—No, una botella de agua mineral.
MOZO	—¿Y de postre? ¿Fruta? ¿Helado?
ANA	—Helado de vainilla.
MOZO	—¿Desea una taza de café?
ANA	—No, un vaso de té frío.
MOZO	—Muy bien, señorita.

Más tarde:

ANA	—¡Camarero! La cuenta, por favor.
MOZO	—Sí, señorita.
ANA	—¿Aceptan Uds. cheques de viajero?
MOZO	—No, no aceptamos cheques de viajero, pero aceptamos tarjetas de crédito.
ANA	—¿Qué hora es, por favor?
MOZO	—Son las dos y cuarto.
ANA	—Gracias.

Ana paga la cuenta y deja una propina.

🎵 Vocabulario

COGNADOS

el cheque check
la fruta fruit
el restaurante restaurant
el té tea

NOMBRES

el agua mineral   mineral water
el bistec   steak
el cheque de viajero   traveler's check
el helado de vainilla   vanilla ice cream
la papa, la patata (*Spain*)   potato
las papas fritas   French fries
la sopa   soup
la sopa de verduras   vegetable soup
el té frío (helado)   iced tea
las verduras, los vegetales   vegetables

VERBOS

aceptar   to accept
dejar   to leave (behind)
desear   to wish, to want
pagar   to pay
tomar   to drink

ADJETIVOS

blanco(a)   white
frío(a)   cold
frito(a)   fried
mixto(a)   tossed (ref. to salad), mixed
tinto   red (ref. to wine)

OTRAS PALABRAS Y EXPRESIONES

con   with
de   of
de postre   for dessert
más tarde   later
o   or
pero   but
¿qué?   what?
sí   yes

Vocabulario adicional (*Additional vocabulary*)

FRUTAS (*Fruits*)

la banana, el plátano   banana, plantain
el durazno, el melocotón   peach
las fresas   strawberries
la manzana   apple
el melón   melon
la naranja, la china (*Puerto Rico*)   orange
la pera   pear
la piña   pineapple
la sandía, el melón de agua (*Cuba*)   watermelon
el tomate   tomato
la toronja, el pomelo (*Spain*)   grapefruit
las uvas   grapes

JUGOS (*Juices*)[1]

Jugo de
- durazno
- fresas
- manzana
- melón
- naranja
- pera
- piña
- tomate
- toronja
- uvas

Notas culturales

- In Spanish-speaking countries, coffee is generally served very strong (what we call *espresso*), and is prepared in individual two- or three-ounce servings. At breakfast, hot milk is added to create *café con leche*. Coffee is never drunk during other meals, but is served after dessert. Coffee with a splash of milk is called *un cortado*.
- Except in some resort areas, traveler's checks generally are not accepted as cash at restaurants and shops in the Hispanic world, as they are in the United States. They must be cashed at banks, currency exchanges, or hotels. Credit cards are widely used, especially in urban areas, but personal checks are not.
- In many Spanish-speaking countries, gratuities are included in the price of the meal.

---

[1]*zumos*, in Spain

Dígame... *(Tell me . . .)*

Answer the following questions, basing your answers on the dialogue.

1. ¿Qué desea Ana?

_____

2. ¿Qué desea tomar?

_____

3. ¿Qué desea de postre?

_____

4. ¿Ana toma té o café?

_____

5. ¿Aceptan cheques de viajero en el restaurante El sombrero?

_____

6. ¿Qué aceptan?

_____

7. ¿Qué paga Ana y qué deja?

_____

8. ¿Qué hora es?

_____

Hablemos

Imagine that you are at a restaurant with a classmate. Ask him or her the following questions. When you have finished, switch roles.

1. ¿Deseas una copa de vino o un vaso de agua? ¿Tomas agua mineral a veces *(sometimes)*?

_____

2. ¿Deseas sopa o ensalada mixta?

_____

3. ¿Deseas bistec con papas fritas o sopa de verduras?

_____

4. ¿Qué deseas de postre: helado de vainilla o fruta?

_____

5. ¿Qué deseas tomar?

   _____

6. ¿Tomas café o té?

   _____

7. ¿Deseas crema y azúcar con el café (té)?

   _____

8. ¿Pagamos con cheque o con tarjeta de crédito?

   _____

9. ¿Dejamos propina?

   _____

10. ¿Qué hora es?

   _____

¿Qué pasa aquí? *(What's happening here?)*

With a partner, decide what the people are saying according to what you see in the pictures.

1. Camarero 1: _____

   Susana: _____

   Mario: _____

2. Camarero 2: _____

   Juan: _____

3. Camarera 1: _____

   Estela: _____

4. Roberto: _____

5. Ana: _____

   Camarera 3: _____

En estas situaciones

What would you say in the following situations? What might the other person say?

1. You are at a restaurant. You are very hungry and plan to order a full meal: soup, salad, a main course, wine, dessert, and coffee. When it's time to pay the bill, you discover that you don't have any cash in your wallet.

2. A friend has dropped by unexpectedly. The only drinks you have on hand to offer are mineral water and iced tea.

3. You and a friend have just finished dinner at a restaurant. You volunteer to pay the bill and suggest that your friend leave the tip.

4. You ask someone whether he/she wants to drink red or white wine.

Una actividad especial *(A special activity)*

Organize the class so that three or four students play the roles of waiters and waitresses (the number will depend on class size). Divide the rest of the students into groups of two or three. The class should be set up to resemble a restaurant. The waiters and waitresses should pass out the menus, take the customers' orders, and shout them to the instructor. The customers then will ask for the bill and discuss how to pay it. Copies of the menu on page 16 should be made in advance.

Un paso más *(One step farther)*

A. Review the *Vocabulario adicional* in this *lección*, and give the ingredients and amounts needed for a fruit salad, based on the pictures below and on page 17.

MODELO: **Para la ensalada de frutas necesitamos tres bananas (plátanos).**

RESTAURANTE

EL SOMBRERO

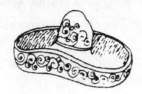

PARA COMER [1]

Ensalada de lechuga [2] y tomate	$ 30 [3]
Sopa (de verduras o de pollo [4])	$ 20
Bistec	$ 80
Langosta [5]	$ 150
Bistec con langosta	$ 180
Arroz con pollo [6]	$ 90
Hamburguesa	$ 24

POSTRES

Flan con crema	$ 20
Helado (de chocolate o de vainilla)	$ 15
Flan con helado	$ 25
Fruta	$ 15
Fruta con helado	$ 20

PARA TOMAR

Agua mineral	$ 20
Limonada	$ 20
Vino tinto	$ 35
Vino blanco	$ 35
Café	$ 20
Té	$ 20
Refrescos [7]: Coca-Cola o Fanta de naranja	$ 20

[1]**comer** to eat   [2]**lechuga** lettuce   [3]All prices are in Mexican pesos.   [4]**pollo** chicken   [5]**langosta** lobster
[6]**arroz con pollo** chicken and rice   [7]**refresco** soda pop

_____

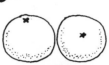

_____

_____

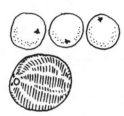

_____

_____

y una  de azúcar. _____

_____

B. Use the appropriate forms of *desear* to do the following.

1. Say what kind of juice everyone wants: You and a friend want orange juice, another friend wants tomato juice, and two others want grapefruit juice.

2. Ask a classmate (using the *tú* form) if he or she wants grape juice or strawberry juice and ask your instructor (using the *Ud.* form) if he or she wants a certain kind of juice.

Un trabalenguas *(A tongue-twister)*

Tres tristes° tigres   *sad*

● *Aprenda estas palabras*

¡Salud! ¡Salud!

1. el brindis

2. el vermut

3. el ron

4. el pastel

5. la torta

6. la langosta

7. el camarón[1]

8. el pescado

9. el cangrejo

10. el pato

11. el cordero

---

[1]*La gamba,* in Spain.

🎵 *En un restaurante elegante*

Raúl lleva a su esposa, Nora, a cenar a un restaurante muy elegante.

MOZO   —Por aquí, por favor. Aquí está el menú. ¿Desean tomar algo?

RAÚL   —Sí, un vermut, por favor.

MOZO   —Muy bien, señor. En seguida regreso.

RAÚL   —¿Qué deseas comer, mi amor? El pescado y los mariscos son la especialidad de la casa.

NORA   —No me gusta el pescado. *(Lee el menú.)* Cordero asado con papas al horno... o con puré de papas.

RAÚL   —*(Lee también.)* Chuletas de cerdo con papas fritas y vegetales con salsa de queso.

Raúl y Nora deciden pedir las chuletas de cerdo con papas fritas y media botella de vino tinto.

NORA —*(Lee la lista de postres.)* Pastel de coco… torta al ron… pudín…
¿Qué te gusta?
RAÚL —Me gusta el pastel de coco. Es muy sabroso.

El mozo regresa, anota el pedido y después trae la comida y abre la botella de vino.

RAÚL —*(A Nora)* ¡Un brindis!
NORA —¡Salud, dinero y amor!

Cuando terminan de cenar conversan un rato y beben café. Después deciden ir a la casa de los padres de Nora.

 Vocabulario

COGNADOS

el coco   coconut
elegante   elegant
la especialidad   specialty
la lista   list
el pudín, el budín   pudding

NOMBRES

el amor   love
la casa   house
la comida   food
la chuleta de cerdo   pork chop
el dinero   money
la esposa, la mujer   wife
el esposo, el marido   husband
los mariscos   shellfish
los padres   parents
la papa al horno   baked potato
el pedido   order
el puré de papas   mashed potatoes
el queso   cheese
la salsa   sauce
la salud   health
la torta al ron   rum cake

VERBOS

abrir   to open
anotar   to write something down
beber   to drink
cenar   to have dinner (supper)
comer   to eat
conversar   to talk, to chat
decidir   to decide

ir[1]   to go
leer   to read
llevar   to take (someone or something some place)
pedir (e:i)   to order, to ask for
regresar   to return
terminar   to finish
traer[2]   to bring

ADJETIVOS

asado(a)   roasted
medio(a)   half
sabroso(a), rico(a)   tasty

OTRAS PALABRAS Y EXPRESIONES

Aquí está el menú.   Here is the menu.
cuando   when
después (de)   later, afterwards
en seguida   right away
En seguida regreso.   I'll be right back.
media botella   half a bottle
mi amor   darling, my love
(no) me gusta   I (don't) like
(no) te gusta   you (don't) like
por aquí   this way
también   too, also
tomar algo[3]   to have something to drink
un rato   a while

---

[1]**Ir** is an irregular verb. It is presented in Lesson 3.
[2]Irregular first person: *yo traigo*
[3]*comer algo:* to have something to eat

Vocabulario adicional

RESTAURANTE MIRAMAR

❋

Especialidad en carnes y mariscos

Sopas

Sopa de pollo	$ 20,00[1]	Sopa de fideos (*noodles*)	$ 20,00
Sopa de arroz (*rice*)	$ 20,00	Sopa de cebollas (*onion*)	$ 25,00

Ensaladas

De tomate	$ 30,00	Mixta (*Mixed*)	$ 35,00
De lechuga (*lettuce*)	$ 30,00	De papas	$ 30,00

Todos los platos de la lista se sirven [2] con entremeses, la sopa del día y ensalada.

Pescados y mariscos

Bacalao (*Cod*)	$ 40,00	Trucha (*Trout*)	$ 45,00
Langosta	$150,00	Camarones	$ 90,00
Salmón	$ 50,00	Cangrejo	$ 95,00

Carne (Meat)

Albóndigas (*Meatballs*)	$ 70,00	Chuletas de cerdo	$ 65,00
Bistec (filete)	$ 80,00	Pato asado	$ 75,00
Cordero asado	$ 75,00	Pavo relleno (*stuffed turkey*)	$ 70,00
Guisado (guiso) (*stew*)	$ 70,00	Pollo frito (*fried chicken*)	$ 70,00

Postres

Arroz con leche (*rice pudding*)	$ 15,00	Flan con crema (*caramel custard*)	$ 20,00
Pudín	$ 20,00	Helado	$ 15,00
Torta de chocolate	$ 25,00	Frutas	$ 15,00
Pastel de coco	$ 20,00		
Torta al ron	$ 25,00		

Bebidas (Drinks)

Cerveza (*Beer*)	$ 25,00	Café	$ 20,00
Champán (*Champagne*)	$ 60,00	Té	$ 20,00
Vino blanco	$ 35,00	Agua mineral	$ 20,00
Vino tinto	$ 35,00	Jugo de frutas	$ 20,00

[1] All prices are in Mexican pesos. Notice the use of a comma, rather than a decimal point.
[2] *se sirven:* are served

PARA HABLAR DE LA COMIDA *(To talk about food)*

comida
- mexicana
- italiana
- china (Chinese)
- francesa (French)
- alemana (German)

el bistec
- medio crudo rare
- término medio medium rare
- bien cocido well done

Notas culturales

- In most Spanish-speaking countries, restaurants do not start serving dinner before 9:00 P.M.
- In Spain and Latin America, most people are reluctant to leave the table right after they finish eating. They prefer to remain seated and chat, discuss events, exchange ideas, tell jokes, and just enjoy each other's company. This lingering at the table after lunch or dinner is called *hacer la sobremesa.*

Dígame...

Answer the following questions, basing your answers on the dialogue.

1. ¿Adónde lleva Raúl a su esposa? ¿Para qué? *(What for?)*

_____

2. ¿Cuál es la especialidad de la casa?

_____

3. ¿Qué comen Nora y Raúl? ¿Qué beben?

_____

4. ¿Qué lee Nora? ¿Desea ella comer pescado?

_____

5. ¿Qué deciden pedir Nora y Raúl?

_____

6. ¿Qué postre es muy sabroso?

_____

7. ¿Qué trae el mozo? ¿Qué abre?

_____

8. ¿Conversan Nora y Raúl cuando terminan de comer?

_____

9. ¿Qué beben Nora y Raúl después de cenar?

_____

10. ¿Adónde deciden ir Nora y Raúl después de cenar?

_____

Hablemos

Imagine that you are at a restaurant with a classmate. Ask him or her the following questions. When you have finished, switch roles.

1. ¿Te gusta la comida mexicana? ¿italiana? ¿china?

_____

2. La especialidad de la casa es pescado. ¿Te gusta?

_____

3. ¿Qué mariscos comes? ¿Qué pescados comes?

_____

4. En el menú hay *(there are)* papas fritas, papas al horno y puré de papas. ¿Qué deseas pedir?

_____

5. ¿Comes muchos vegetales?

_____

6. ¿Deseas sopa de arroz, sopa de fideos o sopa de cebollas?

_____

7. ¿Deseas comer albóndigas, guisado o pollo frito?

_____

8. ¿Bebes vino blanco o vino tinto?

_____

9. ¿Deseas pedir una copa de vino o media botella de vino?

_____

10. ¿Qué más *(What else)* deseas beber? ¿Bebes café con las comidas?

_____

11. Hay *(There is)* pastel de coco, pudín y torta al ron. ¿Qué deseas comer de postre?

_____

12. ¿Tú llevas a tus amigos *(friends)* a la casa de tus padres a veces *(sometimes)*?

_____

¿Qué pasa aquí?

With a partner, answer the following questions according to what you see in the pictures.

A. 1. ¿Cuál es la especialidad de la casa?

_____

2. ¿Juan desea comer langosta?

_____

3. ¿Qué desea comer Yolanda?

_____

4. ¿Qué desea beber Yolanda?

_____

B. 1. ¿Qué lee Mario?

_____

2. ¿Qué decide pedir Mario de postre?

_____

3. ¿Sara desea pedir helado?

_____

C. 1. ¿Qué anota el mozo?

_____

2. ¿Qué desea comer Rosa?

_____

3. ¿Ana desea comer pato o camarones?

_____

D. 1. ¿Cuántos dólares desea dejar Lola de propina?

_____

2. ¿Deja mucho dinero Jorge?

_____

En estas situaciones

What would you say in the following situations? What might the other person say?

1. You are hosting a party. You offer a guest two different desserts, asking if he or she likes each one of them. After offering a selection of beverages, you propose a toast.

2. You are a waiter/waitress. Tell a customer to follow you and give him or her a menu. Tell the customer you'll be right back.

3. You are dining at a restaurant. When the waiter/waitress comes to your table, order a meat or fish dish, a baked potato or French fries, and vegetables.

¿Qué dice aquí?

You and a classmate have decided to go out to dinner tonight. Read the ads below and on page 28, and with a partner take turns answering the following questions.

1. Uds. desean comer mariscos. ¿A qué restaurante deben ir *(go)*?

   _____

2. ¿Qué mariscos hay en el restaurante?

   _____

3. ¿Qué desean comer Uds. en el restaurante?

   _____

4. ¿Cuál es la especialidad del restaurante Lila's?

   _____

5. ¿Qué pueden *(can)* Uds. pedir de postre en Lila's?

   _____

6. ¿Qué tarjetas de crédito aceptan en el restaurante Lila's?

   _____

Una actividad especial

The class will be divided into seven groups. Each group will prepare a lunch and dinner menu (including dessert and drinks) for a different day of the week. A member of each group will read the menus out loud. Vote on which group has created the healthiest menu *(el menú más sano)*, the least healthy menu *(el menú menos sano)*, and the most original menu *(el menú más original)*.

Un paso más

**Review the *Vocabulario adicional* in this *lección*, and match the questions in
column A with the corresponding answers in column B.**

A	B
1. ¿Deseas comer ravioles?	_____ a. No, de papas.
2. ¿Cómo te gusta el bistec?	_____ b. Sí, me gusta la comida mexicana.
3. ¿Deseas una ensalada mixta?	_____ c. No, él no come carne.
4. ¿Comes bacalao?	_____ d. Sí, de cerdo.
5. ¿Tú comes tacos?	_____ e. Sí, especialmente el chou-mein.
6. ¿Te gusta el bistec casi crudo?	_____ f. No, no me gusta el pescado.
7. ¿Desea albóndigas él?	_____ g. No, término medio.
8. ¿Deseas pedir *sauerkraut*?	_____ h. No, no me gusta la comida italiana.
9. ¿Desean Uds. chuletas?	_____ i. No, como guiso.
10. ¿Comen trucha Uds.?	_____ j. No, no me gusta la comida alemana.
11. ¿Te gusta la comida china?	_____ k. Bien cocido.
12. ¿Ud. come pavo relleno?	_____ l. No, comemos atún.

Un proverbio

No sólo de pan vive el hombre.   *Man does not live by bread alone.*

🔘 *Aprenda estas palabras*

1. la familia
2. la madre (mamá)
3. el padre (papá)
4. la hija
5. los padres
6. el hijo¹
7. el novio
8. la novia
9. rubia
10. morena
11. alto y delgado
12. bajo y gordo
13. la Navidad / diciembre 25
14. bailar
15. cansado
16. una copa de champán

¹*Los hijos*, meaning *children*, can refer to either sons or sons and daughters.

31

⊙ En una fiesta

El profesor Gómez y su esposa dan una fiesta de Navidad en su casa. Él invita a muchos de sus estudiantes a la fiesta. Allí los muchachos y las chicas bailan y conversan.

Rosa y Julio están ahora en la sala. Ella es rubia, delgada y muy bonita. Él es de estatura mediana, moreno y guapo. Los dos son muy inteligentes.

JULIO	—¿De dónde eres tú, Rosa? ¿De Cuba?
ROSA	—No, yo soy norteamericana. Mis padres son de Cuba.
JULIO	—¿Ellos viven aquí ahora?
ROSA	—Sí, ahora toda la familia está aquí.
JULIO	—Y Luis... ¿es tu novio?
ROSA	—No, es el novio de mi hermana.
JULIO	—¿Bailamos?
ROSA	—Ahora no... estoy un poco cansada.
JULIO	—¿Vas a la fiesta de Mirta mañana?
ROSA	—Sí, voy con mis primos. ¿Con quién vas tú?
JULIO	—Yo voy solo. Oye, ¿deseas un vaso de cerveza?
ROSA	—No, una copa de champán, por favor.

Julio trae el champán.

ROSA	—Julio, ¿tú vas a asistir a la conferencia del Dr. Salgado el viernes?
JULIO	—No, voy a ir al cine con un amigo. Las conferencias de él son muy aburridas.

Vocabulario

NOMBRES

el (la) amigo(a)   friend
la cerveza   beer
la chica, la muchacha   girl, young woman
el chico, el muchacho   boy, young man
el cine   movie theater
la conferencia   lecture
el (la) estudiante   student
la fiesta   party
la hermana   sister
el hermano   brother
el (la) primo(a)   cousin
la sala   living room

VERBOS

asistir   to attend
dar[1]   to give
estar[2]   to be
ir[3]   to go
vivir   to live

ADJETIVOS

aburrido(a)   boring
bonito(a)   pretty
guapo(a)   handsome
muchos(as)   many
todos(as)   all

OTRAS PALABRAS Y EXPRESIONES

ahora   now
allí   there
¿Bailamos?   Shall we dance?
de estatura mediana   of medium height
los (las) dos   both
mañana   tomorrow
¡oye!   listen!
¿quién?   who?, whom?
solo(a)   by oneself, alone
un poco   a little

Vocabulario adicional

OTROS MIEMBROS DE LA FAMILIA
(Other members of the family)

la abuela   grandmother
el abuelo   grandfather
la nieta   granddaughter
el nieto   grandson
la sobrina   niece
el sobrino   nephew
la tía   aunt
el tío   uncle

PARIENTES POLÍTICOS *(In-laws)*

la cuñada   sister-in-law
el cuñado   brother-in-law
la nuera   daughter-in-law
la suegra   mother-in-law
el suegro   father-in-law
el yerno   son-in-law

OTROS PARIENTES *(Other relatives)*

la hermanastra   stepsister
el hermanastro   stepbrother
la hijastra   stepdaughter
el hijastro   stepson
la madrastra   stepmother
el padrastro   stepfather

---

[1]Irregular first person: **yo doy**
[2]Irregular first person: **yo estoy**
[3]Irregular first person: **yo voy**

Notas culturales

- In Spain and Latin America, people generally celebrate Christmas Eve *(la Nochebuena)* with a late dinner. Catholics go to Midnight Mass *(Misa de Gallo)*. Most children do not believe in Santa Claus, but rather in the Three Wise Men *(los Tres Reyes Magos)*, who come on the night of January 5, bringing presents. Instead of hanging up a stocking, children leave their shoes on the windowsill.
- In Spanish-speaking countries, children, teenagers, and their parents do many things together, including going to parties. This practice generally is more common than it is in the United States.

Dígame...

Answer the following questions, basing your answers on the dialogue.

1. ¿Quiénes dan una fiesta en su casa? ¿A quiénes invitan?

2. ¿Dónde están Julio y Rosa? ¿Ellos bailan o conversan?

3. ¿Cómo es Julio?[1] ¿Cómo es Rosa?

4. ¿Rosa es de Cuba?

5. ¿De dónde son los padres de Rosa y dónde están ahora?

6. ¿Luis es el novio de Rosa?

7. ¿Con quién va Rosa a la fiesta de Mirta? ¿Con quién va Julio?

8. ¿Qué desea tomar Rosa?

9. ¿Julio va a asistir a la conferencia del doctor Salgado? ¿Adónde va a ir?

10. ¿Cómo son las conferencias del Dr. Salgado?

---

[1]What is Julio like?

Hablemos

Interview a classmate, using the following questions. When you have finished, switch roles.

1. ¿De dónde eres tú? ¿De dónde son tus padres?

   _____

2. ¿Tu mamá es rubia o morena? ¿Es alta, baja o de estatura mediana?

   _____

3. ¿Tu papá es gordo o delgado?

   _____

4. ¿Dónde viven tus padres? ¿Tú vives con ellos?

   _____

5. ¿Tú das muchas fiestas en tu casa? ¿Das fiestas de Navidad?

   _____

6. ¿Vas a una fiesta mañana?

   _____

7. Generalmente *(Generally)*, ¿vas solo(a) a las fiestas? ¿Y al cine?

   _____

8. En una fiesta, ¿tú bailas o conversas? ¿Bailas bien?

   _____

9. ¿Tú bebes cerveza, champán o refresco?

   _____

10. ¿Tú vas a estar en tu casa mañana?

    _____

11. ¿Tú asistes a muchas conferencias? ¿Son aburridas?

    _____

12. ¿Estás cansado(a) ahora?

    _____

¿Qué pasa aquí?

With a partner, answer the following questions according to what you see in the picture.

1. ¿Quién da una fiesta?

   _____

2. ¿Es una fiesta de Navidad o de aniversario?

   _____

3. ¿Con quién conversan Paco y Ana?

   _____

4. ¿Es gorda Elena?

   _____

5. ¿Es alto Julio?

   _____

6. ¿De dónde es Dora?

_____

7. ¿Está Pedro en la sala?

_____

8. ¿Está Raquel en la fiesta?

_____

9. ¿Con quién baila Rita?

_____

10. ¿Qué toma Dora?

_____

11. ¿Es bonita Estela?

_____

12. ¿Quién toma champán?

_____

13. ¿Es delgado Alberto?

_____

14. ¿Mario es rubio o moreno?

_____

En estas situaciones

What would you say in the following situations? What might the other person say?

1. Someone asks you to describe your best friend.

2. Someone asks you to dance at a party, but you're very tired.

3. You are having a party. Ask a friend if he/she wants to drink beer, wine, champagne, or soda pop. Your friend wants to know where your brother is, and whether he's going to the party by himself or with his wife. Your brother is at your father's house.

4. Someone invites you to attend a lecture. You tell him/her that you don't go to lectures because (*porque*) they are boring.

Una actividad especial

It's show and tell time! Students will bring pictures of their families and friends and pair up to talk about them. Find out at least three things about your partner's family and friends and be ready to report your findings to the rest of the class.

Un paso más

With a partner, review the *Vocabulario adicional* in this *lección* and complete the following exchanges.

1. —¿Susana es tu _____?

   —Sí, es la hermana de mi papá. Yo soy su _____ favorita.

2. —¿Carlos es tu esposo?

   —No, es mi _____. Es el esposo de mi hermana.

3. —¿Con quién vas a la fiesta?

   —Con mis _____, las hijas de mi tío Rafael.

4. —¿Elba es tu mamá, Rosita?

   —No, es mi _____. Es la esposa de mi papá. Yo soy su

   _____.

5. —¿De dónde son la esposa de tu hijo y el esposo de tu hija?

   —Mi _____ es de Chile y mi _____ es de

   Venezuela.

6. —¿Tu suegro va a llevar a tu hijo a México?

   —Sí, porque *(because)* él es su _____ favorito.

7. —¿El Sr. Valenzuela es tu _____?

   —Sí, es el papá de mi mamá.

8. —¿Sergio y César son tus hermanos?

   —No, son mis _____; son los hijos de mi padrastro.

Cante esta canción *(Sing this song)*

(To the tune of *Row, row, row your boat*)

Voy, voy, voy, feliz;°
río abajo,° voy.
En mi barquito de vela,° señora,
¡qué contento° estoy!

	happy
río…	*down the river*
barquito…	*little sailboat*
qué…	*how happy*

4

● *Aprenda estas palabras*

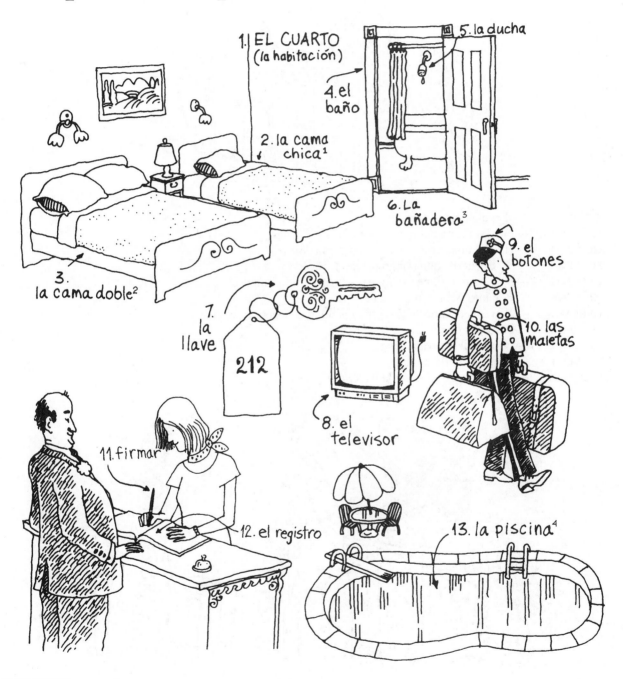

1. EL CUARTO (la habitación)
2. la cama chica[1]
3. la cama doble[2]
4. el baño
5. la ducha
6. La bañadera[3]
7. la llave — 212
8. el televisor
9. el botones
10. las maletas
11. firmar
12. el registro
13. la piscina[4]

[1]also called *cama de una plaza*   [2]also called *cama matrimonial, cama de dos plazas*   [3]also called *bañera*   [4]also called *alberca* (Mexico) and *pileta de natación* (South America)

41

💿 En el hotel

El Sr. José Vega está en un hotel de Guadalajara, México. Ahora habla con el gerente.

GERENTE	—¿En qué puedo servirle?
SR. VEGA	—Necesito una habitación para tres personas.
GERENTE	—¿Desea una cama doble y una cama chica?
SR. VEGA	—Sí. El cuarto tiene baño privado, ¿no?
GERENTE	—Sí, y también tiene televisor y aire acondicionado.
SR. VEGA	—¿Cuánto cobran por noche?
GERENTE	—Noventa dólares.[1] ¿Por cuántas noches necesitan el cuarto?
SR. VEGA	—Por dos noches.
GERENTE	—¿Cómo desea pagar?
SR. VEGA	—Con tarjeta de crédito.
GERENTE	—Muy bien. Aquí tiene la llave. *(El Sr. Vega firma el registro.)*

---

[1]Although the Mexican unit of currency is the peso, Mexican hotels may quote prices in U.S. dollars.

SR. VEGA	—Gracias. ¡Ah! Aquí vienen mi esposa y mi hijo.
SRA. VEGA	—José, tenemos que ir a comer porque Paquito tiene mucha hambre.
SR. VEGA	—¡Paquito! ¡Acabas de comer!
PAQUITO	—¡Tengo hambre y tengo sed! ¡Y tengo calor! ¿Dónde está la piscina?
SR. VEGA	—Tienes que esperar. *(Al gerente.)* ¿Es bueno el restaurante que queda en la esquina?
GERENTE	—Sí, es uno de los mejores restaurantes de la ciudad y no es tan caro como otros.
SR. VEGA	—Bien. ¿A qué hora debemos desocupar el cuarto?
GERENTE	—Al mediodía. *(Llama al botones.)* ¡Jorge! Tienes que llevar las maletas de los señores al cuarto 125.

El botones lleva las maletas al cuarto mientras Paquito corre a la piscina.

 # Vocabulario

COGNADOS

el dólar dollar
el hotel hotel
la persona person
privado(a) private

NOMBRES

el aire acondicionado air conditioning
la cama bed
la esquina corner
el (la) gerente manager
el mediodía noon
la noche night

VERBOS

cobrar to charge
correr to run
deber must, should
desocupar to vacate
esperar to wait for
hablar to talk, to speak
llamar to call
llevar to carry
necesitar to need
quedar to be located
tener[1] to have
venir[2] to come

ADJETIVOS

bueno(a) good
caro(a) expensive
chico(a) small
mejor better, the best
otro(a) other, another

OTRAS PALABRAS Y EXPRESIONES

¿A qué hora? At what time?
acabar de + infinitivo to have just (done something)
Aquí tiene... Here's . . .
¿cuánto(a)? how much?
¿dónde? where?
¿En qué puedo servirle? May I help you? (How can I serve you?)
mientras while
para for
por for
por noche per night
porque[3] because
tan... como as . . . as
tener calor to be hot
tener mucha hambre to be very hungry
tener que + infinitivo to have to (do something)
tener sed to be thirsty

---

[1]Irregular first person: **yo tengo**
[2]Irregular first person: **yo vengo**
[3]**¿por qué?** why?

43

Vocabulario adicional

OTROS MUEBLES *(Other pieces of furniture)*

la butaca   armchair
la cómoda   chest of drawers
el escritorio   desk
la mesa de centro   coffee table
la mesita de noche   nightstand
la reclinadora   recliner
la silla   chair
el sofá   sofa, couch
el tocador   dresser

OTROS CUARTOS *(Other rooms)*

la cocina   kitchen
el comedor   dining room
el dormitorio, la recámara *(Mex.)*   bedroom
la sala de estar, el salón de estar   den, family
room

MÁS SOBRE HOTELES *(More about hotels)*

confirmar (cancelar) una reservación   to confirm
(to cancel) a reservation
hacer una reservación   to make a reservation
**el servicio de habitación, el servicio de
cuarto**   room service

Notas culturales

• Most budget through middle-range hotels throughout Latin America and Spain require guests to leave their room key at the front desk on leaving the hotel for the day. In fact, this is the norm almost anywhere in the world.
• Guadalajara is the capital of the state of Jalisco, Mexico. Except for the rainy season, which extends from July to mid-September, its climate is dry and mild.
   Famous for its colonial architecture and rich cultural traditions, Guadalajara is also a major industrial center. There are many ultramodern commercial buildings throughout the city. Beautiful residential suburbs have attracted members of the upper and middle classes from the older parts of the city. Guadalajara is Mexico's second largest city, with over 5 million inhabitants. This city is the birthplace of mariachi music. A native of Guadalajara is called a *tapatío*, thus the famous dance *el jarabe tapatío*, or the Mexican hat dance, is of Guadalajara extraction.

Dígame...

Answer the following questions, basing your answers on the dialogue.

1. ¿Dónde está el Sr. Vega y con quién habla?

_____

2. ¿El Sr. Vega desea una cama doble o dos camas chicas?

_____

3. ¿Cuánto cobran por noche en el hotel? ¿Por cuántas noches necesita el cuarto el Sr. Vega?

_____

4. ¿Tiene el cuarto baño privado? ¿Qué más *(What else)* tiene?

_____

5. ¿Qué firma el Sr. Vega?

_____

6. ¿Qué problemas tiene Paquito?

_____

7. ¿Es muy caro el restaurante que queda en la esquina? ¿Es bueno?

_____

8. ¿A qué hora deben desocupar el cuarto el Sr. Vega y su esposa?

_____

9. ¿A qué cuarto tiene que llevar las maletas el botones?

_____

10. ¿Quién corre a la piscina?

_____

Hablemos

Interview a classmate, using the following questions. When you have finished, switch roles.

1. ¿Tienes televisor en tu habitación?

_____

2. ¿Tienes una cama doble o una cama chica? ¿Qué otros muebles tienes?

_____

3. ¿Tu baño tiene ducha o bañadera?

_____

4. ¿Tu casa (apartamento) tiene piscina? ¿Tiene aire acondicionado?

_____

5. ¿Tienes la llave de tu casa? ¿Qué otras personas tienen la llave?

_____

6. ¿Qué días vienes a la universidad? ¿Con quién vienes?

_____

7. ¿Eres más *(more)* alto(a) que el (la) profesor(a)?

_____

8. ¿Quién es el (la) más *(the most)* inteligente de tu familia?

_____

9. ¿Cuál *(Which)* es el mejor hotel de la ciudad donde vives? ¿Es muy caro?

_____

10. En un hotel, ¿quién lleva tus maletas al cuarto?

_____

11. ¿Qué comes cuando tienes hambre? ¿Qué bebes cuando tienes sed?

_____

12. ¿Adónde *(Where)* tienes que ir mañana?

_____

¿Qué pasa aquí?

With a partner, take turns answering the questions on page 47 according to what you see in the picture.

1. ¿En qué hotel está la familia Soto?

   _____

2. ¿Con quién habla el Sr. Soto?

   _____

3. ¿Con quién habla la Sra. Soto?

   _____

4. ¿Cómo se llama la hija del Sr. Soto?

   _____

5. ¿Qué número tiene la habitación de la familia Soto?

   _____

6. ¿Tiene aire acondicionado la habitación de la familia Soto? ¿Televisor?

   _____

7. ¿Cuántas maletas tienen los Soto?

   _____

8. ¿Quién lleva las maletas al cuarto?

   _____

9. ¿Cuánto cobran por una persona en el hotel Caracas?

   _____

10. ¿Cuánto cobran por dos personas?

    _____

11. ¿Cuánto necesita pagar el Sr. Soto?

    _____

12. ¿Es caro el hotel Caracas?

    _____

En estas situaciones

What would you say in the following situations? What might the other person say?

1. You are at a hotel in Mexico. The manager asks if he (she) can help you. You want a room for three people with a private bathroom, a double bed, and a single bed. Discuss with the manager the price of the room and other procedures required to check in.

2. You don't like your room. You want a better one, so you call the hotel manager.

3. You tell someone that you need to have something to drink because you are very hot and thirsty.

¿Qué dice aquí?

You and a partner want to make hotel reservations for a trip to Argentina that you are planning. Read the following ad to find the information you need about the hotel, and answer the questions.

1. ¿Cómo se llama el hotel?

_____

2. ¿Cuál es la dirección del hotel?

_____

3. ¿Tienen las habitaciones baño privado?

_____

4. ¿El hotel tiene piscina?

   _____

5. ¿Qué tienen todas las habitaciones?

   _____

6. ¿Los niños *(children)* tienen lugar donde jugar *(a place to play)*?

   _____

Una actividad especial

Two or more hotels can be set up in different corners of the classroom. Two or more students are hotel clerks. The rest of the students play the roles of customers. Some suggestions: a couple and their child, two women traveling together, two men on business, a couple on their honeymoon, etc. Students should ask about prices and accommodations, and also try to find out about restaurants. Students should "shop around" before deciding where to stay.

Un paso más

A. Review the *Vocabulario adicional* in this *lección* and identify the furniture Alicia has in her house.

1. En su dormitorio, Alicia tiene una _____ chica, un _____ ,

   una _____ y dos _____ de noche.

2. En el comedor, Alicia tiene una _____ y ocho _____ .

3. En la sala, Alicia tiene dos_____ y una mesa de _____ .

4. En el salón de estar, Alicia tiene un _____ , dos _____ y

   un _____ .

B. Complete the following sentences.

1. No voy a México. Tengo que _____ la reservación en el hotel.

2. ¿Tienen Uds. _____ de habitación?

3. Deseo_____ una reservación para el quince de mayo en el hotel Azteca.

4. Mis padres van a California el sábado. Tienen que _____ la reservación en el hotel.

Letra de una canción infantil *(Words to a children's song)*

Los pollitos° dicen
pío,° pío, pío,
cuando tienen hambre,
cuando tienen frío.
Pío, pío, pío,
pío, pío, pío

los... *baby chicks*
pío *chirp*

...¡Y también tiene piscina!

🔊 *Aprenda estas palabras*

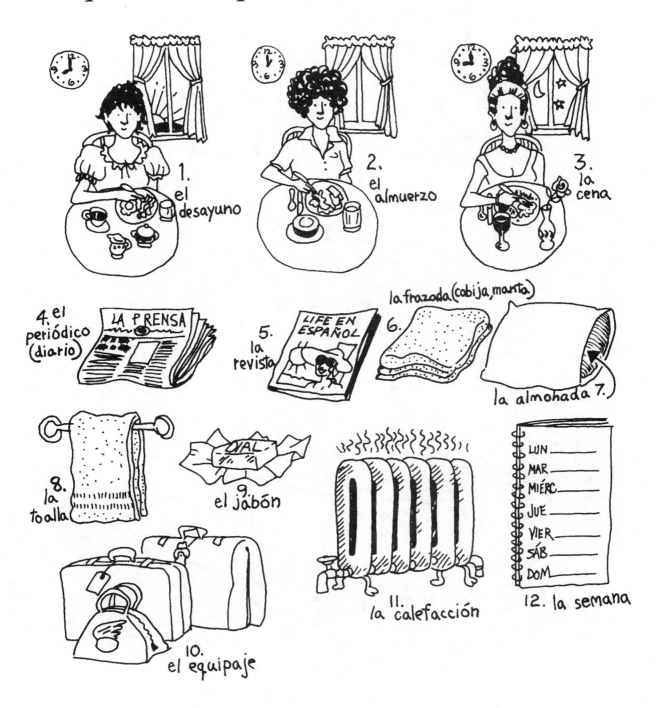

1. el desayuno
2. el almuerzo
3. la cena
4. el periódico (diario) — LA PRENSA
5. la revista — LIFE EN ESPAÑOL
6. la frazada (cobija, manta)
7. la almohada
8. la toalla
9. el jabón — DIAL
10. el equipaje
11. la calefacción
12. la semana — LUN, MAR, MIÉRC, JUE, VIER, SÁB, DOM

De vacaciones en Córdoba

Ana y Eva están de vacaciones en Córdoba, España. Ahora están en una pensión del centro. Están hablando con el dueño de la pensión.

ANA	—¿Cuánto cobran por un cuarto para dos personas?
EL DUEÑO	—Con comida, el precio es de 30.000 pesetas por semana.
EVA	—¿Eso incluye el desayuno, el almuerzo y la cena?
EL DUEÑO	—Sí. ¿Cuánto tiempo piensan estar aquí?
EVA	—Pensamos estar tres semanas en Córdoba.
ANA	—¿Tienen calefacción los cuartos?
EL DUEÑO	—Sí, y además hay mantas en todas las habitaciones.
EVA	—¿Tenemos que pagar por adelantado?
EL DUEÑO	—Sí, señorita. ¿Llevo el equipaje a la habitación?
ANA	—Sí, por favor.

En la habitación, que está en el segundo piso, las dos chicas están conversando.

EVA	—¿A qué hora empiezan a servir la cena?
ANA	—A las nueve. ¿Por qué? ¿Tienes hambre?
EVA	—No, pero quiero ir a la tienda porque necesito comprar jabón y una toalla.
ANA	—Vamos. Yo quiero periódicos y revistas. ¿A qué hora cierran la tienda?
EVA	—A las diez. ¿Adónde vamos de excursión la semana próxima? A Sevilla, ¿verdad?
ANA	—Bueno, si tenemos tiempo. Eva, ¿dónde está la llave del cuarto?
EVA	—¿No está en tu bolso? ¡Ay, mujer! ¡Tú siempre pierdes las benditas llaves!

💿 Vocabulario

NOMBRES

el bolso   handbag
el centro   downtown, downtown area
la comida   meal
el (la) dueño(a)   owner, proprietor
la mujer   woman
la pensión   boarding house
el piso   floor
el precio   price
el tiempo   time
la tienda   store

VERBOS

cerrar (e:ie)   to close
comprar   to buy
empezar (e:ie), comenzar (e:ie)   to start, to begin
pensar (e:ie)   to think, to plan, to intend
perder (e:ie)   to lose
querer (e:ie)   to want, to wish
servir (e:i)   to serve

ADJETIVOS

bendito(a)   blessed, darn
próximo(a)   next
segundo(a)   second
todos(as)   all, every

OTRAS PALABRAS Y EXPRESIONES

además   besides
¿adónde?   where (to)?
bueno...   well . . .
¿cuánto tiempo?   how long?
de vacaciones   on vacation
¿Eso incluye... ?   Does that include . . . ?
ir de excursión   to go on a tour (excursion)
por adelantado   in advance
si   if, whether
siempre   always
Vamos.   Let's go.
¿Verdad?   Right?

Vocabulario adicional

PARA EL DESAYUNO

el café con leche   coffee with milk
el cereal   cereal
el chorizo, la salchicha   sausage
el huevo   egg
el jamón   ham
la leche   milk
la mantequilla   butter

la margarina   margarine
la mermelada   marmalade, jam
el pan   bread
el pan tostado   toast
el panqueque   pancake
el tocino   bacon

PARA EL ALMUERZO Y LA CENA

los espaguetis, los tallarines   spaghetti
la hamburguesa   hamburger
las papitas   potato chips
el perro caliente   hot dog

el sándwich[1] de { **atún**   tuna sandwich
pavo   turkey sandwich
jamón y queso   ham and cheese sandwich
pollo   chicken sandwich

la sopa de { **arvejas, guisantes**   pea soup
lentejas   lentil soup

Notas culturales

- Breakfast in Spanish-speaking countries generally consists of coffee with milk, and bread and butter. Lunch is the most important meal of the day and dinner is eaten quite late by American standards, sometimes as late as 10:30 P.M.
- In many Spanish-speaking countries, people have an afternoon snack *(la merienda)* at around 4 P.M. The snack generally consists of tea or coffee with milk and pastries or sandwiches.
- Córdoba is a city in southern Spain, where the Moorish influence is very apparent. One of the most famous tourist attractions is the *Mezquita,* one of the largest mosques in the world and a masterpiece of Moorish religious art.
- *Pensiones* are an economical alternative to hotels in the Hispanic world. They are used both for short-term stays by travelers and as residences by students and others, particularly in cities where housing is expensive. The price of accommodation often includes meals. Many *pensiones* are no-frills establishments, and basic amenities such as soap and towels may not be provided.

Dígame...

Answer the following questions, basing your answers on the dialogue.

1. ¿Dónde están Ana y Eva de vacaciones?

   _____

2. ¿Están en una pensión o en un hotel? ¿Con quién están hablando?

   _____

3. ¿Cuánto cobran por un cuarto para dos personas, y qué incluye el precio?

   _____

4. ¿Cuánto tiempo piensan estar Ana y Eva en Córdoba?

   _____

---

[1]*el bocadillo,* in Spain

5. ¿Tienen calefacción los cuartos? ¿Qué hay en todas las habitaciones?

   _____

6. ¿Cómo tienen que pagar?

   _____

7. ¿Quién lleva el equipaje de las chicas a la habitación?

   _____

8. ¿A qué hora empiezan a servir la cena? ¿Eva tiene hambre?

   _____

9. ¿Por qué quiere ir Eva a la tienda? ¿Qué va a comprar Ana?

   _____

10. ¿A qué hora cierran la tienda?

    _____

11. ¿Adónde quiere ir Eva de excursión? ¿Van a ir?

    _____

12. ¿Quién pierde siempre las llaves?

    _____

Hablemos

**Interview a classmate, using the following questions. When you have
finished, switch roles.**

1. ¿Adónde piensas ir de vacaciones? ¿Con quién vas?

   _____

2. ¿Cuánto tiempo vas a estar allí?

   _____

3. ¿Cuántas maletas vas a llevar?

   _____

4. ¿A qué hora van a servir el desayuno en tu casa mañana?

   _____

5. ¿Tienes que ir a la tienda el próximo sábado? ¿Qué necesitas comprar?

   _____

6. ¿A qué hora cierran las tiendas?

   _____

7. ¿A qué hora empiezan tus clases?

   _____

8. ¿Qué días de la semana tienes clases?

   _____

9. ¿La universidad está en el centro?

   _____

10. ¿Qué periódico lees tú? ¿Lees revistas?

    _____

11. ¿Quieres leer una revista en español?

    _____

12. ¿Tú siempre pierdes tus llaves?

    _____

¿Qué pasa aquí?

Answer the following questions according to what you see in the pictures.

A. 1. ¿En que pensión está la familia Ortiz?

   _____

2. ¿Cuántas personas hay en la familia?

   _____

3. ¿Cuántos años tiene Paco?

_____

4. ¿Cuánto tiempo va a estar la familia Ortiz en la pensión?

_____

B.   1. ¿Qué número de cuarto tiene la familia Ortiz?

_____

2. ¿En qué piso está la habitación?

_____

3. ¿Cuántas camas hay en el cuarto? (¿Cuántas almohadas?) (¿Hay frazadas
en las camas?)

_____

4. ¿Tiene baño privado el cuarto?

_____

5. ¿Tiene ducha el baño?

_____

6. ¿Hay toallas en el baño?

_____

7. ¿El equipaje está en el cuarto?

_____

C. 1. ¿A qué tienda van el Sr. Ortiz y su hijo?

_____

2. ¿Qué quiere comprar el Sr. Ortiz?

_____

3. ¿Qué quiere leer Paco?

_____

D. 1. ¿Qué hora es?

_____

2. ¿A qué hora empiezan a servir el desayuno en la pensión?

_____

3. ¿Qué beben los señores *(Mr. and Mrs.)* Ortiz?

_____

4. ¿Paco bebe café?

_____

En estas situaciones

What would you say in the following situations? What might the other person say?

1. You want a room at a boarding house. You need the following information.

   a. how much they charge for a room for two people

   b. whether the price includes meals

   c. whether the room has a private bathroom and heat

   d. if you have to pay in advance

   e. whether they have a room on the first floor

   f. at what time they start serving breakfast

2. You go to see the owner of the *pensión* because you are cold and there are no blankets in your room.

3. You tell a friend that you want to go to the store because you need soap and towels. You also tell him or her that the store closes at six.

4. You accuse your friend of always losing her "darn purse."

¿Qué dice aquí?

Friends of yours are planning to travel to Mexico and are asking you about places to stay. Answer their questions with a partner, using the information in the ad on page 60.

1. ¿En qué ciudad está el hotel?

    _____

2. ¿El precio del hotel incluye todas las comidas?

    _____

3. ¿Qué comidas incluye?

    _____

4. ¿Debo pagar extra por el uso de la televisión?

    _____

5. Si llevo a mis hijos de cinco y ocho años, ¿cuánto debo pagar extra por ellos?

    _____

6. ¿Ofrece el hotel algunos descuentos (discounts) especiales? ¿Cuáles?

    _____

7. ¿Adónde debo llamar para hacer la reservación?

    _____

Una actividad especial

Students are staying at the La Siesta Hotel in a small town in Central America. Five or six of the students will be hotel employees. The "guests" and the employees will discuss accommodations, prices, meals, length of stay, etc. The guests will also request towels, pillows, blankets, and other things they need.

Un paso más

The following people are going to be guests at your house for one day. Say what you are going to serve them for each meal. Include the *Vocabulario adicional* for this *lección*, and vocabulary from previous lessons.

1. Mr. Rojas: He likes pancakes, hot dogs, and Italian food. He loves soup.

    desayuno: _____

    _____

    almuerzo: _____

    _____

    cena: _____

    _____

2. Miss Vera: She likes sausages, eggs, spaghetti, and pea soup. She also likes fruit.

    desayuno: _____

    _____

    almuerzo: _____

    _____

    cena: _____

    _____

3. Mrs. Rivera: She likes to eat healthy food.

    desayuno: _____

    _____

    almuerzo: _____

    _____

    cena: _____

Un proverbio

Más vale tarde que nunca.   *Better late than never.*

Repaso

LECCIONES 1–5

PRÁCTICA DE VOCABULARIO *(Vocabulary Practice)*

A. Circle the word or phrase that does not belong in each group.

1. tenedor, cuchara, helado
2. camarero, cuchillo, mesero
3. propina, papa, bistec
4. verduras, vegetales, agua mineral
5. queso, comida, casa
6. comer, cenar, anotar
7. amigo, padre, cine

8. sala, primo, hermano
9. marido, estudiante, esposo
10. todos, muchos, guapos
11. ahora, aquí, allí
12. está, queda, tiene
13. próximo, compra, precio
14. alto, de estatura mediana, aburrido

B. Match the questions in column A with the corresponding answers in column B.

A	B
1. ¿Qué desea de postre?	____ a. El pedido.
2. ¿Quién paga la cuenta?	____ b. Aquí, con nosotros.
3. ¿Desea tomar algo?	____ c. A México.
4. ¿A qué hora abren?	____ d. Cien dólares por noche.
5. ¿Qué anota?	____ e. No, están de vacaciones.
6. ¿Deseas torta al ron?	____ f. Raquel.
7. ¿Es bonita?	____ g. No, el gerente.
8. ¿Dónde está Carlos?	____ h. Al mediodía.
9. ¿De dónde eres?	____ i. Tres.
10. ¿Cuánto cobran?	____ j. No, no me gusta.
11. ¿Dónde está la pensión?	____ k. En el centro.
12. ¿Adónde piensan ir?	____ l. No, acabo de comer.
13. ¿Es el dueño?	____ m. Sí, y muy inteligente.
14. ¿Ellas trabajan?	____ n. De Buenos Aires.
15. ¿Vamos?	____ o. Sí, vermut, por favor.
16. ¿Tienes hambre?	____ p. Bueno.
17. ¿Cuántas personas hay en el cuarto?	____ q. Helado.

C. Circle the word or phrase that best completes each sentence.

1. Deseo (un cuchillo, una taza) de café.

2. Deseo café con crema y (cuenta, azúcar).

3. ¿Deseas (agua, helado) de vainilla?

4. Necesito cheques de (verduras, viajero).

5. Comen (botella, pastel) de coco.

6. Vamos a comer (pedidos, chuletas) de cerdo.

7. Van a un restaurante para (traer, cenar).

8. Comen cordero (guapo, asado).

9. Voy a comer papas fritas o papas (sabrosas, al horno).

10. (En seguida, Un rato) regreso.

11. No es alto; es (gordo, bajo).

12. No baila porque (es delgada, está cansada).

13. El esposo de mi hija es mi (cuñado, yerno).

14. El hijo de mi hermano es mi (sobrino, nieto).

15. Hay una frazada y una (semana, almohada) en la cama.

16. La casa tiene (revista, calefacción) y aire acondicionado.

17. ¿Qué (incluye, quiere) el precio?

18. No voy porque no tengo (tiempo, comida).

19. ¿A qué hora (empiezan, compran) a servir la comida?

20. ¿Debemos pagar por (rico, adelantado)?

21. Siempre (pierdes, cierras) la bendita llave.

22. Ana y Diego (corren, conversan) mientras *(while)* bailan.

23. Necesito una manta porque tengo (calor, frío).

24. Voy a (asistir, esperar) a la conferencia mañana.

25. Voy a tomar agua porque tengo (hambre, sed).

D. Write the words in Spanish in the blanks provided. What phrase is formed vertically?

1. besides   __ __ | __ | __ __ __

2. let's go   __ __ __ __ | __ |

3. also, too | __ | __ __ __ __ __ __

4. many   __ | __ | __ __ __ __

5. all, every *(pl.)*   __ | __ | __ __

6. price   __ __ __ | __ | __

7. meal   __ __ __ __ | __ |

8. to sign   __ __ __ | __ | __ __

9. next   __ __ | __ | __ __ __

10. magazine   __ __ __ __ | __ | __ __

11. what   __ __ | __ |

12. wife | __ | __ __ __ __ __

13. potato | __ | __ __ __ __

14. tomorrow   __ __ __ | __ | __ __

15. bathroom   __ __ | __ | __ __

16. now   __ __ | __ | __ __

17. lunch | __ | __ __ __ __ __ __

E. Crucigrama (Lecciones 1–5). Use the clues provided below to complete the crossword puzzle.

HORIZONTAL

VERTICAL

2.

15.

4.

18.

6.

19.

7.

21.

10.

23.

11.

24.

13.

14.

1.

12.

3.

16.

5.

17.

6.

20.

7.

22.

8.

23.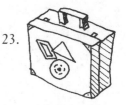

9.

66

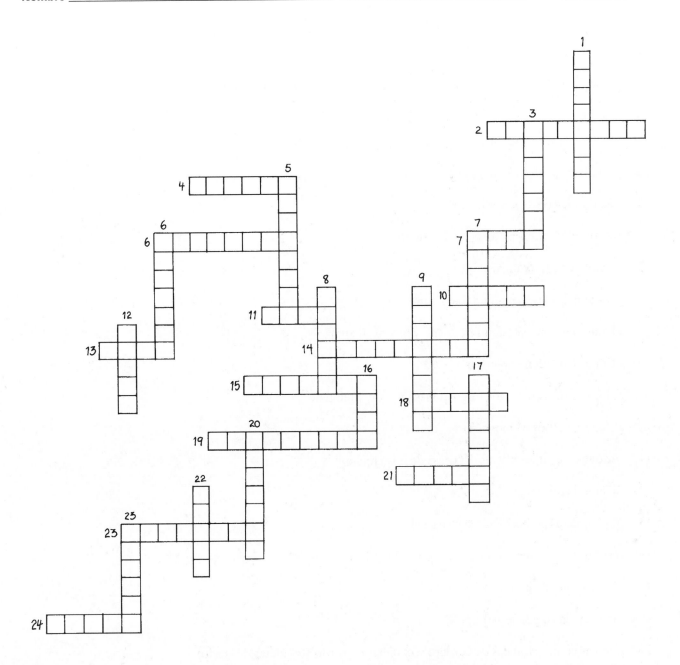

🔘 PRÁCTICA ORAL *(Oral Practice)*

The speaker will ask you some questions. Answer each question, using the cue provided. The speaker will verify your response. Repeat the correct answer.

1. ¿Tú eres estudiante? (sí)

2. ¿Dónde estás ahora? (en la universidad)

3. ¿De dónde eres? (de California)

4. ¿De dónde son tus padres? (de México)

5. ¿Dónde vive tu familia? (aquí)

6. ¿Tus abuelos viven aquí también? (no)

7. ¿Tienes hermanos? (sí, un hermano y una hermana)

8. ¿Tu hermana tiene novio? (sí)

9. ¿El novio de tu hermana es guapo? (sí, y muy inteligente)

10. ¿Tienes muchos primos? (sí)

11. ¿Adónde vas tú los sábados? (a casa de mis amigos)

12. ¿Tienes hambre? (no)

13. ¿Qué quieres comer? (bistec y ensalada)

14. ¿Qué quieres beber? (un vaso de agua mineral)

15. ¿Te gusta el pescado? (no)

16. ¿Te gusta la langosta? (sí)

17. ¿Deseas comer chuletas de cordero o chuletas de cerdo? (chuletas de cerdo)

18. ¿Qué quieres de postre? (helado de vainilla)

19. ¿Es sabroso el pastel de coco? (sí, muy sabroso)

20. ¿Qué quiere de postre tu hermano? (fruta)

21. Después del postre, ¿bebes té o café? (café)

22. ¿A qué hora cenan Uds. en su casa? (a las seis)

23. ¿A qué hora regresas tú a tu casa? (a las cuatro)

24. ¿Tú lees un rato después de cenar? (sí)

25. ¿Lees periódicos o revistas? (revistas)

26. ¿Tú das muchas fiestas en tu casa? (sí)

27. ¿A quiénes invitas? (a mis amigos)

28. ¿Tus amigos son norteamericanos? (sí)

29. ¿Te gusta conversar o bailar? (conversar)

30. ¿Tú bailas bien? (sí, muy bien)

31. ¿Cuántos televisores tienes en tu casa? (tres)

32. ¿Cuántas camas hay en tu cuarto? (una)

33. ¿Cuántos baños tiene tu casa? (dos)

34. ¿Los baños tienen ducha o bañadera? (ducha y bañadera)

35. ¿Tu casa tiene piscina? (no)

36. ¿Cuántas tarjetas de crédito tienes tú? (tres)

37. En un buen hotel, ¿cuánto cobran por noche? (cien dólares)

38. Si vas a un hotel, ¿a qué hora tienes que desocupar el cuarto? (al mediodía)

39. ¿Hay un restaurante en la esquina de tu casa? (no)

40. ¿Qué necesitas comprar en la tienda? (una toalla)

🎧 PARA LEER Y ENTENDER *(To read and understand)*

Listen to the reading, paying special attention to pronunciation and intonation. Make sure you understand and remember as much as you can.

Alicia Pérez de Alba vive en Los Ángeles, California, con su esposo Miguel y sus dos hijos, Ángel y Ana María.

Alicia es de Cuba y no habla muy bien el inglés. El resto de su familia vive en Miami.

Miguel es de San Bernardino y sus padres viven allí. Él trabaja° como profesor de español en la escuela secundaria.   *works*

Ángel y su hermana van a la escuela primaria. El niño as alto y delgado y la niña es muy bonita. Él tiene once años y ella tiene nueve.

La casa de los Alba no es muy grande; tiene tres dormitorios y dos baños. No tiene aire acondicionado, pero tiene calefacción.

Los sábados, los Alba generalmente van a un restaurante italiano que queda en la esquina de su casa. No es un restaurante caro, pero es muy bueno y los raviolis, los espaguetis y la lasaña son deliciosos.

Los domingos por la mañana, Alicia y Miguel leen el periódico y los niños estudian. Por la tarde van a visitar a los padres de Miguel.

Now answer the following questions.

1. ¿Con quién vive Alicia?

2. ¿Los Alba viven en una ciudad grande?

3. ¿Quién es Miguel?

4. Uno de los Alba es de La Habana; ¿cuál?

5. ¿Los padres de Alicia viven en California?

6. ¿Qué habla mejor Alicia, el español o el inglés?

7. ¿Dónde trabaja el esposo de Alicia?

8. ¿Miguel enseña verbos o álgebra en su clase?

9. ¿Quién es el hermano de Ana María?

10. ¿Los niños van a la escuela secundaria?

11. ¿Ángel es bajo y gordo?

12. ¿Cuántos años tiene Ana María?

13. ¿Cuántos dormitorios y cuántos baños tiene la casa de los Alba?

14. ¿Qué tiene y qué no tiene la casa?

15. ¿Dónde queda el restaurante italiano?

16. ¿Necesitan mucho dinero para ir al restaurante?

17. ¿Alicia y Miguel trabajan los domingos?

18. ¿Quiénes leen el periódico y quiénes estudian los domingos?

19. ¿A qué ciudad van los Alba los domingos por la tarde?

20. ¿A quiénes visitan?

🔊 *Aprenda estas palabras*

1. un cuarto exterior (con vista a la calle)

2. una cuadra

calle Central

Calle 25

Calle 26

3. la farmacia

FARMACIA
Rx

4. la funda

5. la sábana

PENSIÓN

HOTEL LA PAZ

7. el vestíbulo

6. el ómnibus, el autobús

8. todos los días

LUNES	MARTES	MIÉRCOLES	JUEVES	VIERNES	SÁBADO	DOMINGO
11	12	13	14	15	16	17

En una pensión, en Madrid

En el vestíbulo de una pensión, Delia y David están conversando mientras esperan el autobús para ir de excursión a El Escorial.

DELIA —David, ¿qué tal es tu habitación? ¿Es cómoda?

DAVID —No es mala, pero es interior y yo prefiero las habitaciones exteriores.

DELIA —¿Cambian las sábanas y las fundas todos los días…?

DAVID —Sí, las cambian diariamente, pero la almohada y el colchón son muy incómodos.

DELIA —Y la calefacción no funciona nunca.

DAVID —Es verdad… pero la comida es excelente.

DELIA —¡Ya lo creo! Oye, ¿a qué hora cierran el Museo del Prado?

DAVID —Probablemente lo cierran a las seis, pero no estoy seguro.

DELIA —Entonces podemos ir hoy porque volvemos de la excursión a las dos.

DAVID —Delia, ¿Armando va a llamarte esta noche?

DELIA —Sí, me va a llamar a eso de las nueve. Mañana almuerzo con él.

DAVID —Oye, ¿tú tienes una lista de lugares de interés?

DELIA —Tengo una, pero no recuerdo dónde la tengo.

DAVID —Hay tantos lugares que tenemos que visitar…

DELIA —Sí. ¡Ah!, necesito comprar aspirinas. ¿Hay una farmacia cerca de aquí?

DAVID —Hay una a tres cuadras de la pensión. Si quieres, voy contigo.

DELIA —¡Ay, caramba! No podemos ir ahora porque ya viene el autobús a buscarnos.

DAVID —Vamos. El Escorial nos espera.

🔘 Vocabulario

COGNADOS

la **aspirina** aspirin
excelente excellent
exterior exterior
interior interior
el **museo** museum
probablemente probably

NOMBRES

el **colchón** mattress
el **lugar** place
el **lugar de interés** place of interest

VERBOS

almorzar (o:ue) to have lunch
buscar to pick up, to get
cambiar to change
funcionar to work, to function
poder (o:ue) to be able
preferir (e:ie) to prefer
recordar (o:ue) to remember
visitar to visit
volver (o:ue) to return, to come (go) back

ADJETIVOS

cómodo(a) comfortable
incómodo(a) uncomfortable
malo(a) bad
seguro(a) sure
tantos(as) so many

OTRAS PALABRAS Y EXPRESIONES

a... cuadras de . . . blocks from
a eso de at about
¡caramba! gee!
cerca (de) near, close
contigo with you (*fam.*)
diariamente daily
entonces then, in that case
es verdad it's true
esta noche tonight
nunca never
¿Qué tal es... ? What is . . . like?
ya already, now
¡Ya lo creo! I'll say!

Vocabulario adicional

EN UNA EXCURSIÓN

el **castillo** castle
la **catedral** cathedral
el **guía** guide
los **jardines** gardens
el **palacio** palace
el **monasterio** monastery
el **monumento** monument

LUGARES DE DIVERSIÓN (*Places of entertainment*)

el **club nocturno** nightclub
la **discoteca** discotheque
el **estadio** stadium
el **hipódromo** racetrack
el **parque** park
el **parque de diversiones** amusement park
el **teatro** theater
el **zoológico** zoo

Notas culturales

- Madrid (pop. 3,000,000), the capital of Spain, is visited by thousands of people from all over the world each year. The city's magnificent gardens, parks, and monuments make it a stroller's paradise. Among the parks, the most famous is the *Parque del Buen Retiro*, where it is possible to go boating on a lake, attend concerts, and visit exhibits at the *Palacio de Cristal*. Window-shopping and people-watching opportunities abound on the *Gran Vía* and the *Paseo de la Castellana*. In the evening, restaurants, cafes, theaters, cinemas, discotheques, and nightclubs provide an active night life.

  The famous *Museo del Prado* is located in a splendid eighteenth-century building. Its renowned collection includes works by the Spanish painters El Greco, Velázquez, Ribera, Murillo, and Goya, among others, as well as by other European painters, including Bosch, Rubens, and Rembrandt. The *Centro de Arte Reina Sofía* houses contemporary works by Spanish artists, including Picasso's masterpiece *Guernica*.

  El Escorial is a famous monastic palace outside Madrid built by King Phillip II (Felipe II). The palace ranks among Europe's finest architectural monuments.

- In Hispanic countries, *farmacias* sell mainly medicine; in some countries it is possible to buy certain medications, such as antibiotics, without a prescription, and pharmacists may prescribe medicine and give injections.

Dígame...

Answer the following questions, basing your answers on the dialogue.

1. ¿Qué están haciendo *(doing)* Delia y David en el vestíbulo de la pensión?

   _____

2. ¿Qué esperan? ¿Adónde van a ir de excursión?

   _____

3. ¿Es interior o exterior la habitación de David? ¿Es cómoda?

   _____

4. ¿Qué problemas menciona *(mention)* David?

   _____

5. ¿Cómo es la comida en la pensión?

   _____

6. ¿A qué hora vuelven Delia y David de la excursión?

   _____

7. ¿A qué hora va a llamar Armando a Delia?

   _____

8. ¿Con quién almuerza Delia mañana?

   _____

9. ¿Qué no recuerda Delia?

_____

10. ¿Qué necesita comprar Delia?

_____

11. ¿Dónde hay una farmacia?

_____

12. ¿Por qué no pueden ir Delia y David a la farmacia?

_____

Hablemos

**Interview a classmate, using the following questions. When you have
finished, switch roles.**

1. ¿Qué ciudades (cities) de los Estados Unidos te gusta visitar?

_____

2. ¿Hay muchos lugares de interés en la ciudad donde tú vives? ¿Cuáles?

_____

3. ¿Te gusta visitar los museos? ¿Prefieres los museos de arte o los museos de ciencias?

_____

4. ¿Adónde quieres ir de excursión? ¿Por qué?

_____

5. Cuando estás en un hotel, ¿prefieres una habitación interior o exterior?

_____

6. ¿A qué hora almuerzas tú todos los días? ¿Dónde? ¿Con quién?

_____

7. ¿Es buena o mala la comida de la cafetería?

_____

8. ¿Hay una farmacia cerca de tu casa? ¿A cuántas cuadras?

_____

9. ¿Funciona bien la calefacción de tu casa?

_____

10. ¿Es cómodo o incómodo tu colchón? ¿Cuántas almohadas tienes en tu cama?

_____

11. ¿Cambias las sábanas y las fundas de tu cama diariamente?

_____

12. ¿Dónde vas a estar esta noche a eso de las diez?

_____

¿Qué pasa aquí?

With a partner, answer the following questions according to what you see in the pictures.

A. 1. ¿Dónde están Estela y Carmen?

_____

2. ¿Adónde va a ir Estela de excursión?

_____

3. ¿A qué hora viene el ómnibus?

_____

4. ¿Qué hace Estela mientras espera?

_____

5. ¿Adónde quiere ir Carmen?

_____

B. 1. ¿Tiene Mario una habitación interior?

_____

2. ¿Qué tal es la habitación?

_____

3. ¿Funciona la calefacción del cuarto?

_____

4. ¿Qué hay en la cama de Mario?

_____

5. Mario tiene una idea. ¿Qué va a pedir?

_____

C. 1. ¿Qué quiere saber *(to know)* Luis?

_____

2. ¿Qué dice Olga?

_____

3. ¿A cuántas cuadras está la tienda?

_____

4. ¿Qué quiere comprar Luis en la tienda?

_____

5. ¿Por qué no quiere Olga ir a la tienda?

_____

En estas situaciones

What would you say in the following situations? What might the other person say?

1. You are not very happy about the quality of the hotel where you are staying: the room is uncomfortable for a number of reasons, and the service is not what it should be. You decide to call the manager and complain.

2. You and a friend are visiting a Hispanic city and want to visit as many places of interest as possible. Your friend needs to buy aspirin, though, and wants to go to a pharmacy first. There is a pharmacy four blocks from your hotel.

3. You and a friend are discussing the quality of the food at the hotel where you are staying. You think it's good, but your friend does not.

4. You and your friend are going on an excursion by bus. Ask him/her what time and where the bus is going to pick you up.

¿Qué dice aquí?

You and a partner are working the front desk at the Eden Roc hotel. Take turns answering the following questions phoned in by prospective customers, basing your answers on the ad on page 79.

1. ¿Qué precio tienen las habitaciones para dos personas?

   _____

2. ¿Las habitaciones son interiores?

   _____

3. ¿Cuánto debemos pagar por estacionar *(to park)* el auto en el hotel?

   _____

4. ¿El hotel tiene piscina?

   _____

5. ¿En qué calle está el hotel?

   _____

6. Si llegamos *(we arrive)* el viernes, ¿cuándo debemos desocupar la habitación?

   _____

7. En diciembre, ¿las habitaciones cuestan 130 dólares?

   _____

8. Si vienen nuestros dos hijos, ¿debemos pagar más?

   _____

VENGA A DISFRUTAR DE LA PLAYA

Fin de semana
(Viernes a Domingo)
en el fabuloso
Hotel Eden Roc

3 Días/ 2 Noches

$130.⁰⁰*(por habitación máximo 4 personas)

Incluye:
• Habitación de lujo con vista al mar o la bahía • Estacionamiento gratuito (un auto por habitación) • Sillas reclinables en la piscina • Toallas de playa para su uso diario • Nevera compacta • Salida tarde el Domingo (basada en la ocupación) • Impuestos de habitación

* Especial de julio y agosto solamente.
Esta tarifa está también disponible entre semana.

Para reservaciones:
531-0000

Eden Roc
4525 Collins Avenue. Miami Beach. FL 33140

Una actividad especial

In small groups, students will play the roles of guests at boarding houses.
Three to four "guests" will get together and write a list of complaints about
the accommodations.

Un paso más

**Review the *Vocabulario adicional* in this *lección*, and complete the following
sentences with the appropriate word.**

1. Voy al _____ a ver *(to see) El fantasma de la
   ópera.*

2. Hay muchos animales de África en el _____.

3. Disneylandia es mi _____ favorito.

4. El Escorial es un _____ muy famoso.

5. El _____ nos va a llevar a visitar la Catedral de Sevilla.

6. Si quieres bailar, podemos ir a una _____ o a un club _____.

7. El _____ a Lincoln está en Washington.

8. Vamos al _____ a ver una carrera de caballos *(horse race)*.

9. El Madison Square Garden es un _____ muy famoso.

Cante esta canción

(To the tune of *Frère Jacques*)

Buenos días, buenos días,
¿Duerme Ud.? ¿Duerme Ud.?
Suena la campana,° suena la campana.   Suena... *The bell is ringing*
Din, din, don. Din, din, don.

🔊 *Aprenda estas palabras*

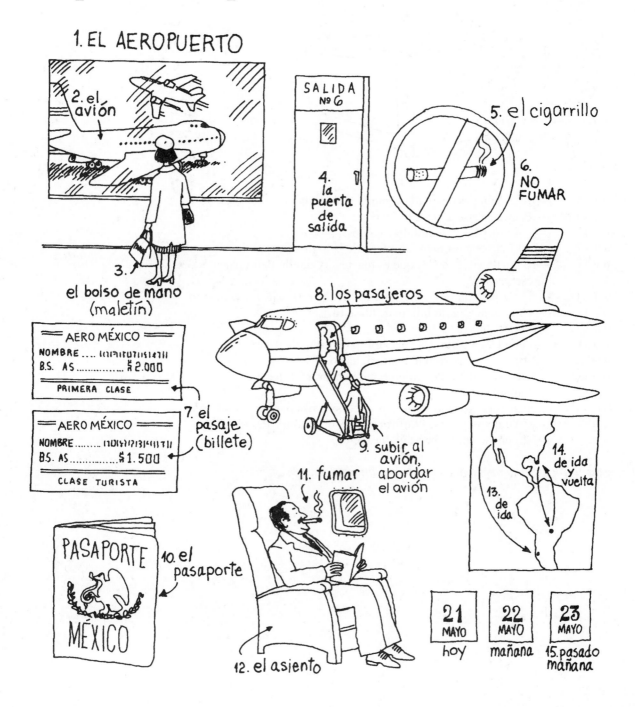

1. EL AEROPUERTO

2. el avión

3. el bolso de mano (maletín)

4. la puerta de salida

SALIDA Nº 6

5. el cigarrillo

6. NO FUMAR

AERO MÉXICO
NOMBRE ....
B.S. AS .... ₦ 2.000
PRIMERA CLASE

AERO MÉXICO
NOMBRE ....
B.S. AS $1.500
CLASE TURISTA

7. el pasaje (billete)

8. los pasajeros

9. subir al avión, abordar el avión

11. fumar

10. el pasaporte

PASAPORTE
MÉXICO

12. el asiento

13. de ida

14. de ida y vuelta

21 MAYO hoy

22 MAYO mañana

23 MAYO 15. pasado mañana

¡Buen viaje!

Alicia va a una agencia de viajes en Caracas porque quiere viajar a Chile el mes próximo. Ahora compra un pasaje y le pide información a la agente.

ALICIA —Quiero un pasaje de ida y vuelta a Santiago.

AGENTE —¿Primera clase o clase turista?

ALICIA —Clase turista. ¿Cuándo hay vuelos?

AGENTE —Los martes y jueves a las nueve de la mañana.

ALICIA —Yo puedo viajar el 23, que es martes. ¿Cuándo debo hacer la reservación?

AGENTE —¿Dice que quiere viajar el día 23? Debe reservarlo hoy mismo.

ALICIA —¿Cuánto cuesta un billete de clase turista?

AGENTE —100.500 bolívares.[1]

ALICIA —¿Sabe Ud. a cómo está el cambio de moneda?

AGENTE —No, no lo sé, pero puedo averiguarlo.

ALICIA —¿Necesito algún documento para viajar a Chile? ¿Pasaporte… visa… ?

AGENTE —Necesita el pasaporte pero no necesita visa para viajar a Chile.

ALICIA —¿Cuándo tengo que confirmar la reservación? ¿Pasado mañana?

AGENTE —No, puede confirmarla el día 20.

La agente le da a Alicia unos folletos que tienen información sobre Chile.

---

[1]Venezuelan currency.

En el aeropuerto, Alicia habla con un empleado de la aerolínea.

ALICIA —Quiero un asiento para el vuelo 406 a Santiago.
EMPLEADO —¿Quiere un asiento de pasillo o un asiento de ventanilla?
ALICIA —Un asiento de pasillo. ¡Ah! ¿Cuántos bolsos de mano puedo llevar conmigo?
EMPLEADO —Uno. Aquí tiene los comprobantes para su equipaje.

En la puerta de salida:

"Última llamada. Pasajeros para el vuelo 406 a Santiago, favor de ir a la puerta de salida número seis para abordar el avión."

Vocabulario

COGNADOS

la aerolínea airline	**la información** information
el (la) agente agent	**la visa, el visado** *(España)* visa
el documento document	

NOMBRES

la agencia de viajes travel agency
el asiento de pasillo (de ventanilla) aisle (window) seat
el billete ticket
el comprobante claim check, claim ticket
el folleto brochure
la llamada call
el mes month
el viaje trip
el vuelo flight

VERBOS

averiguar to find out
costar (o:ue) to cost
decir[1] (e:i) to say, to tell
reservar to reserve
saber to know (a fact)
viajar to travel

ADJETIVOS

algún, alguno(a) any, some
último(a) last
unos(as) some

---

[1]Irregular first person: *yo digo*

OTRAS PALABRAS Y EXPRESIONES

¿A cómo está el cambio de moneda?   What's the rate of exchange?
¡Buen viaje!   Have a nice trip!, Bon voyage!
la clase turista   tourist class
conmigo   with me
¿cuándo?   when?
favor de (+ infinitivo)   please (do something)
hoy mismo   today, this very day
primera clase   first class

Vocabulario adicional

OTRAS PALABRAS RELACIONADAS CON LOS VIAJES

la aduana   customs
el (la) auxiliar de vuelo   flight attendant
hacer escala   to make a stopover
la sala de equipaje   baggage claim area
la sección de (no) fumar   (non)smoking section
la tarjeta de embarque (embarco)   boarding pass

Nota cultural

- Santiago, the capital of Chile, has a population of almost five million. Founded by the Spanish in 1541, it is the cultural and industrial center of the country. Santiago is a cosmopolitan city that reflects the influence of both Europe and North America; eighteenth-century colonial buildings and modern skyscrapers can be found side by side. It has many recreational facilities: beautiful parks, a stadium that can hold eighty thousand people, and numerous theaters and cinemas. The city's climate is similar to that of Mediterranean countries, and thanks to the surrounding mountains, there are excellent ski slopes very close to the city.

Dígame...

Answer the following questions, basing your answers on the dialogue.

1. ¿Por qué va Alicia a la agencia de viajes? ¿Qué compra allí?

2. ¿Qué le pide Alicia a la agente?

3. ¿Cuándo quiere viajar Alicia? ¿Quiere viajar en primera clase o en clase turista?

4. ¿Alicia quiere un pasaje de ida o de ida y vuelta?

5. ¿Qué días hay vuelos para Santiago? ¿A qué hora?

_____

6. ¿Cuándo puede viajar Alicia? ¿Cuándo tiene que reservar el pasaje?

_____

7. ¿Sabe la agente a cómo está el cambio de moneda? ¿Qué va a hacer *(to do)*?

_____

8. ¿Qué documentos necesita Alicia para viajar?

_____

9. ¿Qué le da la agente a Alicia?

_____

10. ¿Con quién habla Alicia en el aeropuerto?

_____

11. ¿Alicia quiere un asiento de ventanilla o de pasillo?

_____

12. ¿Cuántos bolsos de mano puede llevar Alicia? ¿Qué le da el empleado?

_____

Hablemos

Interview a classmate, using the following questions. When you have finished, switch roles.

1. ¿Adónde te gusta viajar? ¿Viajas en avión?

_____

2. ¿En qué aerolínea prefieres viajar?

_____

3. ¿Compras billetes de primera clase o de clase turista? ¿Por qué?

_____

4. ¿Prefieres un asiento de ventanilla o un asiento de pasillo?

_____

5. ¿Compras tus pasajes en una agencia de viajes o en el aeropuerto?

_____

6. ¿Tú sabes cuánto cuesta un pasaje a Santiago?

_____

7. ¿Qué documentos necesitas para viajar a Chile?

   _____

8. ¿Llevas mucho equipaje cuando viajas?

   _____

9. ¿Puedes viajar hoy mismo? ¿Por qué o por qué no?

   _____

10. ¿En qué mes viajas tú generalmente?

    _____

¿Qué pasa aquí?

With a partner, answer the following questions according to what you see in the pictures.

A. 1. ¿Adónde va Luisa?

   _____

2. ¿Qué quiere comprar Luisa?

   _____

3. ¿A qué ciudad quiere viajar Luisa?

   _____

4. ¿Dónde está Caracas?

   _____

5. ¿Qué días hay vuelos a Caracas?

   _____

B. 1. ¿Qué desea saber Luisa?

   _____

2. ¿Son los vuelos por la mañana, por la tarde o por la noche?

   _____

3. ¿Con qué aerolínea va a viajar Luisa?

   _____

C. 1. ¿Qué día es hoy?

_____

2. ¿Cuántos aviones hay?

_____

3. ¿Cuántas maletas tiene Luisa?

_____

4. ¿Tiene mucho equipaje Luisa?

_____

5. ¿Cuántos bolsos de mano tiene Luisa?

_____

6. ¿Cuál es la puerta de salida?

_____

En estas situaciones

What would you say in the following situations? What might the other person say?

1. You are at a travel agency. You are planning a vacation trip to Santiago, Chile, and want to gather as much information as possible about airfare costs, flight schedules, and documents you will need to travel to Chile. You also need to reserve a seat.

2. You have just arrived in Mexico City, where you will be staying for a few days. Before leaving the airport, you hope to find out from an airline employee when you must confirm the reservation for your return flight and what the rate of exchange is.

3. You are an airline employee. You need to check in the last passenger in line for flight 609 to Barcelona, which leaves at nine o'clock, and then make the final boarding call for the flight.

¿Qué dice aquí?

Imagine that you and a partner are travel agents. Answer the questions
your clients ask you about a trip your agency offers. Base your answers on
the ad, and use your imagination to supply any information that is not in
the ad.

1. ¿Cuántos días dura *(lasts)* la excursión?

    _____

2. ¿Cuánto cuesta el viaje?

    _____

3. ¿Qué incluye el precio?

    _____

4. ¿Qué comidas están incluidas en el precio?

    _____

5. ¿Qué lugares vamos a visitar?

    _____

6. ¿Qué días hay vuelos a Oaxaca? ¿A qué hora son los vuelos?

    _____

7. ¿Puedo estar más días en Oaxaca si lo deseo?

_____

8. ¿Cuánto debo pagar extra por cada noche adicional?

_____

Actividades especiales

1. Three or four travel agencies will be set up in the classroom, each with two clerks. (Students will select names for agencies and provide any necessary props.) The rest of the students will play the roles of travelers. They will ask questions about prices, necessary travel documents, flights, schedules, reservations, confirmations, etc., for destinations of their choice.

2. Students will play the roles of passengers at the airport. Eight students will be flight personnel for four different airlines and will deal with luggage, flight numbers, seat numbers, gates, etc. The passengers will gather in waiting areas to await their boarding announcements (either a student or the instructor can call the flights) before proceeding to the appropriate gates.

Un paso más

Review the *Vocabulario adicional* for this *lección*, and complete the following sentences with the appropriate word or phrase.

1. Todas las maletas están en _____ .

2. Quiero un asiento de ventanilla en la _____ .

3. No puede subir al avión si no tiene _____ .

4. La _____ va a servir la cena.

5. No es un vuelo directo; el avión hace _____ en Caracas.

6. Los pasajeros de vuelos internacionales tienen que pasar por (go through) la _____ .

Trabalenguas

Cuando digo "digo",
no digo "Diego",
digo "digo".

💿 *Aprenda estas palabras*

3. esquiar

1. la luna 2. las estrellas

7. andar (montar) a caballo

4. la montaña

6. el caballo

5. escalar

acampar

9. pescar

10. la tienda de campaña

8. la bolsa de dormir

14. nadar 15. patinar

11. la mochila 12. hacer una caminata

13. cazar

16. los patines

17. la raqueta

18. la pelota

🔴 *Los deportes y las actividades al aire libre*

Andrés y Laura Echeverría viven en Buenos Aires. En este momento están mirando folletos de muchos lugares interesantes para planear sus vacaciones. Están tratando de decidir si van a ir a Bariloche a esquiar o si van a ir a Chile a escalar montañas. También tienen unos folletos de ciudades brasileñas.

ANDRÉS   —*(Le muestra un folleto.)* ¿Qué te parece esta excursión? ¿Te gusta? Podemos ir a Bariloche a esquiar en julio.

LAURA   —Es verdad... O podemos esperar hasta septiembre, ir a la finca de mis abuelos en Córdoba y montar a caballo.

ANDRÉS   —También podemos alquilar una cabaña o acampar junto a un lago y pescar...

LAURA   —¡Yo odio el pescado! ¡Tengo una idea! ¿Por qué no vamos a Río de Janeiro? Es una ciudad preciosa, con playas magníficas... ¡Me gusta mucho!

ANDRÉS   —¿A Río? Bueno... Pero para eso tenemos que esperar hasta noviembre o diciembre.

LAURA   —No, no estoy de acuerdo. En Río siempre hace calor.

ANDRÉS   —Entonces voy a preguntarle a mi hermano si puede prestarnos sus bolsas de dormir. Nos hacen falta para acampar en la playa.

LAURA   —O podemos ir a un hotel elegante, jugar al tenis...

ANDRÉS   —¿Y si le pido la tienda de campaña...? Mi hermano me la presta...

LAURA   —Vamos a hacer eso. Nos va a costar menos.

ANDRÉS   —¡Perfecto! Oye, ¿quieres ver la pelea en la tele esta noche o prefieres ir al partido de básquetbol?

LAURA   —No... me duele un poco la cabeza. Voy a dormir un rato.

🎵 Vocabulario

NOMBRES

la cabaña   cabin
la cabeza   head
la ciudad   city
el deporte   sport
la finca   farm, ranch, farmhouse
el lago   lake
el partido   game
la pelea   fight
la playa   beach

VERBOS

acampar   to camp
alquilar   to rent
doler (o:ue)   to hurt, to ache
dormir (o:ue)   to sleep
gustar   to like, to be pleasing to
hacer[2]   to do, to make
jugar (u:ue)   to play (i.e., a game)
mirar   to look
mostrar (o:ue), enseñar   to show
odiar   to hate
planear   to plan
preguntar   to ask (a question)
prestar   to lend
tratar (de)   to try (to)
ver[3]   to see

ADJETIVOS

este(a)   this
precioso(a)   beautiful

OTRAS PALABRAS Y EXPRESIONES

actividades al aire libre   outdoor activities
eso   that
esta noche   tonight
estar de acuerdo   to agree, to be in agreement
hace calor   it's hot
hacer falta   to need, to lack
hasta   until
junto a   near, next to
menos   less
para   in order to
¿Qué te parece... ?   What do you think of . . . ?

---

[1] *Vacaciones* is always used in the plural in Spanish.
[2] Irregular first person: *yo hago*
[3] Irregular first person: *yo veo*

Vocabulario adicional

MÁS SOBRE LAS ACTIVIDADES AL AIRE LIBRE (*More about outdoor activities*)

el alpinismo   mountain climbing
la canoa   canoe
la caña de pescar   fishing pole
el esquí acuático   water skiing
ir de caza   to go hunting
ir de pesca   to go fishing
montar en bicicleta   to ride a bicycle
remar   to row, to paddle

MÁS SOBRE DEPORTES (*More about sports*)

el béisbol, la pelota (*Cuba, Puerto Rico*)   baseball
el campeón, la campeona   champion
el equipo   team
el fútbol   soccer
   el fútbol americano   football
el (la) jugador(a)   player
la natación   swimming
practicar   to play, to practice (a sport)

Notas culturales

- Many people from all over the world go skiing at Bariloche in southern Argentina during the months of June, July, and August, which are the winter months in the Southern Hemisphere.
- Located northwest of Buenos Aires, the province of Córdoba enjoys rich agricultural resources. Its capital, Córdoba, has the largest population of any Argentinian city after Buenos Aires and is an important industrial center.
- Rio de Janeiro was the capital of Brazil, the world's largest Portuguese-speaking country, until 1960. Its magnificent beaches and annual *carnaval* are internationally famous.

Dígame...

Answer the following questions, basing your answers on the dialogue.

1. ¿Qué están mirando Andrés y Laura? ¿Qué están tratando de decidir?

    _____

2. ¿Adónde pueden ir a esquiar en julio?

    _____

3. ¿Adónde pueden ir si esperan hasta septiembre?

    _____

4. ¿Tienen caballos los abuelos de Laura?

    _____

5. ¿Laura quiere ir a pescar? ¿Por qué o por qué no?

    _____

6. ¿Le gusta Río de Janeiro a Laura? ¿Qué dice ella de Río?

    _____

7. ¿Por qué dice Laura que no necesitan esperar hasta noviembre o diciembre para ir a Río?

_____

8. ¿Qué les hace falta a Laura y a Andrés para acampar? ¿Qué va a preguntarle Andrés a su hermano?

_____

9. Si Andrés le pide a su hermano la tienda de campaña, ¿él se la presta?

_____

10. ¿Qué quiere hacer Laura y por qué?

_____

Hablemos

Interview a classmate, using the following questions. When you have finished, switch roles.

1. ¿Adónde te gusta ir de vacaciones? ¿Por qué?

_____

2. Cuando vas de vacaciones, ¿prefieres ir a acampar o ir a un hotel elegante? ¿Cuál es tu hotel favorito?

_____

3. ¿Qué puedes hacer si vas de vacaciones a Utah o a Colorado en diciembre?

_____

4. ¿Qué te hace falta para ir a acampar?

_____

5. ¿Qué actividades al aire libre les gustan a ti y a tu familia?

_____

6. ¿Te gusta más nadar en la playa, en una piscina o en un lago?

_____

7. ¿Prefieres escalar una montaña o montar a caballo?

_____

8. ¿Qué actividad al aire libre no te gusta?

_____

9. ¿Qué deportes te gusta practicar?

_____

10. ¿Qué te hace falta para jugar al tenis?

_____

11. ¿Prefieres patinar o esquiar?

_____

12. ¿Qué deportes te gusta ver en la televisión?

_____

¿Qué pasa aquí?

With a partner, answer the following questions according to what you see in the pictures.

A. 1. ¿Es de día o de noche?

_____

2. ¿Qué prefiere hacer Luis?

_____

3. ¿Qué quiere hacer Ángel?

_____

4. ¿Qué está haciendo Raúl?

_____

5. ¿Dónde duermen los muchachos?

_____

6. ¿Cree Ud. que los chicos tienen camas o bolsas de dormir?

_____

B. 1. ¿Dónde están David, Ana y Tito? ¿En el campo *(country)*?

_____

2. ¿Es de día? ¿Cómo lo sabe?

_____

3. ¿Qué quiere hacer David?

_____

4. ¿Qué quiere hacer Ana?

_____

5. ¿Qué está haciendo Tito?

_____

C. 1. ¿Qué está haciendo Pepe?

_____

2. ¿Tiene una maleta? ¿Qué tiene?

_____

3. ¿Qué está haciendo María? ¿Dónde está?

_____

4. ¿Qué está haciendo Alberto?

_____

5. ¿Alberto y María tienen una tienda de campaña? ¿Qué tienen?

_____

En estas situaciones

What would you say in the following situations? What might the other person say?

1. You are vacationing at a resort and are trying to decide how to spend the afternoon. The activities director discusses your interests and abilities with you to help you choose a suitable activity.

2. You and a friend are planning a vacation together and are discussing whether to camp or to stay in a hotel. You don't have much money to spend, and neither one of you owns camping equipment, although you might be able to borrow some.

3. A friend invites you to the movies, but you would rather sleep for a while because your head hurts a little.

¿Qué dice aquí?

Read the ad below, and answer the following questions with a partner.

1. ¿En qué centro turístico pueden Uds. esquiar en Argentina?

   _____

2. ¿Qué pueden hacer en los Andes?

   _____

3. ¿Cómo son las playas en Argentina?

   _____

4. Además de nadar en las playas, ¿dónde más se puede nadar?

   _____

5. ¿En qué lugares se puede pescar?

   _____

6. ¿Qué deportes pueden Uds. practicar en Argentina?

   _____

7. ¿Por qué es Argentina el lugar ideal para las personas que aman las actividades al aire libre?

   _____

¡Visite Argentina!

Argentina lo tiene todo. Éste es el lugar ideal para el turista que ama los deportes y las actividades al aire libre.

- Esquíe en el bellísimo centro de Bariloche.
- Escale las altas montañas de los Andes.
- Nade en las bellas playas naturales o en las magníficas piscinas de los hoteles de lujo.
- Acampe en el llano o en la montaña.
- Aprenda a montar a caballo como los gauchos.
- Pesque en el mar o en los ríos y los lagos.
- Cace aves y otros animales.
- Juegue al tenis y al fútbol en este país de campeones.

¡Haga lo todo en Argentina!

Una actividad especial

¡Charadas! The class will be divided into two teams for a game of charades. The teacher will provide each member of both teams with sports or outdoor activities to act out. Have fun!

Un paso más

Review the *Vocabulario adicional* for this *lección*, and complete the following sentences with the appropriate word or phrase.

1. Si vamos en canoa, tenemos que _____.

2. No quiero montar a caballo; prefiero montar en _____.

3. ¿Qué deporte prefieres tú? ¿El fútbol? ¿El fútbol _____?

4. No quiero escalar montañas, porque no me gusta practicar el _____.

5. ¿Prefieren ir de pesca o ir de _____?

6. ¿Vamos a ir de pesca? Entonces necesito mi _____.

7. Mi _____ favorito de béisbol es el de las Medias Rojas *(Red Sox)*.

8. No me gusta esquiar en la nieve *(snow)*; prefiero el _____.

9. El cubano, Liván Hernández, es un famoso _____ de béisbol.

10. Mi equipo es el mejor; este año va a ser el _____.

11. Voy a la piscina del club para practicar _____.

Un dicho *(A saying)*

Mente sana en cuerpo sano.   *A healthy mind in a healthy body.*

¿Cuándo quieres ir a esquiar conmigo?

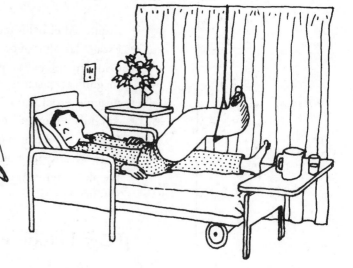

🔵 *Aprenda estas palabras*

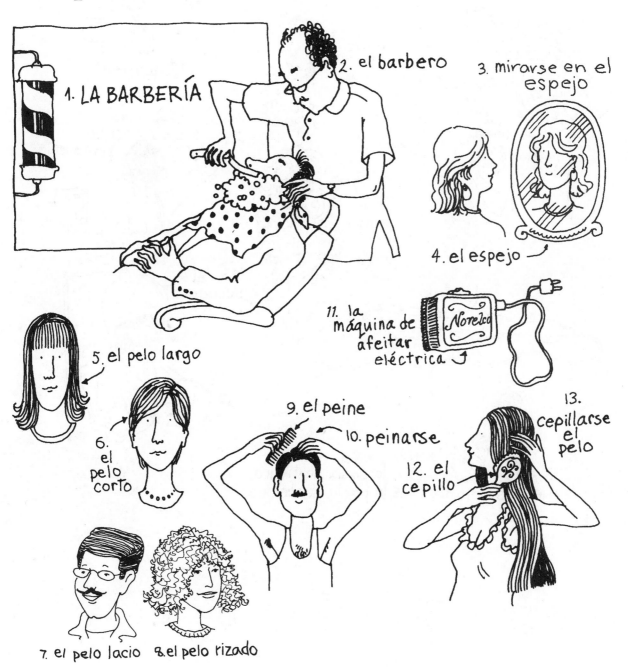

1. LA BARBERÍA

2. el barbero

3. mirarse en el espejo

4. el espejo

5. el pelo largo

6. el pelo corto

7. el pelo lacio

8. el pelo rizado

9. el peine

10. peinarse

11. la máquina de afeitar eléctrica

12. el cepillo

13. cepillarse el pelo

14. el bigote

15. la barba

16. la máquina de afeitar

17. la tijera[1]

18. el champú

19. el corte de pelo

20. la permanente

21. el peinado

22. el rizador

23. el secador

24. el desodorante

la pasta dentífrica,
25. la pasta de dientes

[1]**las tijeras** also used

104

🎵 *Un día con Adela y Mario*

Hoy Adela y Mario se levantan muy temprano. Ella tiene turno en la peluquería antes de ir a la universidad y él tiene que ir a la oficina porque tiene una reunión a las ocho. Se bañan, se visten y salen de su casa a las siete y media. Esta noche van a ir al teatro con unos amigos a ver una comedia musical.

En la peluquería:

ADELA	—Tengo turno para las ocho. Lavado, corte y peinado.
PELUQUERA	—En seguida la atiendo. Siéntese. ¿Quiere café?
ADELA	—Sí, déme una taza, por favor.

Adela bebe el café mientras espera. Después la peluquera le lava la cabeza.

PELUQUERA	—Tiene el pelo largo.
ADELA	—Sí, córtemelo. Me gusta el pelo corto.
PELUQUERA	—También tiene el pelo seco. Use un buen champú con acondicionador.

Cuando Mario sale de la oficina, va al centro porque tiene que comprar varias cosas y hacer varias diligencias. A las cinco, Adela y Mario vuelven a su casa y se preparan para ir al teatro.

ADELA	—Me voy a poner el vestido negro... ¿Dónde está mi perfume?
MARIO	—En el botiquín. Oye, no encuentro mi máquina de afeitar.
ADELA	—Puedes afeitarte con la mía; está en el otro baño.
MARIO	—No, gracias, querida... La tuya no afeita muy bien. Quiero cepillarme los dientes. ¿Dónde está la pasta dentífrica?
ADELA	—Yo la tengo.

Mario   Adela

*Terminan de vestirse y se van. A las ocho menos cuarto llegan al teatro, donde se
encuentran con sus amigos.*

MARIO	—La función empieza a las ocho. ¿Tú tienes las entradas?
ADELA	—Yo tengo la mía y tú tienes la tuya en tu billetera.
MARIO	—Es verdad... Oye, estás preciosa con ese peinado.
ADELA	—Gracias. ¡Y tú te ves muy guapo! ¡Ah! Allí están Marisa y Sergio. ¿Entramos?

*Después de la función, todos van a un café a tomar algo. Mario y Adela regresan a su
casa a las doce y se acuestan a las doce y media.*

 ## Vocabulario

COGNADOS

la comedia comedy
musical musical
el perfume perfume

NOMBRES

el acondicionador conditioner
la billetera wallet
el botiquín medicine cabinet
la cosa thing
los dientes teeth
la entrada ticket (for an event)
la función show
el lavado wash

la oficina office
la peluquería, el salón de belleza hair salon, beauty salon
el (la) peluquero(a) beautician, hairstylist
la reunión meeting
el turno, la cita appointment
el vestido dress

VERBOS

acostarse (o:ue)   to go to bed
afeitar(se)   to shave
atender (e:ie)   to wait on
bañar(se)   to bathe (oneself)
cepillar(se)   to brush
cortar   to cut
encontrar (o:ue)   to find
encontrar(se) (o:ue) con   to encounter, to meet
entrar   to go in, to enter
ir(se)   to leave
lavar(se)   to wash (oneself)
levantarse   to get up
llegar   to arrive
ponerse   to put on
prepararse   to get ready
salir[1]   to go out, to leave
sentar(se) (e:ie)   to sit down
usar   to use
verse   to look, to appear
vestir(se) (e:i)   to dress, to get dressed

ADJETIVOS

negro(a)   black
querido(a)   dear, darling
seco(a)   dry
varios(as)   several

OTRAS PALABRAS Y EXPRESIONES

el (la) mío(a)   mine
hacer diligencias   to run errands
temprano   early
el (la) tuyo(a)   yours

Vocabulario adicional

ARTÍCULOS DE TOCADOR *(Toiletries)*

el bronceador   suntan lotion
el cepillo de dientes   toothbrush
la colonia   cologne
la crema para las manos   hand lotion
el esmalte para las uñas, la pintura de uñas *(Puerto Rico)*   nail polish
la hoja de afeitar   razor blade
el lápiz de labios, el pintalabios *(España)*   lipstick
el maquillaje   makeup
el quitaesmalte, la acetona   nail polish remover

Notas culturales

- American products are widely available in Spain and Latin America. Brands such as *Colgate, Palmolive, Coty, Camay,* and others are as familiar there as they are in the United States. The non-Spanish speaker, however, might have trouble recognizing those names, since they are marketed according to the rules of Spanish pronunciation. Try it yourself! Take a look at these brand names again. How would they be pronounced in Spanish?

- Plays, operettas, cabarets, and other forms of theatrical entertainment are very popular in the Hispanic world. In Spain, Argentina, Mexico, and other countries where the dinner hour does not begin before 9 P.M., performances may begin at 10 P.M. or later, and often continue until well past midnight.

---

[1]Irregular first person: *yo salgo*

Dígame...

Answer the following questions, basing your answers on the dialogue.

1. ¿Adela y Mario se levantan tarde o temprano hoy?

   _____

2. ¿Adónde va Adela antes de ir a la universidad?

   _____

3. ¿Dónde y a qué hora tiene Mario una reunión?

   _____

4. ¿Qué hacen Mario y Adela antes de salir de su casa? ¿A qué hora salen?

   _____

5. ¿Adónde van a ir esta noche? ¿Con quiénes?

   _____

6. ¿Para qué hora tiene Adela turno en la peluquería y para qué?

   _____

7. ¿Qué le pregunta la peluquera a Adela?

   _____

8. ¿Qué problema tiene Adela con el pelo y qué debe usar?

   _____

9. ¿Adónde va Mario y para qué?

   _____

10. ¿Qué se va a poner Adela para ir al teatro?

    _____

11. ¿Mario quiere usar la máquina de afeitar de Adela? ¿Por qué o por qué no?

    _____

12. ¿Para qué necesita Mario la pasta de dientes?

    _____

13. ¿Quién tiene las entradas para el teatro?

    _____

14. ¿A qué hora regresan a su casa Mario y Adela? ¿A qué hora se acuestan?

    _____

Hablemos

Interview a classmate, using the following questions. When you have finished, switch roles.

1. ¿Cuándo tienes turno en la peluquería (la barbería)?

   _____

2. ¿A qué hora te levantas? ¿A qué hora te acuestas?

   _____

3. ¿Te bañas por la mañana o por la noche? ¿Te lavas la cabeza cuando te bañas?

   _____

4. ¿Puedes bañarte y vestirte en 10 minutos?

   _____

5. ¿Cuándo te cepillas los dientes? ¿Qué pasta dentífrica usas?

   _____

6. ¿Qué champú usas? ¿Usas acondicionador? (¿Cuál?)

   _____

7. ¿Tienes permanente? (Si no, ¿quieres una?)

   _____

8. ¿Te gusta el pelo largo o el pelo corto? ¿Prefieres el pelo lacio o el pelo rizado?

   _____

9. ¿Usas secador?

   _____

10. Mi peluquero(a) favorito(a) trabaja en _____. ¿Dónde trabaja el tuyo (la tuya)?

    _____

11. ¿Con quién vas a encontrarte mañana? ¿Dónde? ¿A qué hora?

    _____

12. Generalmente, ¿qué días haces diligencias?

    _____

¿Qué pasa aquí?

With a partner, answer the following questions according to what you see
in the pictures.

A.

B.

A. 1. ¿Dónde está Eva?

_____

2. ¿Eva tiene permanente?

_____

3. ¿Para qué tiene turno Eva?

_____

4. ¿Dónde se mira Eva?

_____

B. 1. ¿Qué le está haciendo el peluquero a Rafael?

_____

2. ¿El peluquero le va a cortar el pelo?

_____

3. ¿Qué más cree Ud. que le va a hacer?

_____

C. 1. ¿Dónde está la Sra. Peña?

_____

2. ¿Qué está haciendo?

_____

3. ¿Con quién va a encontrarse hoy?

_____

4. ¿A qué hora se van a encontrar?

_____

5. ¿Adónde van a ir?

_____

D. 1. ¿A qué teatro van Marta y Lucía?

_____

2. ¿Cree Ud. que van a ver una comedia o un drama?

_____

3. ¿Cómo se llama la obra *(play)*?

_____

4. ¿A qué hora empieza la función?

_____

En estas situaciones

What would you say in the following situations? What might the other person say?

1. You are a customer at a hair salon. When you arrive, you and the stylist briefly discuss the services you will need today. You will have to wait a few minutes for your turn.

2. You and your roommate are bathing, getting dressed, and doing other things as you prepare to leave the house in the morning. You're both in a rush. Ask each other where various toiletries and other things you need to get ready are.

3. You call a friend because you have tickets for a musical comedy this evening. You ask if he/she wants to go, say when the show starts, and discuss where you can meet.

4. You tell your friend that you only have a dollar in your wallet. You ask him/her how much he has in his/hers.

¿Qué dice aquí?

Read the following ad for a hair salon, and then answer the questions with a partner.

1. ¿Cuánto cuesta una permanente en la peluquería *Jeanette*?

   _____

2. Si quiero un tinte *(dye)* para mi pelo, ¿puedo ir a la peluquería *Jeanette* el domingo? ¿Por qué?

   _____

3. ¿Qué días puedo ir y cuánto debo pagar por el tinte?

   _____

4. Mi esposo necesita cortarse el pelo. ¿Puede ir a *Jeanette*? ¿Por qué?

   _____

5. ¿Cuánto cuesta la manicura en la peluquería *Jeanette*?

   _____

6. ¿Qué días tienen precios especiales en la peluquería?

_____

7. ¿A qué teléfono debo llamar para pedir turno?

_____

Una actividad especial

The classroom is turned into a hair salon for men and women. Two students will play the roles of receptionists. The rest of the students are hairdressers or customers. The customers will make appointments with the receptionist, telling the day, time, and what they want done. The receptionist will call each customer when his or her turn comes. Each customer then discusses what he or she wants done. Customers pay the receptionist as they go out. Students should provide the necessary props.

Un paso más

Review the *Vocabulario adicional* for this *lección*, and identify the personal care items that Mario and Adela need.

1. Her lips need some color. _____

2. He wants to get a tan. _____

3. She is wearing a red dress and she wants her nails to match it. _____

4. His hands are very dry. _____

5. They both need to brush their teeth. _____

6. He wants to smell good. _____

7. She looks very pale. _____

8. She doesn't like the color on her nails. _____

9. He needs a shave. _____

Un dicho

Para ser bello, hay que sufrir.   *In order to be beautiful, one must suffer.*

💿 *Aprenda estas palabras*

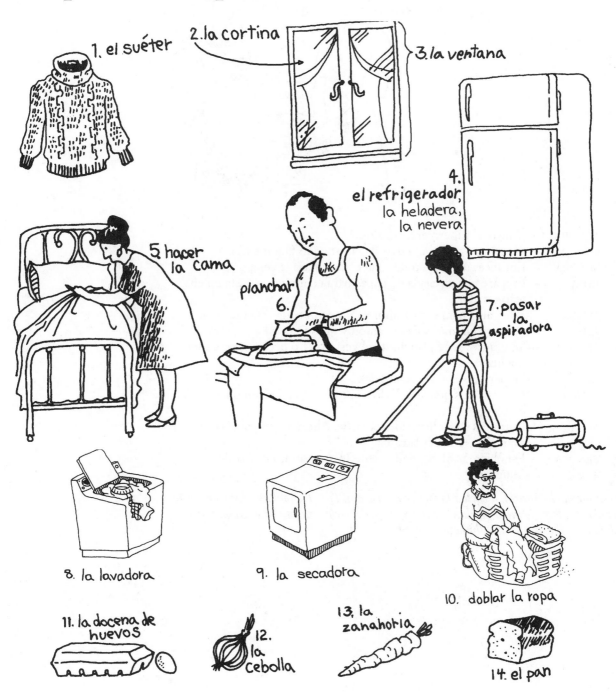

1. el suéter
2. la cortina
3. la ventana
4. el refrigerador, la heladera, la nevera
5. hacer la cama
6. planchar
7. pasar la aspiradora
8. la lavadora
9. la secadora
10. doblar la ropa
11. la docena de huevos
12. la cebolla
13. la zanahoria
14. el pan

Los quehaceres de la casa

La Sra. Barrios habla con Rosa, la muchacha que viene a su casa tres veces por semana para ayudarla. Rosa trabaja para la familia Barrios todos los veranos.

SEÑORA	—¿Fuiste al supermercado, Rosa?
ROSA	—Sí, compré todas las cosas de la lista que Ud. me dio.
SEÑORA	—Entonces tenemos todo lo necesario para la cena.
ROSA	—Preparé una ensalada de papas para el almuerzo. Está en el refrigerador.
SEÑORA	—¿Hay algo para comer ahora? No comí nada esta mañana.
ROSA	—¿Quiere un sándwich de jamón y queso?
SEÑORA	—Sí, gracias. ¿Me planchaste el vestido? Lo necesito para esta noche.
ROSA	—Sí, pero no lavé el suéter rojo.
SEÑORA	—Ése tenemos que mandarlo a la tintorería. Tienen que limpiarlo en seco.
ROSA	—Entonces voy a llevarlo esta tarde. Ahora voy a pasar la aspiradora y hacer la cama.
SEÑORA	—Está bien. ¡Ah! ¿Cuándo viene José a cortar el césped?
ROSA	—Mañana.

Rosa sacude los muebles, cuelga la ropa en el ropero, lava las toallas y las pone en la secadora. Después mira por la ventana y ve que el cielo está nublado. Piensa que, como va a llover, no va a limpiar la terraza.

116

Vocabulario

COGNADOS

el supermercado   supermarket
la terraza   terrace

NOMBRES

el cielo   sky
la mañana   morning
los muebles   furniture
**los quehaceres (los trabajos)
de la casa**   housework
la ropa[1]   clothes
el ropero   closet
la tintorería   dry cleaners
la vez[2]   time (in a series; as equivalent of *occasion*)
el verano   summer

VERBOS

ayudar   to help
colgar (o:ue)   to hang
limpiar   to clean
llover (o:ue)   to rain
mandar   to send
poner[3]   to put
preparar   to prepare
sacudir   to dust
trabajar   to work

ADJETIVOS

nublado(a)   cloudy
rojo(a)   red

OTRAS PALABRAS Y EXPRESIONES

algo   anything, something
como   since, being that
cortar el césped   to mow the lawn
Está bien.   Fine.
esta tarde   this afternoon
limpiar en seco   to dry clean
nada   nothing
por   through
que   who, that
todo lo necesario   everything necessary

Vocabulario adicional

PARA HACER UNA ENSALADA *(To make a salad)*

el aceite   oil
los hongos, los champiñones   mushrooms
la pimienta   pepper
los rabanitos   radishes
la remolacha   beet
el repollo   cabbage
la sal   salt
el vinagre   vinegar

EN LA COCINA *(In the kitchen)*

el abrelatas   can opener
la cocina, la estufa   stove
cocinar al horno, hornear   to bake
el horno   oven
el lavaplatos   dishwasher

PARA LAVAR LA ROPA *(To do laundry)*

el detergente   detergent
la lejía, cloro *(Méx.)*   bleach

---

[1]*Ropa* is always used in the singular in Spanish
[2]*Una vez:* once
[3]Irregular first person: *yo pongo*

Notas culturales

- In Spain and Latin America many upper- and middle-class families have maids, although these days fewer can afford them.
- Although supermarkets have become very popular in most Spanish-speaking countries, especially in cities, one still sees many small stores specializing in one or two main products. Most Hispanic towns have a central marketplace with a number of small stores. Many people still prefer to shop at such markets where prices are generally lower or not fixed, and shoppers can bargain with merchants.
- Seasons in the Southern Hemisphere are the reverse of those in the Northern Hemisphere. When it is summer in the United States, it is winter in Argentina, for example.

Dígame...

Answer the following questions, basing your answers on the dialogue.

1. ¿Para qué va Rosa a la casa de la Sra. Barrios? ¿Cuántas veces va por semana?

   _____

2. ¿En qué estación *(season)* del año trabaja Rosa para la familia Barrios?

   _____

3. ¿Adónde fue Rosa? ¿Qué compró?

   _____

4. ¿Qué preparó Rosa para el almuerzo? ¿Dónde está la comida que preparó?

   _____

5. ¿Qué planchó Rosa? ¿Para cuándo lo necesita la señora?

   _____

6. ¿Qué tiene que hacer Rosa con el suéter rojo? ¿Por qué?

   _____

7. ¿Qué dice Rosa que va a hacer ahora?

   _____

8. ¿Qué va a hacer José mañana?

   _____

9. ¿Qué hace Rosa con los muebles y con la ropa?

   _____

10. ¿Qué hace con las toallas y dónde las pone?

   _____

11. ¿Qué ve Rosa cuando mira por la ventana?

   _____

12. ¿Por qué no va a limpiar Rosa la terraza?

   _____

Hablemos

Interview a classmate, using the following questions. When you have finished, switch roles.

1. ¿Comiste un sándwich hoy? ¿De qué?

   _____

2. ¿Preparaste una ensalada anoche *(last night)*? ¿De qué?

   _____

3. ¿Cuándo fuiste al supermercado? ¿Qué cosas compraste?

   _____

4. ¿Haces tu cama todos los días?

   _____

5. ¿Cuántas veces por semana pasas la aspiradora?

   _____

6. ¿Sacudes los muebles todos los días?

   _____

7. ¿Tú lavas y planchas tu ropa o la mandas a la tintorería?

   _____

8. ¿Cuelgas tus suéteres o los doblas?

   _____

9. ¿De qué color son las cortinas de tu cuarto?

   _____

10. ¿Quién corta el césped en tu casa?

   _____

11. ¿Quién te ayuda con los quehaceres de la casa?

   _____

12. ¿Está nublado el cielo hoy? ¿Va a llover o no?

   _____

¿Qué pasa aquí?

With a partner, describe what Lola and her husband did yesterday, according to what you see in the pictures.

1. _____
2. _____
3. _____
4. _____
5. _____
6. _____
7. _____
8. _____
9. _____
10. _____

1.

2.

3.

4.

En estas situaciones

What would you say in the following situations? What might the other person say?

1. You and your roommate are planning a dinner party. You want to know if the carrots, the onions, and the eggs you will need are in the refrigerator. Your roommate is planning to buy everything necessary for dinner at the supermarket.

2. It's laundry day. You ask your roommate where the ironing board and the iron are, and whether he/she can put the clothes in the washing machine. Your roommate wants to know if you sent his/her sweater to the cleaners; it has to be dry cleaned.

3. A friend asks you who Mary is. Mary is the woman who comes to your house once a week to help you with the housework.

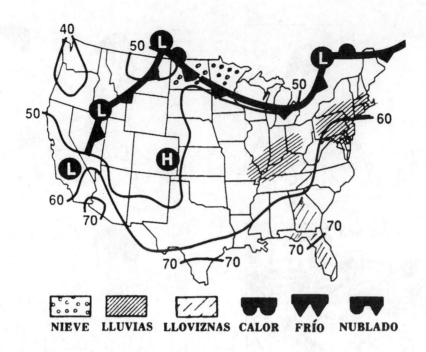

NIEVE   LLUVIAS   LLOVIZNAS   CALOR   FRÍO   NUBLADO

¿Qué dice aquí?

Based on the information provided in the weather forecast, answer these questions with a partner.

1. ¿En qué estados está lloviendo?

    _____

2. ¿Dónde llovizna *(drizzle)*?

    _____

3. ¿En qué estados está nevando?

    _____

4. ¿En qué estados hace más frío hoy?

    _____

5. ¿Hay posibilidades de lluvia en Miami?

    _____

6. ¿Va a hacer frío o calor en Miami?

    _____

7. ¿Cuál va a ser la temperatura máxima en Miami?

    _____

Una actividad especial

The classroom is divided into three sections: a *verdulería (vegetable market)*, a *frutería (fruit market)*, and a *lechería (dairy)*. Each market will have two salespersons. The rest of the students will be customers who will shop at each market. The merchandise *(use props)* should be displayed.

Un paso más

Review the *Vocabulario adicional* for this *lección*, and complete each of the following sentences with the appropriate word or phrase.

1. Yo le pongo aceite y _____ a la ensalada.

2. Quiero sal y _____.

3. Voy a cocinar la carne al _____.

4. Para lavar la ropa blanca necesito _____ y _____.

5. Lavo los platos en el _____.

6. Mamá está en la _____ preparando la cena.

7. Yo uso lechuga, tomate, _____ y _____ para preparar una ensalada.

8. Un sinónimo de estufa es _____.

9. Necesito el _____ para abrir la lata de sopa.

Un dicho

Contigo, pan y cebollas.

I'll live on bread and onions as long as you are at my side. (lit.: With you, bread and onions.)

¿Nos vas a mandar a la tintorería ...?

123

Repaso

LECCIONES 6–10

PRÁCTICA DE VOCABULARIO

A. Match the questions in column A with the corresponding answers in column B.

	A		B
1.	¿Tiene el pelo lacio?	____ a.	No, hoy mismo.
2.	¿Compraste huevos?	____ b.	Sí, porque está muy largo.
3.	¿Cuál es la puerta de salida?	____ c.	Sí, porque voy a jugar al tenis.
4.	¿Dónde vas a dormir?	____ d.	Para pasado mañana.
5.	¿Cuándo vas a reservar el asiento? ¿Mañana?	____ e.	La número tres.
6.	¿Dónde van a pescar?	____ f.	La visa y el pasaporte.
7.	¿Es un cuarto interior?	____ g.	No, sólo el bolso de mano.
8.	¿Quién va a confirmar el vuelo?	____ h.	Sí, están en la billetera.
9.	¿A qué hora tenemos que subir al avión?	____ i.	No, hay que limpiarlo en seco.
10.	¿Te vas a cortar el pelo?	____ j.	El agente de viajes.
11.	¿Para cuándo vas a pedir turno?	____ k.	Es muy incómodo.
12.	¿Necesitas mucho equipaje?	____ l.	En el lago.
13.	¿Vas a lavar el vestido?	____ m.	Sí, es excelente.
14.	¿Qué necesitas para viajar a España?	____ n.	No, es con vista a la calle.
15.	¿Necesitas la raqueta?	____ o.	Sí, una docena.
16.	¿Cómo es el colchón?	____ p.	No, rizado.
17.	¿Tú tienes las entradas?	____ q.	En la tienda de campaña.
18.	¿Es verdad que esa aerolínea es muy buena?	____ r.	A las siete.
19.	¿Qué les hace falta?	____ s.	La cabeza.
20.	¿Qué te duele?	____ t.	Los folletos sobre Chile.

B. Circle the word or phrase that does not belong in each group.

1. patinar, esquiar, mostrar

2. viaje, pasaporte, farmacia

3. lugar de interés, comprobante, ir de excursión

4. cielo, nublado, último

5. hacer la cama, vestíbulo, sábana

6. bueno, largo, corto

7. agencia de viajes, pasajero, máquina de afeitar

8. peluquería, supermercado, salón de belleza

9. lavadora, peine, secadora

10. colchón, billete, pasaje

11. zoológico, club nocturno, discoteca

12. catedral, hipódromo, castillo

13. acostarse, afeitarse, levantarse

14. césped, verano, jardín

15. abrelatas, guía, monumento

C. Circle the word or phrase that best completes each of the following sentences.

1. Voy a (cepillarme, cambiarme) el pelo.

2. Quiero un pasaje de ida y (vuelta, llamada).

3. Voy a poner las cortinas en la (heladera, ventana).

4. Voy a mandar el suéter a la (tintorería, terraza) porque hay que lavarlo en seco.

5. Hay una farmacia a tres (habitaciones, cuadras) de aquí.

6. Necesito usar un buen champú porque tengo el pelo (corto, seco).

7. ¿Te vas a México? ¡Buen (viaje, agente), entonces!

8. Voy a jugar al tenis. Necesito la (mochila, raqueta).

9. Voy a la agencia de (comprobantes, viajes) para reservar mi pasaje.

10. Favor de darme un asiento en la sección de no (ayudar, fumar).

11. ¿Me quieres (cortar, bañar) el pelo?

12. ¡Tengo una buena idea! Mientras espero, voy a preparar (la ensalada, el aeropuerto).

13. Necesitamos la tienda de (campaña, caballo).

14. No tenemos (reservación, documentos) para el hotel.

15. Quiero un pasaje de clase (ida, turista).

16. Ana está en su cuarto, (mirando, cepillando) la televisión.

17. Ahora voy a (pasar, doblar) la ropa.

18. Como no tiene (pasaporte, estrellas) no puede viajar a España.

19. Esta noche te voy a (buscar, almorzar) a eso de las nueve.

20. Luisa trabaja tres (veces, diariamente) por semana.

D. Read the following story, substituting words for the pictures shown.

Ayer Marta fue al supermercado y compró una docena de ,

y . Para la ensalada, compró , y tomates.

Cuando llegó a su , , planchó su y lavó el

de su Pepito. Por la tarde fue al salón de belleza. La

peluquera le lavó la y le el .

El esposo de Marta fue a la y el lo y le

cortó el un poco.

E. **Crucigrama (Lecciones 6–10).** Use the clues provided below to
complete the crossword puzzle on page 128.

HORIZONTAL

VERTICAL

4.

16.

1.

9.

5.

18.

2.

11.

6.

19.

3.

12.

10.

22.

5.

17.

13.

23.

7.

18.

14.

24.

8.

20.

15.

21.

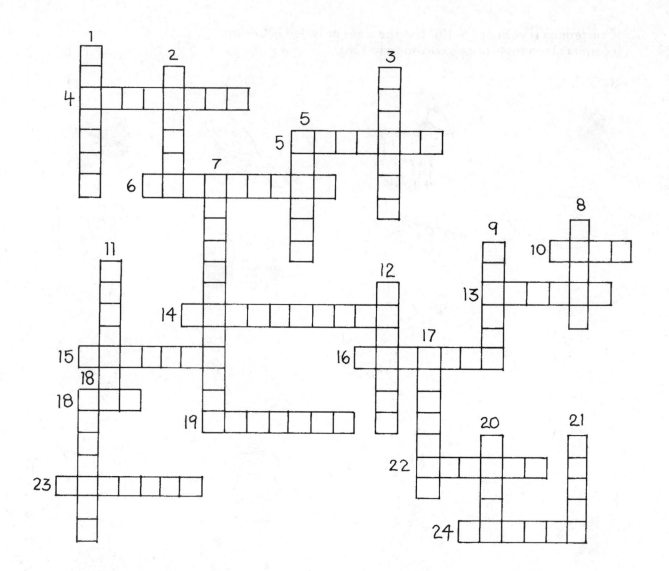

🔘 PRÁCTICA ORAL

Listen to the following exercise on the review tape of the audio program. The speaker will ask you some questions. Answer each question, using the cue provided. The speaker will verify your response. Repeat the correct answer.

1. ¿Qué documento necesita Ud. para viajar? (pasaporte)

2. ¿Desea Ud. un pasaje de ida o de ida y vuelta? (de ida)

3. ¿Desea Ud. un asiento en la sección de fumar o en la sección de no fumar? (en la sección de no fumar)

4. ¿Qué día desea viajar Ud.? (el domingo)

5. ¿Cuánto cuesta el pasaje? (mil quinientos pesos)

6. ¿Va a viajar Ud. con sus padres? (sí)

7.   ¿En qué aerolínea viaja Ud.? (Avianca)

8.   ¿Necesita Ud. tener visa para viajar? (sí)

9.   ¿Cuándo hay vuelos? (los martes y los jueves)

10.   ¿Adónde va a viajar Ud.? (Colombia)

11.   ¿Cuándo debe hacer la reservación? (hoy mismo)

12.   ¿Va Ud. a Santiago en ómnibus? (no, en avión)

13.   ¿Su habitación es interior o con vista a la calle? (interior)

14.   ¿Es cómodo su colchón? (no, incómodo)

15.   ¿Cambian las sábanas y las fundas todos los días en la pensión? (no)

16.   ¿A qué hora se cierra el museo? (a las seis)

17.   ¿Hay una farmacia cerca de la pensión? (sí)

18.   ¿Sabe Ud. a qué hora se abre la farmacia? (no)

19.   ¿Qué necesita comprar Ud. en la farmacia? (aspirinas)

20.   ¿Qué va a hacer Ud. esta tarde? (jugar al tenis)

21.   ¿Ud. va a ir a acampar en sus vacaciones? (sí)

22.   ¿Qué necesita para ir a acampar? (una tienda de campaña)

23.   ¿Tiene Ud. una bolsa de dormir? (sí)

24.   ¿Cuál es su deporte favorito? (el tenis)

25.   ¿Prefiere Ud. el pelo corto? (no, largo)

26.   ¿Quién le corta el pelo a Ud.? (el peluquero)

27.   ¿Se lava Ud. la cabeza todos los días? (sí)

28.   ¿Cuándo tiene Ud. turno en la peluquería? (mañana)

29.   ¿Quiere Ud. este peine o ése? (ése)

30.   Necesito el espejo. ¿Puede Ud. dármelo? (sí)

31.   ¿Qué champú usa Ud.? (Prell)

32.   ¿Esta tijera es suya? (sí)

33.   ¿A qué hora se levanta Ud.? (a las siete)

34. ¿Se baña Ud. por la mañana o por la noche? (por la mañana)

35. ¿Fue Ud. al supermercado hoy? (sí)

36. ¿Qué compró Ud.? (una docena de huevos y pan)

37. ¿Qué preparó Ud. para el almuerzo? (ensalada de papas)

38. ¿Le pasó Ud. la aspiradora a la alfombra? (sí)

39. ¿Cree Ud. que va a llover hoy? (sí)

40. ¿Cómo está el cielo? (nublado)

💿 PARA LEER Y ENTENDER

Marisa has a lot to do, and here she tells you about her schedule for the next few days. Listen to her description, paying special attention to pronunciation and intonation. Make sure you understand and remember as much as you can.

Hoy es jueves, y el sábado a las dos de la tarde salgo para Buenos Aires. Esta tarde voy a ir a la agencia de viajes para comprar un pasaje de ida y vuelta. El pasaje en clase turista cuesta mil doscientos dólares de Madrid a Buenos Aires. ¡Ah! Hablando de dinero… tengo que ir al banco y después a la farmacia.

Esta noche tengo que ir a la casa de Teresa, una chica argentina. Ella me va a dar una lista de lugares de interés. ¡Quiero visitarlos todos! Mi coche° no funciona, así que° tengo que tomar el autobús. Mientras espero el ómnibus, voy a escribirle a mi amigo José Luis en Buenos Aires para decirle que lo veo la semana próxima.

car
así... so

Mañana por la mañana voy a la peluquería. Tengo turno para las nueve y media: lavado, corte y peinado. Por la tarde voy a ir con Jorge a ver un partido de fútbol y por la noche voy a ir al teatro con mi amiga Elsa a ver una comedia musical.

Now answer the following questions.

1. ¿Qué día es mañana?

2. ¿El avión de Marisa sale por la mañana?

3. ¿A qué país (*country*) de Sudamérica va Marisa?

4. ¿Qué va a hacer Marisa esta tarde?

5. ¿Cuántos pasajes va a comprar Marisa?

6. ¿Ella va a comprar un pasaje de ida?

7. ¿En qué ciudad española va a tomar el avión Marisa?

8. ¿Va a viajar en primera clase?

9. ¿El pasaje cuesta más o menos de mil dólares?

10. Después de ir al banco, ¿adónde tiene que ir?

11. ¿Qué le va a dar Teresa a Marisa?

12. ¿Qué quiere visitar Marisa?

13. ¿De dónde es Teresa?

14. ¿Por qué tiene que tomar el autobús Marisa?

15. ¿Quién es José Luis?

16. ¿Dónde va a estar Marisa la semana próxima?

17. ¿Qué tiene que hacer Marisa mañana a las nueve y media?

18. ¿Qué va a hacer Marisa por la tarde?

19. ¿Va a ir al teatro con su hermana?

20. ¿Qué van a ver las chicas en el teatro?

🔴 *Aprenda estas palabras*

1. barrer
2. la escoba
3. el recogedor, la palita
4. la basura
5. la lata de la basura[1]
6. el fregadero, la pileta
7. la olla
8. la cacerola
9. el huevo frito
10. la sartén
11. la tostadora
12. pelar

---

[1]*El zafacón*, in Puerto Rico.

Hoy tenemos mucho que hacer

Hace dos horas que Estela, Víctor y Juanita García están limpiando la casa porque anoche tuvieron una fiesta y hoy la casa está muy sucia. Ahora van a desayunar.

JUANITA — —¿Qué preparo para el desayuno, mamá?
ESTELA — —Haz tocino con huevos para tu papá y chocolate y tostadas para mí. ¿Qué vas a comer tú?
JUANITA — —Cereal. ¿Cómo preparo los huevos? ¿Fritos, revueltos o pasados por agua?
ESTELA — —Fritos. Y trae jugo de naranja también.

Después del desayuno.

ESTELA — —Víctor, limpia el garaje, por favor.
VÍCTOR — —Voy a barrerlo. Dame la escoba y el recogedor.
ESTELA — —¿Vinieron a arreglar el televisor ayer?
VÍCTOR — —Sí, vinieron, pero no pudieron arreglarlo. Vuelven mañana.

134

ESTELA —¡Juanitaaa! Saca la basura. Está debajo del fregadero.

JUANITA —Ahora no puedo. Estoy fregando las ollas y la sartén.

VÍCTOR —Estela, ¿pongo la carne en el horno?

ESTELA —No, no la pongas todavía. Yo lo hago después.

Más tarde, Estela y su hija conversan mientras ponen la mesa.

JUANITA —¿Se divirtieron mucho los invitados anoche?

ESTELA —Sí, y estuvieron aquí hasta la madrugada.

JUANITA —¿Tuvo éxito el flan que preparaste?

ESTELA —¡Ya lo creo! Todos me pidieron la receta.

JUANITA —Mamá, enséñame a cocinar. Quiero aprender a preparar algunos postres.

ESTELA —¿De veras? ¡Muy bien! Empezamos mañana. Tengo unas recetas muy buenas. ¡Ah! ¿Dónde están las servilletas de papel?

JUANITA —Las puse en el armario de la cocina. *(Llama.)* ¡Papá! ¡Ven a comer!

 Vocabulario

COGNADOS

el chocolate chocolate
el garaje garage

NOMBRES

el armario cupboard
el (la) invitado(a) guest
la madrugada dawn
el papel paper
la receta recipe
la servilleta napkin
la tostada, el pan tostado toast

VERBOS

aprender to learn
arreglar to fix
cocinar to cook
desayunar to have breakfast
divertirse (e:ie) to have fun
enseñar to teach
fregar (e:ie) to wash, to scrub

ADJETIVOS

algunos(as)   some
revuelto   scrambled (egg)
sucio(a)   dirty

OTRAS PALABRAS Y EXPRESIONES

anoche   last night
debajo de   under
¿de veras?   really?
pasado por agua   soft-boiled (egg)
poner la mesa   to set the table
sacar la basura   to take out the garbage
tener éxito   to be a success, to be successful
tener mucho que hacer   to have a lot to do
todo el mundo, todos   everybody

Vocabulario adicional

la alfombra   carpet, rug
ensuciar   to get (something) dirty

PARA PONER LA MESA *(To set the table)*

los cubiertos   silverware
la jarra   pitcher
el mantel   tablecloth
el tazón   bowl
la vajilla   china

FORMAS DE COCINAR *(Ways to cook)*

asar   to roast
cocinar al vapor   to steam
freír[1]   to fry
hervir (e:ie)   to boil

Notas culturales

- En los países de habla hispana, los trabajos de la casa todavía se consideran la responsabilidad de la mujer. Sin embargo *(However)*, esta actitud tradicional empieza a cambiar ahora que muchos hombres profesionales solteros viven en su propio apartamento y no con sus padres y que, en muchos matrimonios, los dos trabajan.
- En español se usan con frecuencia formas diminutivas de los nombres para expresar afecto, especialmente con los niños. La mayoría de los diminutivos se forman con los sufijos **-ito** o **-ita**: el sobrenombre *(nickname)* de Juana es Juanita y el de Luis es Luisito, por ejemplo. Anita, pues *(therefore)*, es el diminutivo de Ana, y es el equivalente español de *Annie*, y no un nombre diferente, como se piensa en los Estados Unidos. Algunos nombres tienen distintos sobrenombres.

Francisco: Paco, Paquito, Pancho *(Mex.)*
José: Pepe, Pepito
Ignacio: Nacho
Guillermo: Memo

Francisca: Paquita
Josefa: Pepa, Pepita
Dolores: Lola, Lolita
María Teresa: Marité
Guadalupe: Lupe

---

[1]Present indicative: *frío, fríes, fríe, freímos, fríen*

Dígame…

Answer the following questions, basing your answers on the dialogue.

1. ¿Cuánto tiempo hace que los García están limpiando la casa? ¿Por qué está sucia?

   _____

2. ¿Para quién son los huevos y cómo los va a preparar Juanita?

   _____

3. ¿Qué van a tomar en el desayuno?

   _____

4. ¿Quién va a barrer el garaje y qué va a necesitar para hacerlo?

   _____

5. ¿Por qué no arreglaron el televisor ayer? ¿Cuándo vuelven para arreglarlo?

   _____

6. ¿Dónde está la lata de la basura?

   _____

7. ¿Por qué no puede Juanita sacar la basura?

   _____

8. ¿Tuvo éxito la fiesta? ¿Cómo lo sabe?

   _____

9. ¿Les gustó a los invitados el flan?

   _____

10. ¿Qué le pidió todo el mundo a Estela?

    _____

11. ¿Qué quiere aprender a hacer Juanita? ¿Por qué?

    _____

12. ¿Dónde puso Juanita las servilletas de papel?

    _____

Hablemos

Interview a classmate, using the following questions. When you have finished, switch roles.

1. ¿Qué hiciste hoy para el desayuno?

   _____

2. ¿Prefieres comer huevos fritos, huevos revueltos o huevos pasados por agua?

   _____

3. ¿Sabes cocinar? ¿Quién te enseñó?

   _____

4. ¿Usas mucha sal y pimienta en la comida?

   _____

5. ¿Quién friega los platos (*dishes*) en tu casa?

   _____

6. ¿Qué trabajos de la casa no te gusta hacer?

   _____

7. ¿Tuviste mucho que hacer ayer? ¿Qué tuviste que hacer?

   _____

8. ¿Dónde estuviste anoche y qué hiciste?

   _____

9. ¿Adónde fuiste el sábado? ¿Te divertiste?

   _____

10. ¿Cuándo vas a dar una fiesta? ¿Vas a tener muchos invitados?

    _____

¿Qué pasa aquí?

With a partner, answer the following questions according to what you see in the pictures.

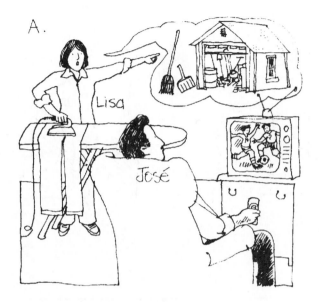

A. 1. ¿Qué está haciendo José?

_____

2. ¿Qué tiene que hacer José?

_____

3. ¿Qué va a necesitar José para hacerlo?

_____

4. ¿Qué está haciendo Lisa?

_____

5. ¿Qué cree Ud. que le dice Lisa a José?

_____

B. 1. ¿A quién llama Rita?

_____

2. ¿Quién cree Ud. que es Carmen?

_____

3. ¿Dónde está la lata de la basura?

_____

4. ¿Qué cree Ud. que le dice Rita a Carmen?

_____

C. 1. ¿Qué cree Ud. que le dice la Sra. Mena a Eva?

_____

2. ¿Qué quiere hacer Eva primero?

_____

D. 1. ¿Para cuántas personas está puesta *(set)* la mesa?

_____

2. Nombre las cosas que hay en la mesa.

a. _____   f. _____

b. _____   g. _____

c. _____   h. _____

d. _____   i. _____

e. _____   j. _____

3. Julio no toma vino. ¿Cómo lo sabemos?

_____

4. ¿Qué le hace falta a Rosa?

_____

5. ¿Qué le hace falta a Julio?

_____

E. 1. ¿Qué está haciendo la Sra. Miño?

_____

2. ¿Para cuántas personas prepara la Sra. Miño la comida?

_____

3. ¿Qué va a hacer la Sra. Miño con las papas?

_____

En estas situaciones

What would you say in the following situations? What might the other person say?

1. A young person comes to help you with the housework. Tell him/her to do the following things.

    a. make bacon and scrambled eggs

    b. bring you three pieces of toast with butter

    c. sweep the garage

    d. take out the trash

    e. go to the market and buy eggs

    f. put the meat in the oven

    g. peel four potatoes

    h. set the table

    i. clean the toaster

    j. scrub the frying pan and the pots and pans

2. You want to fix a big breakfast for a visiting friend. Find out what he/she would like to eat and how he/she would like the food prepared (style of eggs, toast with or without butter, etc.).

3. You are in charge of organizing the breakfast buffet at a restaurant. You want your assistant to bring you the food items, dishes, and utensils for the buffet table.

¿Qué dice aquí?

With a partner, read the ad for *La Escoba Mágica* and answer the following questions.

1. ¿Qué días pueden los clientes llamar a *La Escoba Mágica?*

   _____

2. ¿Cuál es el número de teléfono de *La Escoba Mágica?*

   _____

3. ¿Qué otros servicios ofrecen, además de limpiar la casa?

   _____

4. ¿Qué tipo de comida preparan?

   _____

5. ¿Cuántas veces *(times)* al mes cree Ud. que muchos clientes utilizan los servicios de *La Escoba Mágica?*

   _____

La Escoba Mágica

¡No se preocupe por la limpieza de su casa!
¡Nosotros lo hacemos todo!

1. Limpiamos la casa de arriba abajo.
2. Planchamos su ropa.
3. Fregamos ollas, sartenes y platos.
4. Limpiamos las ventanas.
5. Sacamos la basura.
6. Preparamos la cena.
7. Ponemos la mesa.

Mientras su familia va de compras, trabaja o estudia, nosotros nos ocupamos de su casa.

Llame hoy mismo al teléfono
784-3792

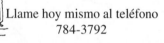

Todos los días excepto los domingos.

Una actividad especial

The classroom turns into several homes. Several students play the roles of parents, and other students play the roles of children. The parents tell the children what to do. Each child will do what he/she is told, and then report back to *mamá* or *papá*, for example, *Ya lavé los platos. ¿Qué hago ahora?* Bring tablecloths, silverware, brooms, etc., to help the dramatization seem as real as possible.

Un paso más

Review the *Vocabulario adicional* in this *lección* and then complete the following sentences with the appropriate word or phrase.

1. Le voy a pasar la aspiradora a la _____ porque los niños la _____.

2. Voy a planchar el _____ antes de ponerlo en la mesa.

3. No voy a hervir las papas; las voy a _____.

4. Necesito los _____ para servir el cereal.

5. Pon el jugo de naranja en la _____.

6. ¿Tus _____ son de plata (*silver*)?

7. Mi _____ es de porcelana.

Una adivinanza   *(A riddle)*

Una cajita° muy blanca.   *little box*
Todos la saben abrir,
nadie la puede cerrar.

Pepito: Pon la mesa, por favor.

¿Dónde....?

El huevo

144

● *Aprenda estas palabras*

ARTÍCULOS PARA SEÑORAS

ARTÍCULOS PARA CABALLEROS

1. la blusa
2. la falda¹
3. la chaqueta
4. el pantalón (los pantalones)
5. el traje de baño²
6. el abrigo
7. los guantes
8. el sombrero
9. la cartera (la bolsa)
10. la vidriera, la vitrina
11. la chaqueta
12. la camisa
13. la corbata
14. el cinto el cinturón³
15. el traje

¹In Cuba, *la saya*
²Also *el bañador (Spain)*, *la trusa (Cuba)*
³Also *la correa (Puerto Rico)*

♠ De compras

Alicia y su esposo Julio se van a encontrar en el centro para ir de compras juntos. Hace media hora que Julio espera a Alicia y está un poco preocupado. Al fin, a eso de las tres, llega ella.

JULIO	—Pero dime, mi amor, ¿qué estabas haciendo?
ALICIA	—Estaba hablando con Andrea; por eso no pude venir antes.
JULIO	—¡Ah! Yo no sabía que estaba aquí. ¡Ya vino de Asunción! ¿Qué te trajo?
ALICIA	—Me trajo una blusa y a ti te trajo una camisa y una corbata.
JULIO	—¡Qué amable! ¡Oye! Hoy tienen una liquidación en la tienda La Elegante. ¿Vamos?
ALICIA	—Sí, vamos. Aquí tengo la lista de las cosas que queremos comprar.
JULIO	—¿No dijo Beto que necesitaba una camisa azul?
ALICIA	—Sí, podemos comprársela, ya que él no pudo venir con nosotros...
JULIO	—Dijiste que ibas a comprarle un regalo a tu papá...
ALICIA	—Sí. ¡Ah, Julio, por favor! Tienes que comprarte un traje nuevo. Yo creo que tú compraste éste cuando tenías quince años...
JULIO	—*(Se ríe.)* No, querida, cuando yo tenía quince años no usaba traje. Bueno, voy a buscar uno.

Con una empleada del departamento de ropa para señoras:

ALICIA   —¿Cuánto cuesta el vestido verde que está en la vidriera?
EMPLEADA   —Cuarenta dólares... Antes costaba ochenta. Es una ganga.
ALICIA   —Es barato... ¿Puedo probármelo?
EMPLEADA   —Sí. El probador está a la derecha. ¿Qué talla usa Ud.?
ALICIA   —Uso talla grande o mediana. También quiero probarme esta falda y esta blusa.

Alicia compró la falda y el vestido pero no compró la blusa porque le quedaba chica. Compró otras cosas, pagó y ya eran las cuatro cuando fue a buscar a Julio.

Vocabulario

COGNADO

el departamento   department

NOMBRES

el departamento de ropa (artículos) para señoras women's department
el (la) empleado(a)   clerk
la ganga   bargain
la liquidación, la venta   sale
el probador   fitting room
el regalo   gift, present
la talla, la medida   size

ADJETIVOS

amable   nice, kind, courteous
azul   blue
barato(a)   inexpensive
grande   big, large
mediano(a)   medium
nuevo(a)   new
preocupado(a)   worried
verde   green

VERBOS

buscar   to look for, to get
creer   to think, to believe
probarse (o:ue)   to try on
reír(se)[1]   to laugh
usar, llevar   to wear

---

[1] *reír*, present indicative: *río, ríes, ríe, reímos, ríen*

OTRAS PALABRAS Y EXPRESIONES

a la derecha (izquierda)   to the right (left)
al fin   at last, finally
antes   before, sooner
bueno   okay
ir de compras   to go shopping
media hora   half an hour
por eso   that's why
¡Qué amable!   How nice!
quedarle chico (grande) a uno   to be too small
   (big) on one
ya que   since, as long as

Vocabulario adicional

la bufanda   scarf
el chaleco   vest
la gorra   cap
hacer juego (con)   to match
el impermeable   raincoat

el pañuelo   handkerchief
el paraguas   umbrella
quedarle ancho(a) [estrecho(a)] a uno   to be too
   wide, loose (narrow, tight) on one
las zapatillas, las pantuflas   slippers

Notas culturales

- Asunción, la capital de Paraguay, tiene una población de unos 500.000 habitantes. La ciudad tiene muchos parques muy grandes y hermosos *(beautiful)*. La mayoría de los edificios *(buildings)* de la ciudad es de estilo colonial; los edificios de arquitectura moderna se encuentran en el centro de la ciudad. Asunción domina la vida *(life)* social, cultural, política y económica de Paraguay.
- Las tallas[1] de la ropa y el tamaño *(size)* de los zapatos *(shoes)* varían mucho de país a país *(country)*. Esta tabla da una equivalencia aproximada de las tallas en España y los Estados Unidos.

MUJERES
Vestidos:

España	34	36	38	40	42	44	46	48
EE. UU.	6	8	10	12	14	16	18	20

Zapatos:

España	36	37	38	39	40
EE. UU.	6	7	8	9	10

HOMBRES
Trajes y abrigos:

España	42	44	46	48	50	52	54	56
EE. UU.	32	34	36	38	40	42	44	46

Camisas:

España	38	41	43	45
EE. UU.	15	16	17	18

Zapatos:

España	38	39	41	42	43	44	45	47
EE. UU.	5	6	7	8	9	10	11	12

---

[1]*Talla* is not used in reference to shoe size.

Dígame...

Answer the following questions, basing your answers on the dialogue.

1. ¿Dónde se van a encontrar Alicia y su esposo y para qué?

   _____

2. ¿Cuánto tiempo tuvo que esperar Julio a Alicia?

   _____

3. ¿Qué estaba haciendo Alicia?

   _____

4. ¿Qué les trajo Andrea a Alicia y a Julio?

   _____

5. ¿A qué tienda van Julio y Alicia? ¿Por qué?

   _____

6. ¿Qué dijo Beto que necesitaba? ¿Qué va a comprar Alicia para su papá?

   _____

7. ¿Qué dijo Alicia que tenía que comprarse Julio?

   _____

8. ¿Qué no usaba Julio cuando tenía quince años?

   _____

9. ¿Cuánto cuesta el vestido que se prueba Alicia y cuánto costaba antes?

   _____

10. ¿Qué talla usa Alicia y qué más quiere probarse?

    _____

11. ¿Por qué no compró Alicia la blusa?

    _____

12. ¿Qué hora era cuando Alicia fue a buscar a Julio?

    _____

Hablemos

Interview a classmate, using the following questions. When you have finished, switch roles.

1. ¿Te gusta ir de compras?

   _____

2. ¿Cuál es tu tienda favorita? ¿En qué departamento compras tu ropa?

_____

3. En una liquidación, ¿compras a veces cosas que no necesitas? ¿Puedes darme un ejemplo?

_____

4. ¿Tú usas talla pequeña, mediana o grande?

_____

5. Si tienes que comprarle un regalo a tu papá o a tu hermano, ¿prefieres comprarle una corbata o un cinto? ¿Por qué?

_____

6. ¿Tu papá usa traje y corbata todos los días?

_____

7. ¿Tu mamá prefiere usar vestido o falda y blusa cuando va a una fiesta?

_____

8. ¿Qué te gustaba usar cuando eras pequeño(a)?

_____

9. ¿Te pusiste guantes ayer? ¿Por qué?

_____

10. ¿De qué color es tu traje de baño?

_____

11. ¿Necesitas comprarte ropa? ¿Qué necesitas?

_____

12. ¿Qué hora era cuando llegaste a tu casa ayer?

_____

¿Qué pasa aquí?

With a partner, answer the following questions according to what you see in the pictures.

A. 1. ¿A quién esperaba Luisa?

_____

2. ¿Dónde se encuentran Luisa y Tito?

_____

A.

B.

3. ¿Cuánto tiempo hace que Luisa espera a Tito?

_____

4. ¿En qué tienda estuvo Tito?

_____

5. ¿A qué hora llegó Luisa a la calle Juárez?

_____

B. 1. ¿Qué se prueba José?

_____

2. ¿En qué se mira?

_____

C.

3. ¿Cuánto cuesta la chaqueta?

_____

4. ¿Qué precio tenía antes?

_____

5. ¿Está en liquidación la chaqueta?

_____

6. ¿Es una ganga? ¿Por qué o por qué no?

_____

C. 1. ¿Cómo se llama la tienda?

_____

2. ¿Qué tiene la tienda hoy?

_____

3. ¿En qué departamento está José?

_____

4. ¿Qué cree Ud. que va a comprar José?

_____

5. ¿Cuántos empleados hay en el departamento?

_____

D. 1. ¿Qué está mirando María?

_____

2. ¿Cuánto cuesta la falda que está en la vidriera?

_____

3. ¿Cuánto cuesta la blusa? ¿y el vestido?

_____

4. ¿Cuál es el más caro de los artículos en la vidriera? ¿Cuál es el más barato?

_____

E. 1. ¿Qué talla usa Inés?

_____

2. ¿En qué se mira? ¿Qué se prueba?

_____

3. ¿Le queda grande?

_____

4. ¿Qué le trae la empleada a Inés?

_____

En estas situaciones

What would you say in the following situations? What might the other person say?

1. There is a sale on at a department store in your town. You're telling a friend about the clothing you want to purchase as gifts for various members of your family. You want to know whether he/she wants to go shopping with you.

2. You and a friend have arranged to meet at a certain time. By the time he/she shows up, you have been waiting for half an hour, wondering where he/she is and worrying. Your friend finally shows up and explains why he/she couldn't come sooner.

3. You are a sales clerk at a department store. A customer wishes to try on some articles of clothing. You need to find out what size he/she wears and give directions to the fitting room. As the customer tries on the clothing, you will want to say things that will make him/her want to buy it.

4. You and a friend are shopping. He/She likes your jacket and wants to know where you bought it. Before looking at a jacket for him/her, you want to go to the men's department and find out how much ties cost.

¿Qué dice aquí?

You and a partner are helping a friend with some shopping at *El Corte Inglés* in Madrid. Answer her questions, using the information provided in the ad on page 155.

1. ¿En qué mes son las rebajas *(sales)* en El Corte Inglés?

   _____

2. Tengo una hija de nueve años; ¿qué puedo comprarle?

   _____

3. Mi esposo necesita zapatos. ¿Qué tipo de zapatos venden en la tienda y cuántas pesetas[1] cuestan?

   _____

4. ¿Qué puedo comprar para mí en el departamento de señoras?

   _____

5. Pensamos ir a la playa. ¿Qué puedo comprar para mí y para mis hijos?

   _____

6. Es el cumpleaños *(birthday)* de mi padre. ¿Qué puedo comprarle? ¿Cuánto me va a costar?

   _____

_____
[1]Spanish currency

7. ¿Para cuántas personas son las mantelerías *(table linens)*?

_____

8. ¿Cuántas pesetas debo pagar por el mantel?

_____

155

Una actividad especial

Each student will bring in a picture of an article of clothing. The instructor will pin a picture on each student's back. The students will walk around the class asking yes/no questions of each classmate to try to identify his/her picture. For example: *¿Es ropa? ¿Es algo que usan las mujeres?*

Un paso más

Review the *Vocabulario adicional* in this *lección* and complete the following sentences with the appropriate word or phrase.

1. El traje es verde y lo venden con un _____ negro.

2. Cuando llego a casa, me quito los zapatos y me pongo las _____.

3. Tengo frío. Necesito el abrigo y la _____.

4. No usa sombrero, pero usa _____.

5. Llueve mucho. Lleva el_____ y también el _____.

6. Las zapatillas no me quedan bien; me quedan _____.

7. Mi abuela siempre tiene un _____ blanco en la cartera.

Un dicho

Aunque la mona se vista de seda, mona se queda.

Clothes don't make the person. (lit.: Even if the monkey dresses in silk, she's still a monkey.)

156

🔊 *Aprenda estas palabras*

1. el pijama
2. un par de calcetines (medias)
3. el calzoncillo
4. la camiseta
5. un par de zapatos
6. los anteojos de sol[1]
7. la navajita
8. las botas
9. las sandalias
10. las pantimedias
11. el camisón (la bata de dormir)
12. la bata
13. los aretes (aros)
14. el collar
15. la cadena
16. el reloj de pulsera
17. el anillo, la sortija

[1] Also called *las gafas de sol* (*Spain*)

🔊 Todavía de compras

Después de dejar a Alicia, Julio fue a hablar con un empleado que estaba arreglando la vidriera para preguntarle en qué piso vendían ropa de caballeros.

JULIO   —Perdón, ¿dónde está el departamento de caballeros?

EMPLEADO   —En el tercer piso. Use el ascensor; la escalera mecánica no funciona.

En el departamento de caballeros.

Julio   el empleado

JULIO   —Esta corbata me gusta mucho. ¿Cree Ud. que hace juego con el traje gris?

EMPLEADO   —Sí, señor. ¡Ah! Este traje es muy elegante y de muy buena calidad.

JULIO   —¿Es de lana?

EMPLEADO   —Sí, es de lana pura. Acabamos de recibirlo.

JULIO   —Los pantalones me quedan un poco largos.

EMPLEADO   —Nosotros podemos arreglárselos. Pueden estar listos para mañana. ¿Cuál es su número de teléfono?

JULIO   —792–37–45 ¿A qué hora se abre la tienda mañana?

EMPLEADO   —A las nueve.

Julio compró el traje y la corbata y también una chaqueta de cuero y ropa interior. Alicia llegó cuando él estaba pagando.

Alicia   Julio

ALICIA —(*A Julio.*) Compré pantimedias, un camisón, una bata y la
camisa que quería Beto. ¡Todo a mitad de precio!

JULIO —¡Qué bien! Yo compré un traje magnífico. Oye, te hace falta
un par de sandalias, ¿no? Yo quiero comprarme zapatos.

ALICIA —Yo no sabía que tú necesitabas zapatos. Vamos a la zapatería,
entonces.

En la zapatería, Alicia habla con el empleado.

el empleado   Alicia

EMPLEADO —¿Qué número calza Ud.?

ALICIA —Yo calzo el treinta y ocho y medio.

*Alicia compró las sandalias pero Julio no quiso comprar los zapatos porque no eran
muy cómodos. De allí fueron a la joyería para comprarle unos aretes a Delia, la
hermana de Julio. También compraron un reloj de pulsera para el papá de Alicia.
Eran casi las ocho de la noche cuando por fin llegaron a su casa, cargados de paquetes.*

ALICIA —¡Caramba! Ya se cerraron las tiendas y otra vez me olvidé de
comprar el regalo para Teresa y Daniel.

JULIO —¡Ay, no! ¡Y su aniversario de bodas fue hace dos semanas!

🔵 Vocabulario

COGNADOS

el par   pair
puro(a)   pure

NOMBRES

el aniversario de bodas   wedding anniversary
el ascensor, el elevador   elevator
la calidad   quality
el cuero   leather
el departamento de artículos para caballeros
   men's department
la escalera mecánica   escalator
la joyería   jewelry store
la lana   wool
la mitad   half
el paquete   package
la ropa interior   underwear
la zapatería   shoe store

VERBOS

arreglar   to arrange, to fix
calzar   to wear a certain size of shoe
olvidarse (de)   to forget
vender   to sell

ADJETIVOS

cargado(a) (de)   loaded (with)
gris   gray
listo(a)   ready

OTRAS PALABRAS Y EXPRESIONES

a mitad de precio   at half price
casi   almost
¿cuál?   what?, which?
hacer juego (con), combinar (con)   to match
llegar a casa   to arrive home
otra vez   again
Perdón.   Excuse me.
¡Qué bien!   That's great!
¿Qué número calza?   What size shoe do you wear?

Vocabulario adicional

OTRAS COSAS QUE USAMOS *(Other things we wear)*

el esmoquin   tuxedo
la pulsera   bracelet
el vestido de noche   evening gown
los zapatos de tenis   sneakers, tennis shoes

OTRAS TIENDAS *(Other stores)*

la carnicería   meat market, butcher's shop
la dulcería   candy shop
la frutería   fruit store
la mueblería   furniture store
la panadería   bakery
la pescadería   fish market

Notas culturales

- En España y en Latinoamérica hay muchas tiendas excelentes donde se puede comprar ropa hecha *(ready-made)*, pero mucha gente prefiere usar los servicios de una modista *(dressmaker)* o de un sastre *(tailor)*.
- En la mayoría de los países de habla hispana, el primer piso corresponde al segundo piso en los Estados Unidos. Lo que aquí es el primer piso se llama **planta baja** en los países hispanos.
- Aunque hay muchas tiendas por departamento en las ciudades hispanas, todavía hay muchas tiendas especializadas: por ejemplo, se vende perfume en la perfumería, joyas *(jewelry)* en la joyería y zapatos en la zapatería.

Dígame...

Answer the following questions, basing your answers on the dialogue.

1. ¿Qué hizo Julio después de dejar a Alicia?

    _____

2. ¿Qué le preguntó Julio al empleado que estaba arreglando la vidriera?

    _____

3. ¿Por qué tiene que usar Julio el ascensor?

    _____

4. ¿Con qué hace juego la corbata que Julio quiere comprar?

    _____

5. ¿Qué problema tiene Julio con los pantalones? ¿A qué hora se abre la tienda mañana?

    _____

6. ¿Qué cosas compró Julio? ¿Qué no quiso comprar? ¿Por qué?

    _____

7. ¿Qué compró Alicia?

    _____

8. ¿Qué número calza Alicia? ¿Qué compró en la zapatería?

    _____

9. ¿Qué compraron en la joyería? ¿Para quiénes?

    _____

10. ¿Cómo llegaron a su casa? ¿Qué hora era cuando llegaron?

    _____

11. ¿Qué se olvidó de hacer Alicia?

    _____

12. ¿Cuándo fue el aniversario de bodas de Teresa y Daniel?

    _____

Hablemos

Interview a classmate, using the following questions. When you have finished, switch roles.

1. ¿Usas camisón o pijama para dormir?

   _____

2. ¿Usas bata para salir del baño?

   _____

3. ¿Qué número calzas?

   _____

4. ¿Qué tipo de zapatos te gusta usar más en el verano? ¿Y en el invierno *(winter)*?

   _____

5. ¿Qué ropa usas más en el verano? ¿Y en el invierno?

   _____

6. ¿Cuáles son tus tiendas favoritas?

   _____

7. ¿Qué joyas usas? ¿Dónde las compras?

   _____

8. ¿Usas anteojos de sol? ¿Cuándo?

   _____

9. ¿Dónde te arreglan la ropa que te queda larga o corta?

   _____

10. ¿Cuánto crees tú que cuesta una chaqueta de cuero?

    _____

11. ¿Qué ropa te hace falta?

    _____

12. ¿Te gustan más las chaquetas de lana o las chaquetas de cuero?

    _____

13. ¿Prefieres usar el ascensor o la escalera mecánica?

    _____

¿Qué pasa aquí?

With a partner, answer the following questions according to what you see in the pictures.

A. 1. ¿Dónde está Rosa?

_____

2. ¿Qué va a comprar?

_____

3. ¿Puede subir Eva por la escalera mecánica? ¿Por qué o por qué no?

_____

4. ¿Qué puede tomar Eva para ir al tercer piso?

_____

5. ¿En qué piso está ahora?

_____

B. ¿Qué cosas necesita comprar Juan?

1. _____ 6. _____
2. _____ 7. _____
3. _____ 8. _____
4. _____ 9. _____
5. _____ 10. _____

C. 1. ¿Qué está haciendo Rosa?

_____

2. ¿Cuánto cuestan las sandalias?[1]

_____

3. ¿Cuánto cuestan las botas?

_____

4. ¿Cuánto cuestan los zapatos?

_____

5. ¿Qué es más caro? ¿Qué es más barato?

_____

---

[1]Price tags are marked in U.S. dollars.

D. 1. ¿Qué está haciendo Susana?

_____

2. ¿Qué número calza Susana?

_____

3. ¿Le van a quedar bien *(fit)* los zapatos a Susana? ¿Por qué o por qué no?

_____

E. 1. ¿Cuánto cuesta el reloj de pulsera?[1]

_____

2. ¿Puede comprarlo Alberto?

_____

3. ¿Cuánto dinero tiene que conseguir *(get)* Alberto para comprar el reloj?

_____

4. ¿Cuánto cuesta el anillo? ¿El collar? ¿Cuánto cuestan los aretes?

_____

_____
[1]Price tags are marked in U.S. dollars.

En estas situaciones

What would you say in the following situations? What might the other person say?

1. You are a customer at a shoe store. A clerk is helping you try on different types of shoes in your size. Some of them fit, but others do not; some you like, and some you don't. The clerk is anxious to make a sale.

2. You're looking for the elevator in a department store. You ask someone where it is, not realizing that it's out of order.

3. Some of your clothes need altering. You take them to a tailor and tell him/her which items are too big, which are too long, etc. The tailor asks for your phone number so that he/she can call you when they are ready.

4. You are at a women's clothing and jewelry store to buy a gift for a friend. You're not sure what you want to buy, so you ask the clerk the prices of various items in the store and in the shop window. You also ask for recommendations. The clerk asks what size your friend wears and offers gift suggestions.

¿Qué dice aquí?

With a partner, read the ad for _Centro Artesanal Buenavista_ and answer the following questions.

1. ¿A qué hora está abierto diariamente?

   _____

2. ¿Se puede ir a comprar al Centro el domingo por la tarde? ¿Por qué?

   _____

3. ¿Qué joyas _(jewelry)_ puedo comprar allí?

   _____

4. ¿Los anillos y la cadena son de oro _(gold)_ o de plata _(silver)_?

   _____

5. ¿Cuánto debo pagar por los anillos?

   _____

6. ¿Cuánto costaban los anillos antes?

   _____

7. ¿Qué clase _(kind)_ de ropa venden?

   _____

8. ¿Cree Ud. que la tienda es grande o pequeña? ¿Por qué?

_____

9. ¿Hay lugar para estacionar *(to park)* coches?

_____

Una actividad especial

The classroom is turned into a department store. The students will bring various articles of clothing and jewelry to class and price every item. Four or five students may work in the shoe department, and another group may work in the ladies' or the men's clothing department. The rest will be customers. Signs for fitting rooms should be provided. Customers will select clothes, ask questions about sizes and prices, etc. Every customer should buy something. One or two students should be cashiers, who describe each item, quote all prices, collect money, and give change.

Un paso más

A. Review the *Vocabulario adicional* for this *lección*, and then match each item from column A with the store in column B where you can buy it.

A   B

1. pollo   _____ a. panadería

2. cama   _____ b. dulcería

3. pan   _____ c. pescadería

4. salmón   _____ d. mueblería

5. frutas   _____ e. carnicería

6. postres   _____ f. frutería

B. Complete the following sentences appropriately.

1. Esta noche voy a una fiesta. Voy a comprar un vestido de _____ y voy

   a ponerme la _____ de diamantes y el anillo.

2. Voy a correr. Necesito llevar los _____.

3. Alberto se va a poner el _____ para la boda.

Un dicho

Lo barato cuesta caro.   *You get what you pay for.*

Papá dijo que tú podías arreglármelo...

🔊 *Aprenda estas palabras*

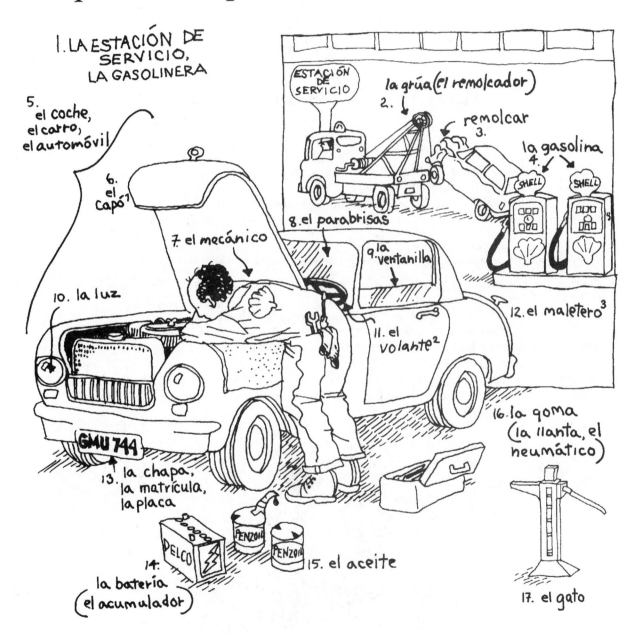

---

[1]Also called *el bonete* (*Puerto Rico*)   [2]Also called *la guía* (*Puerto Rico*)   [3]Also called *la cajuela* (*Mex.*), *el baúl* (*Puerto Rico*)

🎵 Problemas con el coche

Carlos le pidió prestado el coche a su hermana, y como vio que el tanque estaba casi vacío, fue a la estación de servicio. En la estación de servicio:

CARLOS	—Llene el tanque, por favor. Y ponga aceite también.
EMPLEADO	—¿Qué marca de aceite usa Ud.?
CARLOS	—Penzoil. ¡Ah!, me hace falta un limpiaparabrisas nuevo.
EMPLEADO	—Ahora se lo cambio, y también voy a revisar la presión de aire de las llantas.

Carlos paga y se prepara para irse, pero el coche no arranca.

CARLOS	—*(Llama al empleado.)* ¡Señor! ¡El motor no arranca! ¿Hay un mecánico aquí?
EMPLEADO	—Sí, pero ya se ha ido; no trabaja esta tarde. ¿Es Ud. socio de un club automovilístico?
CARLOS	—Sí, voy a llamarlos. Ellos pueden remolcar mi coche a un taller de mecánica.
EMPLEADO	—¿Cuánto tiempo hace que llevó el coche al mecánico?
CARLOS	—No sé. El coche es de mi hermana y yo ya le había dicho que tenía problemas.

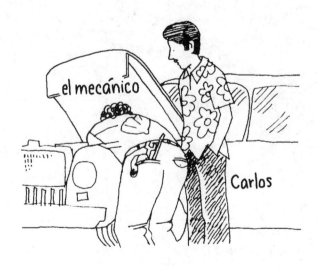

En el taller de mecánica.

MECÁNICO —*(Levanta el capó.)* Necesita una batería nueva, señor.
CARLOS —También tengo una goma pinchada… Y los frenos no
                funcionan muy bien.
MECÁNICO —Va a tener que dejar el coche aquí, señor.
CARLOS —¿Cuándo va a estar listo?
MECÁNICO —El lunes, si no necesita piezas de repuesto.
CARLOS —¿No puede tenerlo listo para mañana?
MECÁNICO —No, lo siento. El taller está cerrado los domingos.

 Vocabulario

COGNADOS

el motor motor
el problema problem
el tanque tank

NOMBRES

el club automovilístico automobile club
los frenos brakes
la goma pinchada, la goma ponchada flat tire
el limpiaparabrisas windshield wiper
la marca brand
la pieza de repuesto spare part
la presión de aire air pressure
el (la) socio(a) member
el taller de mecánica repair shop

VERBOS

arrancar to start (a motor)
levantar to raise, to lift
llenar to fill
revisar, chequear to check

ADJETIVOS

cerrado(a) closed
vacío(a) empty

OTRA EXPRESIÓN

pedir prestado(a) to borrow

Vocabulario adicional

PARA HABLAR DE COCHES *(To talk about cars)*

la autopista freeway
la bomba de agua water pump
la carretera highway
instalar to install
lleno(a) full
la milla mile
el portaguantes, el guantero, la guantera glove compartment
el ruido noise
sin plomo unleaded
la velocidad máxima speed limit

171

Notas culturales

- En grandes ciudades hispanas como Madrid, Caracas, México y Buenos Aires el gran número de coches causa serios problemas de contaminación del aire (*smog*). Sin embargo (*however*), hay muchos lugares remotos sin buenos caminos (*roads*) donde las personas usan medios (*means*) de transportación más tradicionales.
- En muchos países hispanos la gasolina y los automóviles son muy caros. La gasolina generalmente se vende por litros (aproximadamente 1/4 de galón) y a veces cuesta tanto como un galón en los Estados Unidos. Por esta razón las motocicletas, las motonetas (*motor scooters*) y las bicicletas son muy populares entre (*among*) la gente joven (*young people*).

Dígame...

Answer the following questions, basing your answers on the dialogue.

1. ¿A quién le pidió prestado el coche Carlos?

2. ¿Por qué fue a la estación de servicio?

3. ¿Qué dice Carlos que necesita el coche además de gasolina?

4. ¿Qué marca de aceite usa Carlos?

5. ¿Qué va a revisar el empleado?

6. ¿Por qué no puede irse Carlos?

7. ¿Qué dice del mecánico el empleado?

8. ¿Qué va a hacer Carlos y por qué?

9. ¿Qué otros problemas tiene el coche?

10. ¿Por qué no puede estar listo el coche mañana? ¿Cuándo va a estar listo?

Hablemos

Interview a classmate, using the following questions. When you have finished, switch roles.

1. ¿Tú le has pedido prestado el coche a alguien *(someone)* recientemente? (¿A quién y por qué?)

   _____

2. ¿Qué haces cuando el tanque de tu coche está vacío?

   _____

3. ¿Qué marca de aceite usas? ¿Y de gasolina?

   _____

4. ¿Eres socio(a) de algún club automovilístico? (¿De cuál?)

   _____

5. ¿Qué número tiene la chapa de tu coche?

   _____

6. ¿Prefieres los coches americanos o los coches extranjeros *(foreign)*?

   _____

7. ¿Qué haces si el motor de tu coche no arranca?

   _____

8. ¿Has puesto un gato en el maletero de tu coche? ¿Para qué lo necesitas?

   _____

9. ¿Funciona bien tu coche? ¿Has comprado piezas de repuesto recientemente?

   _____

10. ¿Hay una estación de servicio cerca de aquí? ¿Dónde queda?

   _____

¿Qué pasa aquí?

With a partner, answer the following questions according to what you see
in the pictures.

A. 1. ¿Adónde va Ana?

_____

2. ¿Para qué va allí?

_____

3. ¿Cuánto cuesta la gasolina?

_____

4. ¿Tiene algún otro problema el carro de Ana?

_____

B. 1. ¿Quién está al volante?

_____

2. ¿Cuánto ha pagado Eva por el carro?

_____

3. ¿Qué ha hecho el mecánico?

_____

4. ¿Qué cree el mecánico que necesita el carro?

_____

C. 1. ¿Es nuevo el coche de Jorge?

_____

2. ¿Qué cree Jorge que le hace falta al coche?

_____

3. ¿Qué cree Eva que necesita Jorge?

_____

4. ¿Adónde quiere llamar Eva?

_____

D. 1. ¿Dónde está Rafael?

_____

2. ¿Con quién está hablando?

_____

3. ¿Qué necesita el coche de Rafael?

_____

4. ¿Qué acaba de hacer el mecánico?

_____

5. ¿Cuál es el número de teléfono del taller?

_____

En estas situaciones

What would you say in the following situations? What might the other person say?

1. You stop at a gas station because your gas tank is empty, you need a new battery, and the headlights on your car are not working. According to the mechanic, the car won't be ready tomorrow because you need spare parts.

2. You're telling a friend that you didn't make it to his/her party last night because you had car trouble. He/She doesn't believe you and wants to hear details as proof that you're telling the truth.

3. You work at a gas station and want to make a good impression on the customers. Tell a customer at the full-service pump things you'll check on or clean while his/her gas tank is filling.

¿Qué dice aquí?

You and a classmate are taking a trip together and have car trouble. Read the following ad from the yellow pages, and answer the questions to decide if you should use this repair shop.

1. Su coche no arranca. ¿A qué número de teléfono debe llamar para recibir ayuda?

   _____

2. ¿A qué hora está abierto (open) el taller de mecánica?

   _____

3. Hoy es domingo. ¿Pueden arreglar su coche? ¿Por qué o por qué no?

   _____

4. ¿Pueden remolcar su coche? ¿Por qué o por qué no?

   _____

5. ¿Arreglan frenos en el taller?

   _____

6. ¿Pueden limpiar el carburador de su coche? ¿Cómo lo saben Uds.?

   _____

7. ¿Qué idiomas hablan en el taller? ¿Cómo lo saben Uds.?

   _____

8. Si Uds. tienen un problema en la carretera mañana por la noche, ¿pueden recibir ayuda de M&D Automotive Repair? ¿Cómo lo saben?

   _____

Una actividad especial

Set up two service stations and two repair shops in the classroom. There should be two or three people working in each place. Prices for oil and gasoline should be provided, along with a description of services offered. The rest of the class will play the role of customers. Each customer should go to the service station and the repair shop.

Un paso más

Review the *Vocabulario adicional* in this *lección*, and complete the following sentences with the appropriate word or phrase.

1. El tanque no está _____ ; está vacío.

2. El coche hace un _____ terrible.

3. La _____ máxima en la _____ es de 55 millas por hora.

4. Tengo que _____ una bomba de _____ nueva.

5. Yo _____ un Ford 1990 a clase todos los días.

6. Siempre pongo los mapas en el _____ de mi coche.

7. ¿Quiere gasolina regular o sin _____ ?

Un consejo *(A piece of advice)*

Si bebe, no maneje.
Si maneja, no beba.

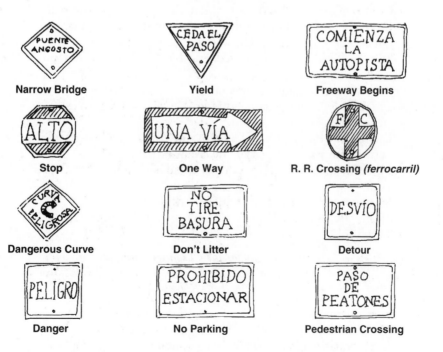

🎵 *Aprenda estas palabras*

1. un coche de dos puertas
2. un modelo compacto
3. un coche convertible[1]
4. conducir (manejar)[2]

LICENCIA PARA CONDUCIR

5. la licencia para conducir (manejar)[3]

6. SEÑALES DE TRÁFICO
(Traffic Signs)

PUENTE ANGOSTO	CEDA EL PASO	COMIENZA LA AUTOPISTA
Narrow Bridge	**Yield**	**Freeway Begins**
ALTO	UNA VÍA	F C
Stop	**One Way**	**R. R. Crossing** *(ferrocarril)*
CURVA PELIGROSA	NO TIRE BASURA	DESVÍO
Dangerous Curve	**Don't Litter**	**Detour**
PELIGRO	PROHIBIDO ESTACIONAR	PASO DE PEATONES
Danger	**No Parking**	**Pedestrian Crossing**

---

[1]Also called *un descapotable*   [2]*Guiar*, in Puerto Rico   [3]Also called *la licencia para guiar* (*Puerto Rico*)

🔊 Alquilando un coche

Tom, un muchacho norteamericano, va con Elisa a una agencia de alquiler de automóviles para alquilar un coche.

TOM —Elisa, tú tendrás que hablar con el empleado de la agencia.

ELISA —¿Y por qué no quieres hablar tú?

TOM —Porque a veces no me entienden.

En la agencia.

ELISA —Queremos alquilar un coche.

EMPLEADO —¿Les gustaría un coche grande o un modelo compacto?

ELISA —Compacto, de dos puertas. ¿Cobran Uds. por los kilómetros?

EMPLEADO —Depende. Si lo alquila por día, sí; si lo alquila por semana, no.

ELISA —Queremos alquilar un coche automático por una semana.

TOM —Sería mejor alquilar un coche de cambios mecánicos. Gastan menos gasolina.

EMPLEADO —También tendrán que sacar seguro.

TOM —*(A Elisa.)* Es mejor estar asegurado. Manejar sin seguro es peligroso.

ELISA —Está bien. *(Al empleado.)* ¿Tenemos que pagar en efectivo?

EMPLEADO —Sería mejor pagar con tarjeta de crédito.

TOM —Mi licencia para manejar es de los Estados Unidos. ¿Es válida aquí?

EMPLEADO —Sí, señor. Ud. podrá usarla aquí sin problema.

ELISA —¡Tom! ¿Por qué no alquilamos aquel convertible rojo? ¡Es hermoso!

Al salir de la agencia, Elisa y Tom van al banco porque ella quiere cambiar un cheque y depositar dinero en su cuenta de ahorros. Después van a un café al aire libre a tomar algo.

ELISA —¿Vas a llamar a tu hermano por teléfono esta noche?

TOM —No, él y yo nos comunicamos por correo electrónico.

ELISA —¿Le mandaste la información que él quería?

TOM —Sí, se la mandé por fax.

✿ Vocabulario

COGNADOS

automático(a)   automatic
el fax, el facsímil   fax, facsimile
el kilómetro   kilometer

NOMBRES

la agencia de alquiler de automóviles   car
  rental agency
el café al aire libre   outdoor cafe
el correo electrónico, el correo "e", el "c-e"
  e-mail
la cuenta de ahorros   savings account
el seguro, la aseguranza *(Mex.)*   insurance

VERBOS

comunicarse   to communicate
depender   to depend
depositar   to deposit
entender (e:ie)   to understand
gastar   to consume, to spend, to use (gas,
  oil, etc.)

ADJETIVOS

asegurado(a)   insured
hermoso(a)   beautiful
peligroso(a)   dangerous

OTRAS PALABRAS Y EXPRESIONES

cambiar un cheque   to cash a check
cobrar por kilómetros   to charge mileage
de cambios mecánicos   standard shift
en efectivo   (in) cash
llamar por teléfono   to phone
por día   by the day, daily
por semana   by the week
sin   without

Vocabulario adicional

MÁS SOBRE AUTOMÓVILES *(More about automobiles)*

el camión   truck
la camioneta   van; pickup truck
chocar   to collide
dar marcha atrás   to back up
estacionar, aparcar, parquear   to park
la zona de estacionamiento   parking lot

PARA HACER TRANSACCIONES FINANCIERAS *(To make financial transactions)*

a plazos   on installments
ahorrar   to save
al contado   in full (not in installments)
anual   yearly
el billete   bill (currency)
la multa   fine, ticket
el pago   payment
por mes, mensual   monthly
el recibo   receipt

Notas culturales

- El sistema métrico se usa en toda Latinoamérica y en España. Un kilómetro equivale a 0,6 millas, un kilo equivale a 2,2 libras y un galón equivale a 3,8 litros. En Puerto Rico, donde hay mucha influencia norteamericana, el sistema métrico se usa solamente para medir *(measure)* ciertas cosas. Por ejemplo, las distancias de las carreteras se miden en kilómetros.
- En España y en Latinoamérica, la gente maneja en el lado derecho del camino *(road)* como en los Estados Unidos.
- En España y en la mayoría de los países latinoamericanos, una persona debe tener por lo menos *(at least)* dieciocho años para obtener una licencia de conducir, y el proceso es mucho más caro que en los Estados Unidos. Las escuelas públicas no ofrecen clases para enseñar a conducir y los exámenes para obtener la licencia son tan rigurosos que muchos no los pasan la primera vez que los toman.

Dígame…

Answer the following questions, basing your answers on the dialogue.

1. ¿Adónde van Elisa y Tom? ¿Para qué?

   _____

2. ¿Qué dice Tom que tendrá que hacer Elisa? ¿Por qué?

   _____

3. ¿Qué tipo de coche quieren alquilar? ¿Quieren un coche de cuatro puertas?

   _____

4. Si Tom alquila el coche por semana, ¿le cobran por los kilómetros?

   _____

5. ¿Por cuánto tiempo quieren alquilar el coche?

   _____

6. ¿Qué tipo de coche quiere alquilar Tom? ¿Por qué?

   _____

7. ¿Qué dice el empleado que tendrán que hacer?

   _____

8. ¿Qué coche le gusta a Elisa? ¿Por qué?

   _____

9. ¿Adónde van Elisa y Tom después? ¿Qué va a hacer Elisa allí?

   _____

10. ¿Adónde van para tomar algo?

    _____

11. Tom no va a llamar por teléfono a su hermano. ¿Por qué?

_____

12. ¿Cómo le mandó Tom la información a su hermano?

_____

Hablemos

Interview a classmate, using the following questions. When you have finished, switch roles.

1. ¿Tienes licencia para manejar? ¿Cuántos años hace que manejas?

_____

2. ¿Manejas un coche automático o un coche de cambios mecánicos? ¿De qué marca?

_____

3. ¿Gasta mucha gasolina tu coche?

_____

4. ¿Con qué compañía está asegurado tu coche?

_____

5. ¿Te gustan los coches grandes o prefieres los modelos compactos?

_____

6. ¿Te gustan los coches convertibles? ¿Por qué o por qué no?

_____

7. ¿Alquilarás un coche para tus próximas vacaciones?

_____

8. ¿Qué agencia de alquiler de automóviles usarías?

_____

9. Cuando tú vas de compras, ¿pagas en efectivo o usas tu tarjeta de crédito?

_____

10. ¿En qué banco tienes tu cuenta de ahorros?

_____

11. ¿Tú te comunicas con alguien por correo electrónico? ¿Con quién?

_____

12. ¿Alguien te mandó un fax recientemente *(recently)*?

_____

¿Qué pasa aquí?

With a partner, answer the following questions according to what you see
in the pictures.

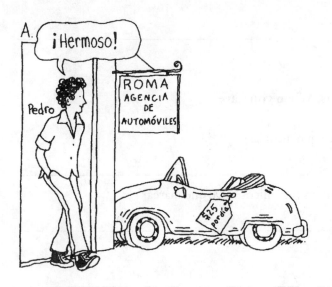

A. 1. ¿De dónde sale Pedro?

_____

2. ¿Qué ve Pedro al salir de la agencia?

_____

3. ¿Cree Ud. que le gusta el convertible? ¿Por qué o por qué no?

_____

4. ¿Cuánto le costaría a Pedro alquilar el convertible?

_____

5. ¿Dónde podría Pedro cambiar un cheque?

_____

B. 1. ¿Adónde quiere ir Olga?

_____

2. ¿Olga va a sacar seguro para su coche o para su casa?

_____

3. ¿Qué piensa Luis que es peligroso?

_____

C. 1. ¿Dónde están Marta y José?

_____

2. ¿Qué quieren hacer ellos?

_____

3. ¿Qué coche quiere alquilar José?

_____

4. ¿Qué coche quiere alquilar Marta?

_____

5. ¿Cómo quiere pagar Marta?

_____

6. ¿Cómo va a pagar José?

_____

En estas situaciones

What would you say in the following situations? What might the other person say?

1. You are at a car rental agency. Discuss with an employee the types of automobiles available, the cost of renting them, and your preferences. Be sure to tell him/her whether you drive a standard shift or an automatic.

2. You are planning to rent a car while you are on vacation in Central America next month. A friend of yours made a similar trip last year. Discuss with him/her the particulars of renting a car: whether he/she had to pay mileage charges, whether a U.S. driver's license is valid there, whether it is necessary to buy insurance from the agency, and forms of payment that are accepted.

DIVIÉRTASE MÁS EN LA FLORIDA
ALQUILE UN CARRO

VEA LAS BELLEZAS DEL SUR DE FLORIDA ALQUILANDO UN CARRO QUE NO VA A AUMENTAR SU PRESUPUESTO

UN GEO DE 2 PUERTAS DESDE $21.95
POR DÍA

CON UN MÍNIMO DE 7 DÍAS

> **TODOS LOS CARROS ESTÁN EQUIPADOS CON AIRE ACONDICIONADO, TRANSMISIÓN AUTOMÁTICA Y RADIO**

NUESTRA CORTESÍA LLEGA HASTA RECOGER AL PASAJERO Y SU EQUIPAJE EN EL AEROPUERTO AL RECIBIR SU LLAMADA

EN EL AEROPUERTO LLAME A: **871-3247**

PODEMOS OFRECERLE ESTOS COCHES ESPECIALES:
CHEVROLET, PONTIAC, OLDSMOBILE, BUICK, CADILLAC, FORD, LINCOLN, CHRYSLER FURGONES DE 12 PASAJEROS, RANCHEROS O CAMIONETAS Y LIMOSINES

M I A M I ,   F L O R I D A

¿Qué dice aquí?

Some friends of yours need to rent a car. With a partner, help answer their questions using the information provided in the ad on page 186.

1. En la agencia ¿alquilan coches de cambios mecánicos?

   _____

2. ¿Cuál es el precio mínimo que debemos pagar si alquilamos un Geo de dos puertas?

   _____

3. ¿Por cuánto tiempo tenemos que alquilar el Geo para recibir este precio?

   _____

4. ¿Qué tienen todos los carros de la compañía?

   _____

5. ¿A qué número de teléfono debemos llamar en el aeropuerto?

   _____

6. Si queremos alquilar un Cadillac o un Buick, ¿podemos encontrarlo en la agencia? ¿Qué otros autos podemos alquilar?

   _____

7. ¿En qué estado está la compañía?

   _____

8. ¿Dónde nos van a recoger *(pick up)* si llamamos por teléfono?

   _____

Una actividad especial

The classroom will be turned into three or four car rental agencies, with one or two students working at each agency. The rest of the students will play the roles of travelers renting cars. Some of the students should be in pairs and discuss arrangements between themselves before talking to the clerk at the car rental agency.

Un paso más

Review the *Vocabulario adicional* in this *lección*, and complete the following sentences with the appropriate word or phrase.

1. Voy a _____ dinero porque no quiero comprar mi coche a

   _____. Quiero comprarlo al contado.

2. Tienes que _____ para salir del garaje.

3. Dejé el coche en la _____.

4. El policía le puso una _____ porque no paró *(stop)* en la señal de "Alto".

5. Los_____ son de $50,00. Y no son anuales, son _____.

6. Le pagué con un _____ de $100,00 pero no me dio ningún _____.

7. No podemos _____ aquí porque el letrero *(sign)* dice "Prohibido Estacionar".

8. Ayer, en la autopista, un camión _____ con una _____.

Un dicho

Quien ríe último, ríe mejor.   *He who laughs last,*
laughs best.

188

Repaso

LECCIONES 11–15

PRÁCTICA DE VOCABULARIO

A. **Match the questions in column A with the corresponding answers in column B.**

A	B
1. ¿Dónde compraste la falda?	____ a. No, no me gustó.
2. ¿Vas a llenar el tanque?	____ b. No, es muy cara.
3. ¿Qué hora es?	____ c. No, voy a cambiar un cheque.
4. ¿No compraste el abrigo?	____ d. No, son muy grandes.
5. ¿Compraste tu coche a plazos?	____ e. Sí, porque está vacío.
6. ¿Qué número calzas?	____ f. Sí, y el recogedor.
7. ¿Esa bata es barata?	____ g. El siete y medio.
8. ¿De qué club automovilístico eres socio?	____ h. Sí, tengo una goma pinchada.
9. ¿Cuándo estará listo el carro?	____ i. Debajo del fregadero.
10. ¿Te quedan bien los zapatos?	____ j. En el departamento de ropa para señoras.
11. ¿Necesitas el gato?	____ k. No, de cambios mecánicos.
12. ¿Necesitas la escoba?	____ l. No, yo lo hago después.
13. ¿Dónde está la basura?	____ m. No, al contado.
14. ¿Pongo el pollo en el horno?	____ n. A la madrugada.
15. ¿Alquilaste un coche automático?	____ o. No sé; no tengo mi reloj de pulsera.
16. ¿Vas a depositar dinero en el banco?	____ p. De la AAA.
17. ¿Cómo se comunican Uds.?	____ q. El lunes.
18. ¿A qué hora se fueron los invitados?	____ r. Por correo electrónico o por fax.

B. **Circle the word or phrase that does not belong in each group.**

1. pasta dentífrica, anteojos de sol, cepillo de dientes

2. ascensor, pañuelo, escalera mecánica

3. piso, venta, liquidación

4. talla, medida, cartera

5. escoba, aceite, recogedor

6. olla, ropa, cacerola

7. aprender, divertirse, enseñar

8. crema de afeitar, calcetines, navajitas

9. grande, mediano, nuevo

10. ropa interior, traje de baño, calzoncillo

11. basura, freno, motor

12. buscar, usar, llevar

13. placa, chapa, llanta

14. maletero, limpiaparabrisas, cajuela

15. estación de servicio, pileta, gasolinera

16. ganga, probador, liquidación

17. algunos, todos, todo el mundo

18. creer, divertirse, reírse

C. Circle the word or phrase that best completes each sentence.

1. Van a llevar el coche (al taller de mecánica, al probador) porque el motor no arranca.

2. Hay una liquidación y todo está muy (barato, blanco).

3. Necesitan la escoba para (barrer, gastar) la casa.

4. Vi los zapatos en la (vidriera, ventanilla) de la zapatería.

5. Necesito un par de (garajes, calcetines).

6. Va a (depositar, entender) dinero en su cuenta de ahorros.

7. El coche no está listo todavía porque necesitamos (corbatas, piezas de repuesto).

8. Compré varias blusas de la talla más (pequeña, elegante).

9. No podía ver bien porque el coche no tenía (luces, gasolina).

10. Nos encontramos en el departamento de caballeros para ir de compras (juntos, todavía).

11. Las servilletas están en (el armario, la tostadora).

12. Los cubiertos están sucios. Debes ponerlos en el (sartén, fregadero).

13. Para desayunar quiero huevos (nuevos, revueltos).

14. Para poner la mesa necesito (la alfombra, el mantel).

15. Me gustan mucho estos aretes. Me los (compro, como).

16. Necesitamos ponerle agua a la (llanta, batería).

17. Para ir al tercer piso, tomé (el elevador, la grúa).

18. Voy a (fregar, cocinar) la vajilla.

19. Vamos a sacar seguro porque es (hermoso, peligroso) manejar sin seguro.

20. Ellos necesitan el (gato, aceite) porque tienen una goma ponchada.

21. Voy a comprarme un (traje de baño, abrigo) porque mañana vamos a la playa.

22. Por fin Julio se compró un traje (listo, nuevo).

D. Palabras escondidas *(Hidden words).*   Find the words for the following
   items.

C	P	L	B	B	O	T	A	S	J	Z	V	E	L	V	H
C	A	M	I	S	E	T	A	O	N	T	S	L	V	E	A
D	N	L	T	V	K	L	C	A	M	I	S	O	N	S	P
O	T	N	Z	O	G	U	A	N	T	E	S	F	B	T	A
R	A	L	S	O	M	B	R	E	R	O	B	O	Z	I	N
S	L	G	N	T	N	O	B	C	D	R	O	A	S	D	T
Z	O	N	D	J	T	C	E	V	F	A	L	D	A	O	I
T	N	H	L	M	E	O	I	A	P	Q	S	R	Z	T	M
C	O	Z	N	J	U	V	B	L	U	S	A	H	U	L	E
K	O	U	A	S	A	N	D	A	L	I	A	S	L	O	D
I	K	R	A	S	Z	A	P	A	T	O	S	T	V	A	I
J	T	O	B	L	V	D	Z	I	U	N	R	Q	S	B	A
N	N	C	H	A	Q	U	E	T	A	T	S	I	N	R	S
C	A	L	C	E	T	I	N	E	S	H	M	V	N	I	O
O	T	J	B	L	O	A	C	K	N	A	L	V	D	G	A
P	I	J	A	M	A	B	C	U	C	I	N	T	O	O	H

E. Crucigrama (Lecciones 11–15).   Use the clues provided below to
complete the crossword puzzle.

HORIZONTAL

2.

3.

7.

8.

10.

12.

13.

14.

16.

18.

19.

23.

24.

25.

26.

VERTICAL

1.

4.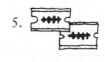

5.

6.

9.

11.

14.

15.

17.

19.

20.

21.

22.

27.

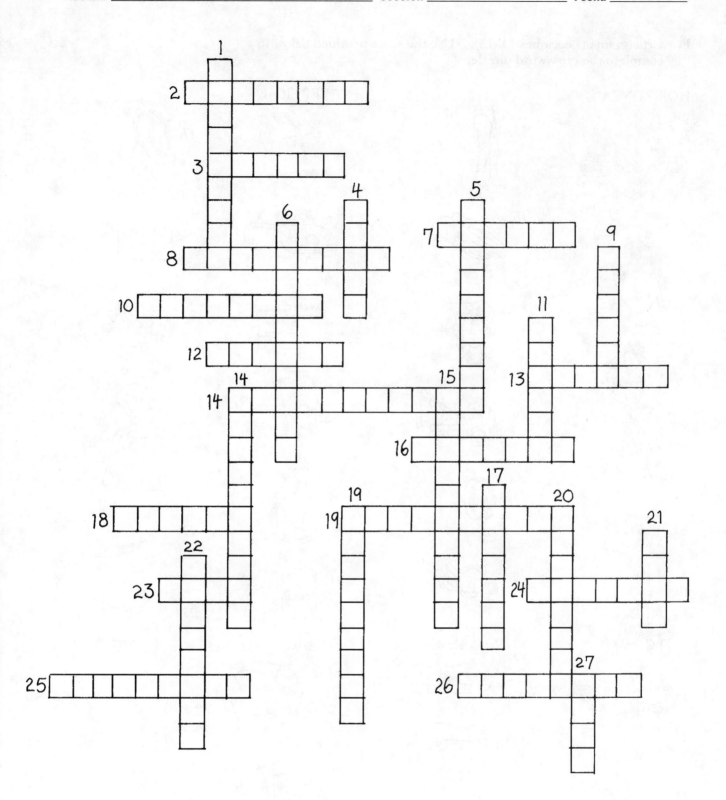

🔵 PRÁCTICA ORAL

The speaker will ask you some questions. Answer each question, using the cue provided. The speaker will verify your response. Repeat the correct answer.

1. ¿Cuánto tiempo hace que Ud. me espera? (media hora)
2. ¿Dónde estaba Ud.? (en el departamento de caballeros)
3. ¿Usó Ud. la escalera mecánica o el ascensor? (el ascensor)
4. ¿Qué me dijo Ud. que necesitaba? (calcetines y camisetas)
5. ¿Qué le trajo su novia? (una camisa y una corbata)
6. ¿Qué talla usa Ud.? (mediana)
7. ¿Dónde puso Ud. el traje? (en mi cuarto)
8. ¿De quién son los anteojos de sol? (Carlos)
9. ¿Dónde te arreglaron los pantalones? (en la tienda)
10. ¿Compró Ud. sus zapatos en una liquidación? (no)
11. ¿Le quedan bien los zapatos? (no, grandes)
12. ¿Qué número calza Ud.? (el ocho)
13. ¿Esta camisa hace juego con el traje azul? (sí)
14. ¿Va Ud. a comprar un vestido o una falda y una blusa? (vestido)
15. ¿Dónde se probó Ud. la ropa? (probador)
16. ¿Usa Ud. pijama o camisón para dormir? (pijama)
17. ¿El pijama le queda bien o le queda grande? (bien)
18. Ud. no fue a la tienda ayer. ¿Por qué? (no quise)
19. ¿Es Ud. socio del club automovilístico? (sí)
20. ¿Sabe Ud. cuál es el número de teléfono del club? (no)
21. ¿El tanque de su coche está vacío? (no, lleno)
22. ¿Qué marca de aceite usa Ud.? (Penzoil)
23. ¿Le gusta a Ud. conducir? (sí)
24. En el coche, ¿dónde pone Ud. las maletas? (en el maletero)
25. ¿Dónde compra Ud. gasolina? (en la estación de servicio)

195

26. ¿Qué le hace falta al coche? (una batería nueva)

27. Mi coche no arranca y debo remolcarlo. ¿Qué voy a necesitar? (una grúa)

28. ¿Tiene Ud. licencia para conducir? (sí)

29. ¿Su licencia es válida aquí? (sí)

30. ¿Va Ud. a alquilar un coche de cambios mecánicos? (no, automático)

31. ¿Va a pagar Ud. con tarjeta de crédito? (no, en efectivo)

32. ¿Qué preparó Ud. para el desayuno hoy? (huevos, chocolate y tostadas)

33. ¿Cómo prefiere Ud. comer los huevos? (fritos)

34. ¿Tiene Ud. que limpiar el garaje hoy? (sí, está sucio)

35. ¿Qué necesita para hacerlo? (la escoba y el recogedor)

36. ¿Sabe Ud. cocinar? (sí)

37. ¿Tiene Ud. muchas recetas? (no)

38. ¿Qué va a cocinar Ud. hoy? (pollo)

39. ¿Lo va a asar o lo va a freír? (asar)

40. ¿Ud. va a poner la mesa ahora? (no)

PARA LEER Y ENTENDER

Listen to the following reading, paying special attention to pronunciation and intonation. Make sure you understand and remember as much as you can.

Hace dos días que Teresa y su amiga Alicia llegaron de Guadalajara, adonde fueron de vacaciones. Fueron por avión, estuvieron allí dos semanas y el viaje les gustó mucho.

Cuando llegaron a Guadalajara las chicas decidieron alquilar un coche y los primeros° días no tuvieron problemas, pero después de una semana tuvieron que llevar el coche a la estación de servicio porque no arrancaba. El empleado les dijo que necesitaban llamar una grúa para remolcar el coche a otra estación de servicio porque ellos no tenían mecánico allí. El coche necesitaba una batería nueva y los frenos no funcionaban; por eso Teresa y Alicia decidieron llamar a la agencia de autos y pedir otro coche. *first*

En Guadalajara las chicas compraron muchas cosas para ellas y para su familia. Teresa compró un vestido bordado° para ella y Alicia compró uno también. La mamá de Teresa le había pedido un par de zapatos y ella se los compró; también le compró una bolsa muy bonita. Su hermana quería una falda y una blusa y Teresa se las compró. *embroidered*

Todas las cosas que compraron eran bonitas y muy baratas. Las chicas han decidido que el próximo verano van a volver a México para visitar otras ciudades. Piensan ir a Acapulco y a Puerto Vallarta.

196

Now answer the following questions.

1. ¿Teresa y Alicia fueron de vacaciones a Suramérica?

2. ¿Cuánto tiempo hace que llegaron de su viaje?

3. ¿Fueron en coche?

4. ¿Estuvieron mucho tiempo de vacaciones las chicas?

5. ¿Llevaron las chicas su coche en el viaje o alquilaron uno?

6. ¿Por qué tuvieron que llevar el coche a la estación de servicio?

7. ¿Por qué tuvieron que llevarlo a otra estación de servicio?

8. ¿Cómo llevaron el coche?

9. ¿Qué problemas tenía el coche?

10. ¿Qué decidieron hacer Teresa y Alicia?

11. ¿Cuántos vestidos bordados compraron las chicas?

12. ¿Qué compró Teresa para su mamá?

13. ¿Qué quería la hermana de Teresa?

14. ¿Eran muy caras las cosas que compraron Teresa y Alicia?

15. ¿Adónde van a ir las chicas las próximas vacaciones?

16. ¿Cuándo van a viajar?

17. ¿Qué ciudades quieren visitar?

18. ¿Creen Uds. que a Teresa y a Alicia les gustó mucho el viaje? ¿Por qué o por qué no?

🎵 *Aprenda estas palabras*

1. LA ESTACIÓN DE TRENES

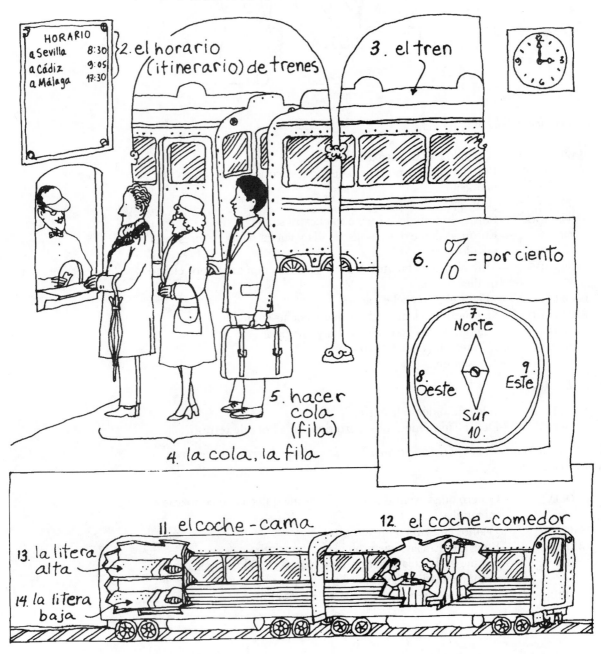

HORARIO

a Sevilla 8:30
a Cádiz 9:05
a Málaga 17:30

2. el horario (itinerario) de trenes

3. el tren

4. la cola, la fila

5. hacer cola (fila)

6. % = por ciento

7. Norte
8. Oeste
9. Este
10. Sur

11. el coche-cama

12. el coche-comedor

13. la litera alta

14. la litera baja

🔵 *De viaje*

Isabel y Gloria quieren visitar el sur de España. Ahora están haciendo cola en una estación de trenes en Barcelona.

Isabel   Gloria

En el despacho de boletos.

ISABEL —¿Cuándo hay trenes para Sevilla?

EMPLEADO —Por la mañana y por la noche. Yo les aconsejo que viajen por la noche.

ISABEL —¿Por qué?

EMPLEADO —Porque el tren de la noche es el expreso.

GLORIA —Entonces déme dos pasajes de ida y vuelta para el expreso del sábado.

EMPLEADO —Muy bien. Los billetes de ida y vuelta tienen un 20 por ciento de descuento.

ISABEL —¿Tiene el tren coche-cama?

EMPLEADO —Sí, señorita. Tiene coche-cama y coche-comedor.

GLORIA —Queremos dos literas, una alta y una baja.

ISABEL —¿No tenemos que transbordar?

EMPLEADO —No, señorita.

El día del viaje.

GLORIA —¿De qué andén sale el tren?

ISABEL —Del andén número dos, pero tiene una hora de retraso.

Hace varios días que Isabel y Gloria están en Sevilla y ahora quieren visitar otras ciudades de España.

GLORIA —Quiero que vayamos a Madrid porque quiero que conozcas a mi familia.

ISABEL —¿Vamos en avión o en autobús?

GLORIA —En avión. El viaje en autobús es larguísimo.

ISABEL —No me gusta volar. Siempre me mareo cuando despega y cuando aterriza el avión.

GLORIA —Te sugiero que tomes una pastilla para el mareo.

Una semana más tarde, en el aeropuerto de Barajas, en Madrid.

ISABEL	—*(A un empleado.)* Perdón, ¿cómo se llega al centro?
EMPLEADO	—Siga derecho por este pasillo hasta llegar a la salida. Allí doble a la izquierda y camine hasta la parada de autobuses.
GLORIA	—¿Qué autobús tenemos que tomar?
EMPLEADO	—El autobús número 4.
ISABEL	—Creo que será mejor tomar un taxi. *(Al empleado.)* ¿Hay una parada de taxis?
EMPLEADO	—Sí, a la derecha.
ISABEL Y GLORIA	—Gracias.

Vocabulario

NOMBRES

el andén   platform (railway)
el boleto, el billete   ticket (for train or bus)
el descuento   discount
el despacho de boletos, la ventanilla   ticket window
el expreso, el rápido   express train
el mareo   dizziness, dizzy spell
el número   number
la parada de autobuses   bus stop
la parada de taxis   taxi stand
la pastilla   pill

VERBOS

aconsejar   to advise
aterrizar   to land (a plane)
caminar   to walk
conocer   to meet
despegar   to take off (a plane)
doblar, girar   to turn
marearse   to become dizzy
sugerir (e:ie)   to suggest
tomar   to take
transbordar   to change, to transfer (trains, buses, etc.)
volar (o:ue)   to fly

OTRAS PALABRAS Y EXPRESIONES

¿Cómo se llega a... ? How do you get to . . . ?
hasta llegar a until you get to
para for, to
seguir derecho to go straight ahead
tener... horas de retraso (atraso) to be . . . hours behind schedule

Vocabulario adicional

PARA HABLAR DE VIAJES *(To talk about travel)*

a tiempo on time
abrocharse el cinturón de seguridad to fasten one's seat belt
bajarse to get off, to disembark
diario(a) daily
la frontera border
las llegadas y salidas arrivals and departures
perder el tren (avión, autobús) to miss the train (plane, bus)
¿Por cuánto tiempo es válido el pasaje? How long is the ticket valid for?
la tarifa rate
el tranvía streetcar, local train

Notas culturales

- El sistema ferroviario *(railway)* español ha mejorado mucho en años recientes. Sus trenes más modernos están entre *(among)* los más rápidos y cómodos de Europa. El tren ultrarápido AVE (Alta Velocidad Española) viaja a casi cien millas por hora.
- En la mayoría de los países hispanos se usa el sistema de 24 horas, especialmente para horarios de trenes, aviones, autobuses, etc., y también para invitaciones. Por ejemplo, "las 17 horas" corresponde a las cinco de la tarde.
- La ciudad de Sevilla es un centro de atracción turística. Algunos de los lugares de interés que más atraen al visitante son la Catedral, que es el templo de mayor tamaño en el mundo cristiano después de San Pedro, en Roma, y San Pablo, en Londres; la Giralda, que es la torre *(tower)* de una antigua mezquita *(mosque)* del siglo XII; y la Torre de Oro, llamada así por estar cubierta de azulejos *(tiles)* dorados.

Dígame...

Answer the following questions, basing your answers on the dialogue.

1. ¿Dónde están Isabel y Gloria y qué están haciendo?

   _____

2. ¿Cuándo hay trenes para Sevilla y qué les aconseja el empleado?

   _____

3. ¿En qué tren quieren viajar las chicas?

   _____

4. ¿Por qué es una buena idea comprar billetes de ida y vuelta?

_____

5. ¿Tiene el tren sólo coche-comedor?

_____

6. ¿Cuántas literas quieren las chicas?

_____

7. ¿Por qué quiere Gloria que Isabel vaya con ella a Madrid?

_____

8. ¿Por qué no quiere Gloria ir en autobús a Madrid?

_____

9. ¿Qué problema tiene Isabel cuando despega y aterriza el avión? ¿Qué le sugiere Gloria?

_____

10. Para ir a la parada de autobuses, ¿qué deben hacer las chicas?

_____

11. ¿Qué autobús tienen que tomar las chicas para ir al centro?

_____

12. Al final (*in the end*), ¿cómo deciden las chicas ir al centro?

_____

_____

Hablemos

Interview a classmate, using the following questions. When you have finished, switch roles.

1. ¿Te gusta viajar en tren? Si no, ¿cómo prefieres viajar?

_____

2. ¿Prefieres una litera alta o una litera baja?

_____

3. Cuando viajas, ¿qué compras para leer?

_____

4. ¿Qué crees que es más peligroso, viajar en avión o viajar en coche?

_____

5. Cuando viajas, ¿te dan un descuento? ¿Cuánto?

_____

6. Cuando tus amigos te preguntan adónde deben viajar, ¿qué les aconsejas?

_____

7. Si un amigo tuyo está mareado, ¿qué le sugieres que haga?

_____

8. ¿Qué ciudad de los Estados Unidos consideras hermosísima?

_____

9. ¿Has visitado algunas ciudades del sur de los Estados Unidos? (¿del norte? ¿del este? ¿del oeste?)
¿Cuáles?

_____

10. ¿Cómo se llega a tu casa (tu cuarto, tu apartamento) desde aquí?

_____

¿Qué pasa aquí?

**With a partner, answer the following questions according to what you see
in the pictures.**

A. 1. ¿De qué andén sale el tren?

_____

2. ¿En qué coche está María?

_____

3. ¿Cree Ud. que tiene litera?

_____

4. ¿Adónde viaja María?

_____

B. 1. ¿Dónde están Rosa, Juan y Hugo?

_____

2. ¿Qué hacen?

_____

3. ¿Adónde va Rosa? ¿En que país está la ciudad adonde va?

_____

4. ¿Cuándo hay trenes para Lima?

_____

5. ¿Va a comprar Juan un pasaje de ida?

_____

6. ¿Qué descuento van a hacerle a Juan?

_____

7. ¿En qué tren quiere viajar Hugo?

_____

C. 1. ¿Cuántas horas de retraso tiene el tren de París?

_____

2. ¿Adónde va a viajar Sara?

_____

3. ¿Qué le va a mandar Sara a Juan Mena?

_____

En estas situaciones

What would you say in the following situations? What might the other person say?

1. You work at the ticket window of a train station and are helping a customer. He/She wants to know when the express train leaves and whether any discounts are available.

2. You are planning to take a two-day train trip and want to know what your options are for sleeping and eating on the train. You call the train station to obtain the necessary information.

3. You would like a friend from school to meet your family. Discuss how such a meeting might take place, including any necessary travel arrangements.

4. You are having a party and need to tell a friend how to get from the university to your house (dorm, apartment).

¿Qué dice aquí?

One of your friends is planning to visit Spain and is asking you and a classmate about the trains there. Answer your friend's questions using the information in the ad on page 207.

1. ¿Qué es RENFE?

    _____

2. ¿A qué lugares de España se puede ir por tren?

    _____

3. ¿Tienen los trenes aire acondicionado? ¿calefacción?

    _____

4. ¿Cuántas personas pueden dormir en los departamentos de los coches camas?

    _____

5. ¿Tienen estos departamentos baño privado?

    _____

6. ¿Cuántas personas pueden dormir en los departamentos de los coches literas?

    _____

7. ¿Dónde se puede comer en el tren?

    _____

8. ¿Qué tipos de comida sirven en el tren?

    _____

9. ¿Qué descuento dan en los viajes de ida y vuelta?

_____

10. ¿En qué estación del año tiene RENFE precios especiales?

_____

Por tren a toda España

*Para conocer España, viaje por tren. La Red Nacional de Ferrocarriles Españoles (**RENFE**) lo lleva a todas partes.*

Trenes modernos, cómodos, con aire acondicionado y calefacción.

Coches camas con departmentos para una o dos personas, con baño privado.

Coches literas con departamentos para cuatro o seis pasajeros.

Un coche comedor en cada tren con un excelente servicio de comidas y bebidas españolas e internacionales.

Descuentos del 10% en viajes de ida y vuelta.

Precios especiales en el verano.

RENFE

Actividades especiales

A. The classroom will turn into a train station (put up signs with platform numbers, train schedules, etc.). Set up five or six ticket windows, with one student working at each window. The rest of the students will play the roles of travelers buying train tickets. Some of the students should be in pairs and discuss arrangements with their partners before talking to the clerk at the ticket window.

B. With a partner, and using the map on page 208, tell each other how to get from various places to others. Take turns giving directions.

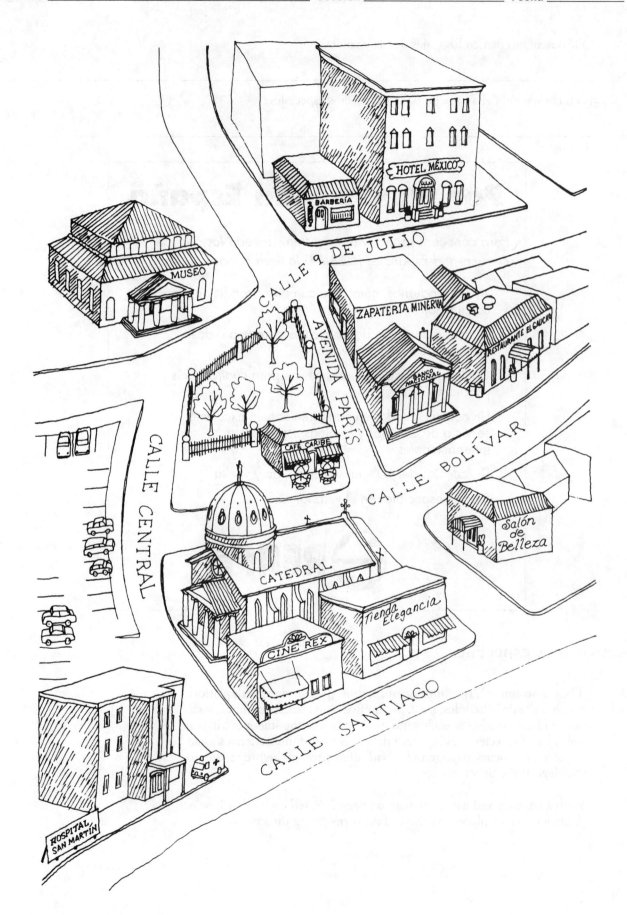

Un paso más

Review the *Vocabulario adicional* in this *lección*, and complete the following sentences with the appropriate word or phrase.

1. Quiero las horas de _____ de los trenes.

2. El tren va a llegar _____. Hoy no tiene retraso.

3. El tren que va a la Ciudad de México sale todos los días. Es_____.

4. Los niños son terribles; acaban de subirse al tren y ya quieren_____ de él.

5. No podemos pasar la _____ porque no tenemos pasaporte.

6. Si no sales ahora mismo *(right now)*, vas a _____ el tren.

7. Después de abordar el avión, hay que _____.

8. En San Francisco, la gente puede viajar en _____.

9. En el verano hay una _____ especial para viajar a España.

Dichos

En Sevilla: **"Quien no ha visto Sevilla,
no ha visto maravilla.°"**   *wonder*

En Granada: **"Quien no ha visto Granada,
no ha visto nada."**

209

❧ *Aprenda estas palabras*

1. la suerte

2. la informática

3. la contabilidad

4. la química

H_2O

5. ¡Chau!¹

6. las notas

A+
B−
C
D+
F

7. las matemáticas

$$y + x^2 = a(b+2)$$
$$la\ 3^2 =$$

8. la educación física

9. la literatura

Shakespeare
Romeo y Julieta

10. la historia

Jorge Washington...
Tomás Jefferson...
Simón Bolívar...

11. la geografía

12. el arte

13. graduarse

14. el título

---

¹From *ciao*, the Italian word for *good-bye* or *hello*. Used only as *good-bye* in Spanish.

♦ En la universidad

Fernando es un muchacho puertorriqueño que vive en Nueva York con sus padres. Ahora está hablando con Adriana, una chica argentina que está en su clase de informática, una asignatura que ella encuentra fácil y que él encuentra muy difícil.

FERNANDO —Hoy tengo que estudiar porque mañana tengo un examen parcial en mi clase de administración de empresas.

ADRIANA —Es una lástima que tengas que estudiar porque esta noche hay una fiesta en el club internacional y podríamos ir juntos...

FERNANDO —Ay no, por desgracia también tengo que escribir un informe para mi clase de sociología.

ADRIANA —Esa clase es un requisito, ¿no? Yo tengo que tomarla el semestre que viene.

FERNANDO —Si quieres tomarla con la Dra. Salcedo tienes que matricularte lo más pronto posible.

ADRIANA —Espero que mis padres me puedan dar el dinero para pagar la matrícula.

FERNANDO —Ojalá que la universidad te dé la beca que solicitaste.

ADRIANA —Es difícil que me la dé porque, desgraciadamente, el semestre pasado no saqué muy buenas notas.

FERNANDO —¿Cuál es tu especialización? ¿Contabilidad?

ADRIANA —No sé todavía, pero probablemente va a ser química o física.

FERNANDO —Bueno, Adriana, tengo que ir a la biblioteca a estudiar. Nos vemos mañana.

ADRIANA —Chau, Fernando. Buena suerte en el examen.

Fernando espera sacar una A en el examen, pero teme que la profesora no le dé una buena nota en el semestre, porque él ha faltado mucho a clase.

🎵 Vocabulario

COGNADOS

argentino(a) Argentinian
la clase class
el examen exam
la física physics
internacional international

puertorriqueño(a) Puerto Rican
el semestre semester
la sociología sociology
la universidad university

NOMBRES

la administración de empresas business administration
la asignatura, la materia (*academic*) subject
la beca scholarship
la biblioteca library
la especialización major
el examen parcial (de mitad de curso) midterm exam
el informe report
la matrícula tuition
la nota grade
el requisito requirement

VERBOS

esperar to hope
estudiar to study
matricularse to register
sacar to get (a grade)
solicitar to apply
temer to fear, to be afraid

ADJETIVOS

difícil difficult
fácil easy
juntos(as) together
pasado(a) last

OTRAS PALABRAS Y EXPRESIONES

desgraciadamente, por desgracia unfortunately
Es difícil. It's unlikely.
Es (una) lástima. It's a pity.
lo más pronto posible as soon as possible
Nos vemos. We'll see you.
Ojalá... I hope. . .
que viene next, coming
sacar buenas (malas) notas to get good (bad) grades

Vocabulario adicional

la biología biology
la calculadora calculator
la computadora, el ordenador (*España*) computer
el (la) consejero(a) counselor, adviser
el diccionario dictionary
la escuela elemental, la escuela primaria elementary school
la escuela secundaria high school
el horario de clases class schedule
la librería bookstore
la psicología psychology
la tarea homework
el trimestre quarter

Notas culturales

- El concepto de "especialización," como existe en las universidades norteamericanas, no existe en la mayoría de las universidades del mundo hispano. Los estudiantes españoles y latinoamericanos usualmente toman los requisitos académicos generales en la escuela secundaria y comienzan estudios especializados cuando ingresan *(enter)* en la facultad (por ejemplo, la Facultad de Medicina, la Facultad de Arquitectura, etc.). En la facultad, los estudiantes toman solamente las clases que necesitan para sus respectivas carreras.
- La mayoría de las universidades hispanas usan un sistema de calificaciones basado en números. El sistema numérico varía de país a país. En Puerto Rico, el sistema universitario se basa en el sistema norteamericano.

Dígame...

Answer the following questions, basing your answers on the dialogue.

1. ¿De dónde son Fernando y Adriana? ¿Qué clase toman juntos?

   _____

2. ¿En qué clase tiene Fernando un examen parcial?

   _____

3. ¿Por qué dice Adriana que es una lástima que Fernando tenga que estudiar?

   _____

4. ¿Qué tiene que escribir Fernando para su clase de sociología?

   _____

5. ¿Cuándo tiene que tomar Adriana sociología? ¿Por qué tiene que tomarla?

   _____

6. ¿Qué debe hacer Adriana si quiere tomar la clase de la Dra. Salcedo?

   _____

7. ¿Qué espera Adriana?

   _____

8. ¿Qué solicitó Adriana? ¿Qué teme?

   _____

9. ¿Cuál es la especialización de Adriana?

   _____

10. ¿Dónde va a estudiar Fernando ahora?

   _____

11. ¿Qué le desea Adriana a Fernando?

_____

12. ¿Qué nota espera sacar Fernando en el examen?

_____

13. ¿Qué teme Fernando? ¿Por qué?

_____

Hablemos

Interview a classmate, using the following questions. When you have finished, switch roles.

1. ¿En qué clases harías lo siguiente?

   a. Leer un drama de Shakespeare: _____

   b. Hacer ejercicio: _____

   c. Trabajar con mapas: _____

   d. Hablar sobre Lincoln: _____

   e. Trabajar con números: _____

   f. Estudiar a Picasso, Dalí, etc.: _____

   g. Hacer experimentos: _____

2. ¿Cuál es tu materia favorita? ¿Cuál es tu especialización?

   _____

3. ¿Qué requisitos estás tomando? ¿Qué requisitos tomaste el semestre pasado?

   _____

4. ¿Cuándo esperas graduarte?

   _____

5. ¿Estás tomando una clase de informática?

   _____

6. ¿Crees que las matemáticas son fáciles o difíciles?

   _____

7. ¿Qué nota esperas que te dé el (la) profesor(a) en esta clase?

   _____

8. ¿Vas a tomar español el semestre que viene?

_____

9. ¿Sacaste buenas notas el semestre pasado?

_____

10. ¿Solicitaste una beca este año?

_____

12. ¿Tus padres te van a dar dinero para pagar la matrícula?

_____

13. ¿Has faltado mucho a clase este semestre? ¿Cuántas veces has faltado?

_____

¿Qué pasa aquí?

With a partner, answer the following questions according to what you see in the pictures.

A. 1. ¿Qué asignatura están estudiando Jorge y María?

_____

2. ¿En qué materia está pensando Jorge?

_____

3. ¿Por qué está pensando en esa materia?

_____

4. ¿Qué nota espera sacar María en la clase de matemáticas?

_____

5. ¿Son fáciles o difíciles las matemáticas para María?

_____

B. 1. ¿Qué espera Teresa que haga su papá?

_____

2. ¿Qué solicitó Teresa?

_____

3. ¿Sabe ella si se la van a dar?

_____

4. ¿En qué mes piensa graduarse Raúl?

_____

5. ¿Qué quiere ser Raúl?

_____

C. 1. ¿Qué asignatura cree Ud. que es la más fácil para Dora?

_____

2. ¿En qué clase sacó Dora la nota más baja?

_____

3. ¿Cuál es su nota en la clase de arte?

_____

4. ¿Quién tiene que escribir un informe?

_____

5. ¿Cuál es la nacionalidad de Pedro?

_____

6. ¿Adónde tiene que ir Pedro hoy?

_____

En estas situaciones

What would you say in the following situations? What might the other person say?

1. A friend invites you to a party. Unfortunately, you can't go because you have a midterm exam in one of your courses tomorrow. Your friend wishes you good luck on the test.

2. You have to convince one of your parents that you need money right away because you have to register as soon as possible.

3. You are in your adviser's office, trying to convince him/her that the university should give you a scholarship because you got very good grades last semester.

4. You and a friend are discussing your favorite (and least favorite) classes, your professors, and your extracurricular activities.

¿Qué dice aquí?

You and a classmate are advising a friend who is planning to go abroad to learn Spanish. Answer her questions about the program described in the ad.

Español en Ecuador

- Programas preparados especialmente para estudiantes extranjeros.
- 7 horas diarias de instrucción individual (un estudiante por profesor), de lunes a viernes.
- Cursos prácticos, basados en vocabulario, gramática y conversación en todos los niveles.
- Ud. puede empezar las clases en cualquier momento.
- Ud. vive en la casa de una familia ecuatoriana. Recibe tres comidas y tiene su propio cuarto. Un estudiante por familia.
- Ud. paga 1.200 dólares por cuatro semanas. Clases y comidas incluidas en el precio.

Academia de Español Quito

Calle Reina Victoria 75

Apartado Postal 93–B, Quito, Ecuador

Teléfono: (2) 854-726

1. ¿Cómo se llama la escuela?

    _____

2. ¿Cuánto debo pagar por la matrícula?

    _____

3. ¿Están incluidas las comidas en el precio? ¿Cuáles?

    _____

4. ¿Puedo empezar las clases sólo en septiembre?

    _____

5. ¿Hay clases los sábados?

    _____

6. ¿Cuántas horas de clase diarias tienen?

    _____

7. ¿Hay muchos estudiantes en cada clase?

    _____

8. ¿Las clases son sólo para estudiantes extranjeros *(foreign)*?

    _____

9. ¿Dónde voy a vivir? ¿Mi amiga puede vivir conmigo en la misma *(same)* casa? ¿Por qué o por qué no?

    _____

10. ¿Qué materias voy a aprender?

    _____

Una actividad especial

The class will be divided into groups of four or five students. Each group will come up with a list of eight to twelve characteristics that the ideal student should have. The class will then discuss those characteristics, write the most important ones on the board, and prioritize the list.

Un paso más

Review the *Vocabulario adicional* in this *lección*, and complete the following sentences with the appropriate word or phrase.

1. Tuve que ir a la _____ para comprar un diccionario.

2. Necesito el _____ para saber a qué hora empieza la clase de matemáticas.

3. Estamos estudiando las ideas de Freud en nuestra clase de _____.

4. Jorge terminó la escuela _____ el año pasado y ahora va a comenzar

la escuela _____.

5. En esta universidad no tenemos semestres; tenemos _____.

6. Mi _____ quiere que yo tome una clase de informática. Voy a

necesitar una_____.

7. Necesito la calculadora para hacer mi_____ de matemáticas.

8. En la clase de_____ usamos un microscopio.

Una frase célebre *(A famous phrase)*

Sólo sé que no sé nada.   *I know only that I know nothing.*
(Socrates)

🎵 *Aprenda estas palabras*

1. caerse
2. la bata
3. la curita
4. la ambulancia
5. la fractura
6. el pecho
7. el estómago
8. la mano
9. la cabeza
10. (el) corazón
11. los dedos
12. la rodilla
13. el tobillo
14. la frente
15. los ojos
16. la nariz
17. la boca
18. la lengua
19. el oído[1]
20. la cara
21. el brazo
22. la pierna
23. el pie
24. la espalda
25. los dedos del pie

PARAMÉDICOS

---

[1]Inner ear. The ear itself is *la oreja*.

En la sala de emergencia

Inés se cayó en la escalera del metro y su amiga Marisol la llevó al hospital. Estaban en la sala de espera cuando la enfermera vino para llevarla al consultorio.

ENFERMERA —Quítese la ropa y póngase esta bata, señorita. En seguida viene el médico.

Con el médico.

MÉDICO —¿Que pasó, señorita? ¿Cómo se lastimó?

INÉS —Me caí en la escalera, me golpeé la cabeza y me corté la frente. Y me duele mucho el tobillo.

MÉDICO —¿Perdió Ud. el conocimiento?

INÉS —Por unos segundos.

MÉDICO —Bueno, voy a lavarle y desinfectarle la herida. ¿Le pusieron una inyección antitetánica alguna vez?

INÉS —Sí, hace cuatro meses. ¿Tendrá que darme puntos en la herida?

MÉDICO	—No, no creo que sea necesario.
INÉS	—¿Y el tobillo? ¿Cree Ud. que hay fractura?
MÉDICO	—Necesitamos una radiografía. Ahora la llevarán a la sala de rayos X.

Después de ver las radiografías.

MÉDICO	—Ud. se fracturó el tobillo. Tendremos que enyesarle la pierna y va a tener que usar muletas.
INÉS	—*(A Marisol)* ¿Conoces a alguien que pueda prestármelas?
MARISOL	—Sí, conozco a una chica que tiene muletas, pero es mucho más alta que tú.
INÉS	—Entonces dudo que pueda usarlas.
MÉDICO	—No se preocupe, señorita. Puede conseguirlas aquí mismo.

 Vocabulario

COGNADOS

el hospital   hospital
la inyección   injection, shot

NOMBRES

el consultorio   doctor's office
el (la) enfermero(a)   nurse
la herida   wound
la inyección antitetánica   tetanus shot
el (la) médico(a)   medical doctor, M.D.
el metro, el subterráneo   subway
las muletas   crutches
la radiografía   X-ray
la sala de emergencia   emergency room
la sala de espera   waiting room
la sala de rayos X   X-ray room

VERBOS

desinfectar   to disinfect
dudar   to doubt
enyesar   to put in a cast
fracturarse, romperse   to fracture, to break
golpear(se)   to hit (oneself)
lastimarse   to get hurt
pasar   to happen
preocuparse   to worry
quitarse   to take off

OTRAS PALABRAS Y EXPRESIONES

alguien   someone, somebody
alguna vez   ever
aquí mismo   right here
dar (poner) puntos   to put in stitches
perder el conocimiento, desmayarse   to lose consciousness, to faint
poner una inyección   to give an injection
ser (no ser) necesario   to be (not to be) necessary

Vocabulario adicional

PARA HABLAR DEL CUIDADO MÉDICO *(To talk about medical care)*

el accidente   accident
el análisis   analysis, medical test
el (la) cirujano(a)   surgeon
el cuello   neck
el (la) dentista   dentist
el dolor   pain
la garganta   throat
la muñeca   wrist
el (la) oculista   oculist, eye specialist
el (la) ortopédico(a)   orthopedist
vendar   to bandage

Notas culturales

- En la mayoría de los países de habla hispana, la hospitalización es gratuita *(free)* porque los hospitales están subvencionados *(subsidized)* por el gobierno. Hay también clínicas privadas para las personas de mejor posición económica que prefieren no ir a un hospital público. Las clínicas generalmente ofrecen mejores servicios y no tienen tantos pacientes.
- Especialmente en las grandes ciudades hispanas, la medicina está muy avanzada, pero en muchos pueblos *(towns)* remotos no hay hospitales ni médicos. En esos lugares hay curanderos *(healers)* que recomiendan hierbas *(herbs)* o tés o que usan remedios tradicionales para sus curas. En el campo *(country)* muchas mujeres tienen sus bebés con la ayuda de una partera *(midwife)*.

Dígame...

Answer the following questions, basing your answers on the dialogue.

1. ¿Qué le pasó a Inés y quién la llevó al hospital?

   _____

2. ¿Dónde estaba Inés cuando vino la enfermera a buscarla?

   _____

3. ¿Qué se golpeó y qué se cortó Inés?

   _____

4. ¿Por cuánto tiempo perdió el conocimiento?

   _____

5. ¿Tendrá que darle puntos el médico?

   _____

6. ¿Qué le duele a Inés y qué necesita el médico para ver si hay fractura?

_____

7. ¿Adónde llevaron a Inés para hacerle la radiografía?

_____

8. ¿Qué tendrá que usar Inés para caminar? ¿Conoce Marisol a alguien que tenga muletas?

_____

9. ¿Por qué duda Inés que ella pueda usar las muletas?

_____

10. Según *(According to)* el médico, ¿dónde puede conseguir Inés las muletas?

_____

Hablemos

Interview a classmate, using the following questions. When you have finished, switch roles.

1. ¿Hay metro en el lugar donde tú vives? ¿Lo tomas con frecuencia?

_____

2. ¿Te pusieron una inyección antitetánica alguna vez? ¿Cuánto tiempo hace que te la pusieron?

_____

3. ¿Crees que necesitas otra? ¿Por qué o por qué no?

_____

4. ¿Perdiste el conocimiento alguna vez? (¿Qué te pasó?)

_____

5. ¿Te duele la cabeza? (¿la espalda? ¿la garganta? ¿el oído? ¿el pecho?)

_____

6. ¿Qué tomas cuando te duele la cabeza?

_____

7. ¿Has tenido un accidente grave *(serious)* alguna vez? (¿Cuándo fue?)

_____

8. ¿Te has fracturado alguna vez un brazo? (¿una pierna? ¿un tobillo?)

_____

9. ¿Has tenido que usar muletas alguna vez? (¿Por qué?)

_____

10. ¿Te gustaría ser médico(a) o enfermero(a)? ¿Por qué o por qué no?

_____

¿Qué pasa aquí?

With a partner, answer the following questions according to what you see in the pictures.

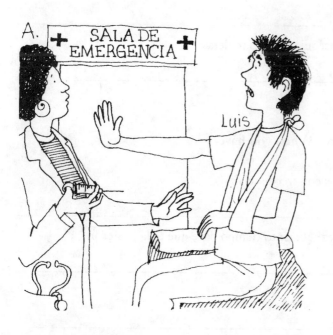
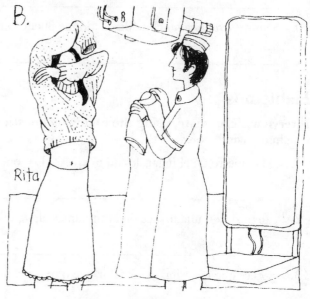

A. 1. ¿Dónde está Luis?

_____

2. ¿Qué le pasó a Luis?

_____

3. ¿Dónde tiene Luis una herida?

_____

4. ¿Qué va a hacer la enfermera?

_____

5. ¿Cree Ud. que a Luis le gustan las inyecciones? ¿Cómo lo sabe?

_____

B. 1. ¿Dónde está Rita?

_____

2. ¿Qué hace Rita?

_____

3. ¿Qué le da la enfermera?

_____

4. ¿Qué cree Ud. que le van a hacer a Rita?

_____

C. 1. ¿Dónde está Raúl?

_____

2. ¿Qué le pasó a Raúl?

_____

3. ¿Qué le hicieron a Raúl?

_____

4. ¿Qué tendrá que usar Raúl para caminar?

_____

5. ¿Es verdad que Raúl está listo para ir a esquiar?

_____

D. 1. ¿Dónde está Laura?

_____

2. ¿Qué hace Laura mientras espera?

_____

3. ¿Cuánto tiempo tuvo que esperar Laura?

_____

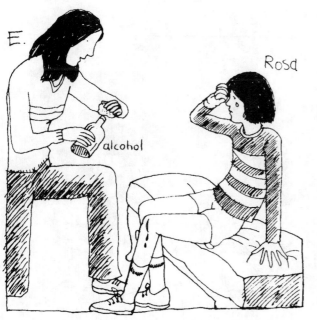

E. 1. ¿Qué se lastimó Rosa?

_____

2. ¿Cree Ud. que le duele mucho la rodilla?

_____

3. ¿Qué le va a hacer su mamá?

_____

F. 1. ¿Qué cree Ud. que le duele a Julio?

_____

2. ¿Qué hizo Julio?

_____

3. ¿Cree Ud. que Julio quiere comer más manzanas?

_____

En estas situaciones

What would you say in the following situations? What might the other person say?

1. You are in the emergency room because you fell down some stairs and injured your arm. One of your fingers hurts a lot and you're afraid that it's broken. A small cut on your face is bleeding, too. A nurse comes over to tend to you.

2. You're a doctor. You've just looked at the X-rays for one of your patients, which confirm that his/her leg is fractured. You're going to have to put the leg in a cast.

3. You're a doctor. A patient is going to need seven stitches on his/her forehead. You need to know how long ago he/she had a tetanus shot.

¿Qué dice aquí?

You and a partner are about to begin jobs as receptionists at the Family Industrial Medical Clinic. Answer the questions that follow below and on page 232 so that you will be prepared to help Spanish-speakers who call the clinic.

1. No hablo inglés. ¿Voy a tener problemas en la clínica? ¿Por qué o por qué no?

_____

2. ¿Qué tienen en la clínica para hacerme una radiografía, si la necesito?

_____

3. ¿Es necesario pedir turno para recibir tratamiento médico?

_____

4. ¿Qué opciones hay para pagar los servicios médicos?

_____

5. ¿Qué ventajas (advantages) tiene pagar al contado (cash)?

_____

6. ¿Puedo recibir tratamiento médico en la clínica si tengo un accidente de auto?

_____

7. Además de rayos X y análisis, ¿qué otros servicios puedo recibir en la clínica?

_____

Una actividad especial

Transform the classroom into a hospital emergency room. Put up different signs for the waiting room, the examining room, etc. There will be at least six doctors on duty; the rest of the students will be the patients. Some will have broken bones, some will have cuts and various aches and pains. The receptionists will take information from the patients and plan treatment.

Un paso más

Review the *Vocabulario adicional* in this *lección*, and complete the following sentences with the appropriate word or phrase.

1. Tuvo un _____ y lo llevaron al hospital en una ambulancia.

2. La rodilla es parte de la pierna y la _____ es parte del brazo.

3. Tiene problemas con los ojos. Necesita ir al _____.

4. No puedo hablar mucho porque tengo dolor de _____.

5. Me fracturé la pierna y me llevaron al consultorio del _____.

6. Voy al laboratorio porque necesito hacerme un _____.

7. No puedo mover la cabeza porque me duele mucho el _____.

8. La enfermera le desinfectó la herida y se la _____.

9. La _____ dijo que me operaría el lunes.

10. El _____ quiere que me cepille los dientes tres veces al día.

Palabras escondidas

Find these parts of the body.

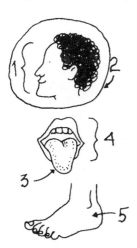

C	E	D	E	O	S	M	O
A	G	B	L	N	A	N	A	H
B	C	O	R	A	Z	O	N	S
E	A	C	A	R	O	J	O	S
Z	R	A	P	I	E	D	L	M
A	A	F	O	Z	O	I	D	O
B	L	E	N	G	U	A	S	T

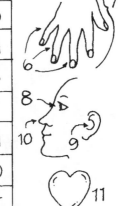

Un dicho

Ojos que no ven, corazón que no siente.

Out of sight, out of mind. (lit., Eyes that don't see, heart that doesn't feel.)

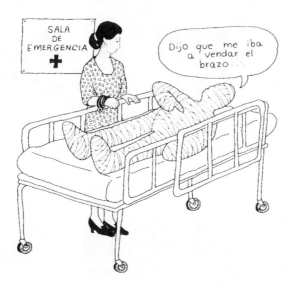

🎵 *Aprenda estas palabras*

1. 100 libras (el peso)
2. pesar
3. la balanza
4. embarazada
5. sacar la lengua

hoy

23 abril ← 24 abril ← 25 abril

6. anteayer
7. ayer

8. una cucharada
9. una cucharadita
10. el jarabe

NYQUIL

11. las cápsulas
12. las píldoras
13. el termómetro

Elisa está enferma

Hoy Elisa va al médico porque no se siente bien. Tiene diarrea y náusea. En el consultorio, la enfermera le hace algunas preguntas.

ENFERMERA	—Tengo que hacerle algunas preguntas antes de que el doctor la vea.
ELISA	—Muy bien.
ENFERMERA	—¿Hay alguien en su familia que tenga diabetes o asma?
ELISA	—Mi mamá es diabética, pero no hay nadie que tenga asma.
ENFERMERA	—¿Hay alguien en su familia que haya muerto de un ataque al corazón?
ELISA	—Sí, mi abuelo.
ENFERMERA	—¿Qué enfermedades tuvo de niña?
ELISA	—Sarampión, rubéola y paperas.
ENFERMERA	—¿Ha sido operada alguna vez?
ELISA	—Sí, me operaron de apendicitis el año pasado.

La enfermera la pesa y después le toma la temperatura y la presión.

ENFERMERA	—¿Cuánto tiempo hace que no se siente bien?
ELISA	—Desde anteayer. Pasé dos días vomitando.
ENFERMERA	—Tiene la presión un poco alta y un poco de fiebre. ¿Qué otros síntomas tiene?
ELISA	—Me siento débil y me duele la espalda. Ojalá no haya pescado una pulmonía.
ENFERMERA	—No lo creo; probablemente sea gripe. ¿Está Ud. embarazada?
ELISA	—No, no estoy embarazada.

Con el médico.

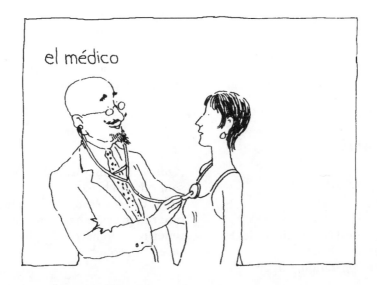

el médico

MÉDICO —Abra la boca y saque la lengua. Respire hondo. Otra vez.

ELISA —Me duele el pecho cuando respiro y también me duelen los oídos.

MÉDICO —Tiene una infección en el oído y también tiene síntomas de gastroenteritis. Voy a recetarle unas pastillas y un antibiótico.

ELISA —¿Y para la diarrea, doctor?

MÉDICO —Tome este líquido en cuanto llegue a su casa... Una cucharada cada cuatro horas.

ELISA —¿Por cuánto tiempo tengo que tomar el antibiótico?

MÉDICO —Hasta que lo termine.

 Vocabulario

COGNADOS

el antibiótico antibiotic	**la gastroenteritis** gastroenteritis
la apendicitis appendicitis	**la infección** infection
el asma asthma	**el líquido** liquid
la diabetes diabetes	**la náusea** nausea
diabético(a) diabetic	**los síntomas** symptoms
la diarrea diarrhea	**la temperatura** temperature

NOMBRES

el ataque al corazón, el infarto heart attack
la enfermedad disease, sickness
la fiebre fever
la gripe influenza, flu
las paperas mumps
la presión blood pressure
la pulmonía pneumonia
la rubéola German measles (rubella)
el sarampión measles

VERBOS

morir (o:ue) to die
operar to operate
recetar to prescribe
respirar to breathe
sentirse (e:ie) to feel
vomitar to vomit, to throw up

ADJETIVOS

alto(a) high
débil weak

237

OTRAS PALABRAS Y EXPRESIONES

antes de que   before
cada   every
de niño(a)   as a child
desde   since
en cuanto, tan pronto como   as soon as
hacer preguntas   to ask questions
hasta que   until

nadie   nobody
pescar una pulmonía   to catch pneumonia
respirar hondo   to take a deep breath
ser operado(a)   to be operated on
tener la presión alta   to have high blood pressure

Vocabulario adicional

alérgico(a)   allergic
el dolor de cabeza   headache
empeorar   to get worse
fuerte   strong
guardar cama   to stay in bed (when one is sick)
mejorar(se)   to get better
la operación, la cirugía   operation, surgery

¡Que se (te) mejore(s)!   Get well soon!
sangrar   to bleed
sufrir del corazón   to have heart trouble
tener la presión baja   to have low blood pressure
tener tos   to have a cough
toser   to cough

Notas culturales

- En la mayoría de los países de habla hispana, hay todavía médicos que van a la casa de sus pacientes, si éstos no puéden ir a su consultorio. A menudo *(Often)*, cuando una persona necesita una inyección, una enfermera o una ayudante va a la casa de esa persona para ponérsela.
- En España, las farmacias se turnan *(take turns)* en mantenerse abiertas por la noche, para que haya una farmacia abierta las veinticuatro horas del día en cada zona de la ciudad. Un letrero *(sign)* en la ventana de las farmacias cerradas avisa a los vecinos dónde encontrarán una farmacia abierta.
- En algunos países latinoamericanos, se pueden comprar jeringuillas *(syringes)* en las farmacias, pues su venta al público no está prohibida, como lo está en los Estados Unidos.

Dígame...

Answer the following questions, basing your answers on the dialogue.

1. ¿Elisa se siente mal? ¿Qué tiene?

_____

2. ¿Qué tiene que hacer la enfermera antes de que el doctor vea a Elisa?

_____

3. ¿Quién tiene diabetes en la familia de Elisa?

_____

4. ¿Hay alguien que haya muerto de un ataque al corazón?

_____

5. ¿Qué enfermedades tuvo Elisa de niña?

_____

6. ¿De qué operaron a Elisa el año pasado?

_____

7. ¿Elisa tiene la presión alta o baja?

_____

8. ¿La enfermera cree que Elisa tiene gripe o pulmonía?

_____

9. Elisa tiene náusea y vomita mucho. ¿Está embarazada?

_____

10. ¿Qué va a recetarle el médico a Elisa para la infección? ¿Y para la diarrea?

_____

11. ¿Qué debe hacer Elisa en cuanto llegue a su casa?

_____

12. ¿Por cuánto tiempo debe tomar Elisa el antibiótico?

_____

Hablemos

**Interview a classmate, using the following questions. When you have
finished, switch roles.**

1. ¿Qué enfermedades tuviste de niño(a)?

_____

2. ¿Qué enfermedades han tenido otros miembros de tu familia?

_____

3. ¿Alguna vez has pescado una pulmonía?

_____

4. ¿Fuiste al médico recientemente? (¿Cuándo fuiste?)

_____

5. ¿Has tenido asma alguna vez?

_____

6. Cuando tienes gripe, ¿qué síntomas tienes?

_____

7. Si tienes gripe, ¿qué debes hacer?

_____

8. ¿Vas a clase cuando tienes fiebre?

_____

9. Si una persona tiene fiebre, ¿qué le recomiendas que haga?

_____

10. ¿Has sido operado(a) alguna vez? (¿Cuándo? ¿Dónde?)

_____

¿Qué pasa aquí?

With a partner, answer the following questions according to what you see in the pictures.

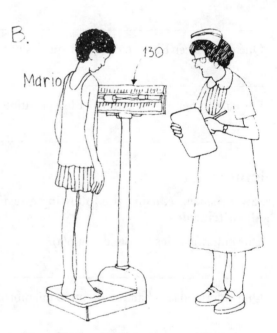

A. 1. ¿Se siente bien Jorge?

_____

2. ¿Qué le pasa?

_____

3. ¿A quién llamó Jorge?

_____

4. ¿Cuál es la dirección del Dr. Peña?

_____

B. 1. ¿Qué hace la enfermera?

_____

2. ¿Cuánto pesa Mario?

_____

3. ¿Cree Ud. que Mario es muy gordo?

_____

C. 1. ¿Cuál es el problema de Juan?

_____

2. ¿Qué le va a recetar el Dr. Miño?

_____

3. ¿Cuántas cucharadas de jarabe tiene que tomar Juan?

_____

4. ¿Cuándo tiene que tomar Juan el jarabe?

_____

D. 1. ¿Qué le pregunta Ada a la Dra. Vidal?

_____

2. ¿Cuándo tiene que volver Ada al consultorio de la Dra. Vidal?

_____

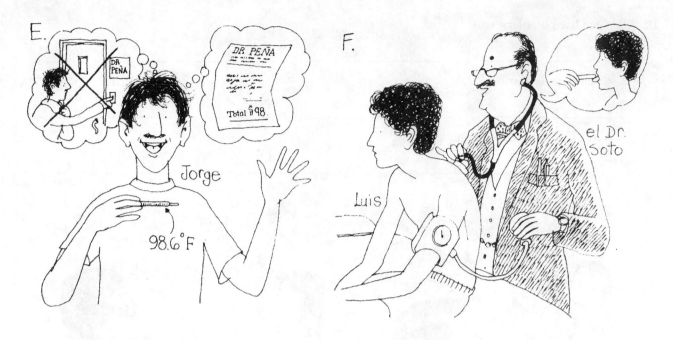

E. 1. ¿Qué tiene Jorge en la mano?

_____

2. ¿Todavía tiene fiebre Jorge?

_____

3. ¿Qué piensa Jorge que ya no necesita hacer?

_____

4. ¿Cuánto le debe Jorge al Dr. Peña?

_____

F. 1. ¿Quién le está tomando la presión a Luis?

_____

2. ¿Qué cree Ud. que le está diciendo el Dr. Soto a Luis?

_____

3. ¿Qué quiere el Dr. Soto que haga Luis después?

_____

En estas situaciones

What would you say in the following situations? What might the other person say?

1. You go to the doctor's office after suffering a number of symptoms for three days. Describe them to the doctor in as much detail as possible so that he/she can diagnose your condition and tell you how to treat it.

2. You are a nurse assigned to take the medical history of a new patient. Find out as much as you can about his/her childhood illnesses, any operations, and whether any members of his/her family have suffered from serious illnesses.

3. You are at your doctor's office for a physical. Before the doctor sees you, a nurse comes into the examining room to weigh you, take your blood pressure and temperature, listen to your breathing, and look at your throat.

¿Qué dice aquí?

With a partner, answer the following questions using information from the medical record on page 244.

1. ¿Cómo se llama el paciente?

   _____

2. ¿Cuál es la fecha de nacimiento del paciente?

   _____

3. ¿Qué vacunas le pusieron de niño?

   _____

4. ¿Qué tipo de vacuna contra *(against)* la polio le dieron?

   _____

5. ¿Cuándo lo inmunizaron contra la gripe?

   _____

6. ¿Qué enfermedades tuvo José de niño?

   _____

7. ¿Qué accidentes ha tenido José?

   _____

8. ¿Qué otras enfermedades tiene José?

   _____

9. ¿Han operado a José alguna vez? ¿De qué?

   _____

10. ¿Tiene José algún defecto de los sentidos *(senses)*?

   _____

Nombre _____   Sección _____   Fecha _____

RÉCORD DE INMUNIZACIONES (Vacunas)

Paciente: ___José Hernández___   Fecha de nacimiento: ___5 de enero de 1979___

Inmunizaciones

Vacuna contra la viruela _____
Fecha

Resultados
❑ Prendió ❑ No prendió ❑ Contraindicado

Firma del doctor

Revacunación contra la viruela _____
Fecha

Resultados
❑ Prendió ❑ No prendió ❑ Contraindicado

Firma del doctor

Difteria, tos ferina, tétano

Tratamiento	Fecha	Dosis	Firma del doctor
1a Dosis	4/3/79		Dr. Vega
2a Dosis	5/5/79		Dr. Vega
3a Dosis	6/7/79		Dr. Vega
1a Reacción			
2a Reacción			
3a Reacción			

Poliomielitis

Tratamiento	Tipo usado	Dosis	Fecha	Firma del doctor
1a Dosis	oral		8/3/79	
2a Dosis	"		7/5/79	
3a Dosis	"		8/7/79	
1a Reacción				
2a Reacción				
3a Reacción				

Otras inmunizaciones o pruebas

Nombre	Fecha	Resultado	Firma del doctor
Gripe	7/9/90		Dra. Paz

Enfermedades y fechas

Tos ferina _____   Paperas 13/3/84
Rubéola 8/10/79   Sarampión 20/8/87
Varicela _____   Difteria _____
Escarlatina _____   Poliomielitis _____

Accidentes (dar fechas y especificar) ___24/5/89___
Fractura del brazo izquierdo

Impedimentos y anomalías (especificar) _____
Ninguno

Otras enfermedades (especificar) _____
Diabetes, asma

Operaciones (especificar) ___15/9/92___
Apendicitis

Defectos de los sentidos (especificar) _____
Ninguno

Una actividad especial

There is a flu epidemic. The classroom turns into a clinic, staffed with four or five nurses and four or five doctors. The rest of the students will play the roles of patients. Some will be parents bringing in a sick child. Bring as many props to class as possible: tongue depressors, which could also serve as thermometers; belts or pieces of rope, which could serve as equipment to take blood pressure or as stethoscopes, etc. The nurses should write down pertinent information about each patient, and hand each patient's medical history to the doctors, who will add to it. You will find the medical history form on page 245. (All this information should be turned in to the instructor.)

HISTORIA CLÍNICA

Paciente _____ Fecha de nacimiento _____

Enfermedades y fechas

Tos ferina _____ Paperas _____ Diabetes _____

Rubéola _____ Sarampión _____ Asma _____

Varicela _____ Difteria _____ Ataque al corazón _____

Escarlatina _____ Poliomielitis _____ Pulmonía _____

Acccidentes (dar fechas y especificar) _____
_____

Impedimentos y anomalias (especificar) _____
_____

Otras enfermedades (especificar) _____
_____

Operaciones (especificar) _____
_____

Defectos de los sentidos (especificar) _____
_____

Alergias (especificar) _____

Inmunizaciones

Vacuna contra la viruela _____
                                                                    fecha

Vacuna contra la difteria, la tos ferina y el tétano _____
                                                                    fecha

Vacuna contra la poliomielitis _____
                                                                    fecha

Comentarios: _____
_____
_____

Un paso más

Review the *Vocabulario adicional* in this *lección*, and complete the following sentences with the appropriate word or phrase.

1. Tengo_____ . Voy a tomar dos aspirinas.

2. Mi abuelo sufre del_____ y mi abuela tiene la _____ baja.

3. Tiene apendicitis. Necesita una _____.

4. Ella no se siente débil; se siente muy _____.

5. Roberto es_____ a la penicilina.

6. Lo van a llevar al hospital porque la herida le_____ mucho.

7. Tiene mucha _____; tose todo el día.

8. Está muy enfermo; la doctora dice que tiene que _____.

9. Le di la medicina, pero en vez de *(instead of)* mejorar, ¡_____!

10. Toma la medicina y acuéstate. Bueno ¡_____!

Un proverbio

Es mejor prevenir que curar.

An ounce of prevention is worth a pound of cure.

🔘 *Aprenda estas palabras*

1. la oficina de correos, el correo

CORREO DE URUGUAY

2. la ventanilla

3. la carta

4. la tarjeta postal

5. la estampilla (el sello)

6. el sobre

VÍA AÉREA

7. el buzón

8. el paquete de regalo

9. la fotocopiadora

10. la foto copia
11. foto copiar, hacer fotocopias

13. la felicitación

¡Feliz cumpleaños!

¡Gracias!

12. regalar

🌑 *Haciendo diligencias*

Ayer la Sra. Torres le pidió a su hijo Luis que hiciera varias diligencias, de modo que él salió hoy muy temprano. Primero fue a la oficina de correos, que queda muy cerca de su casa.

En el correo.

LUIS	—Quiero enviar este paquete a Lima por vía aérea y certificado.
EMPLEADO	—Muy bien. *(Lo pesa.)* Son cincuenta pesos.[1] ¿Algo más?
LUIS	—Sí, necesito estampillas para tres tarjetas postales.
EMPLEADO	—El total es de cincuenta y tres pesos.
LUIS	—Ah, ¿adónde debo ir para enviar un giro postal?
EMPLEADO	—Vaya a la ventanilla número dos.

Como su mamá le había dado un cheque para que lo depositara en el banco, Luis tomó el autobús y fue al Banco Central.

En el banco.

LUIS	—Quiero depositar este cheque en la cuenta corriente de Beatriz Torres.
CAJERO	—¿Tiene Ud. el número de la cuenta?
LUIS	—Sí. ¿Podría decirme cuál es el saldo de la cuenta?
CAJERO	—No puedo darle esa información; la cuenta no está a su nombre.
LUIS	—Mi madre también quiere alquilar una caja de seguridad. ¿Puede Ud. darme los papeles necesarios para que se los lleve a ella?
CAJERO	—Si Ud. puede esperar unos minutos, la Srta. Paz lo atenderá en seguida.

Cuando Luis salió del banco fue primero a la biblioteca para devolver un libro y hacer unas fotocopias. Después fue a varias tiendas para comprarle un regalo de cumpleaños a su novia, pero no encontró nada que le gustara. Luis pensó que, si no tuviera que trabajar, podría ir a otras tiendas.

---

[1]Mexican currency

248

Vocabulario

COGNADO

la oficina   office

NOMBRES

la caja de seguridad   safe deposit box
el (la) cajero(a)   cashier, teller
la cuenta   account
   la cuenta corriente   checking account
el cumpleaños   birthday
el giro postal   money order
el saldo   balance

VERBOS

devolver (o:ue)   to return (something)
enviar   to send

ADJETIVO
certificado(a)   registered

OTRAS PALABRAS Y EXPRESIONES

¿Algo más?   Anything else?
de modo que   so
por vía aérea   by air mail

Vocabulario adicional

PARA HABLAR DE DILIGENCIAS *(To talk about errands)*

el apartado postal, la casilla de correos   post
   office box
el cajero automático   automatic teller machine
el casillero   mailbox (i.e., in an office)
el correo   mail
echar al correo   to mail
navegar la red   to navigate the Web

pagar cuentas   to pay bills
recoger   to pick up
solicitar un préstamo   to apply for a loan
la sucursal   branch
el talonario de cheques   checkbook
el teléfono celular   cellular phone

Notas culturales
MONEDAS NACIONALES DE LOS PAÍSES DE HABLA HISPANA

PAÍS	MONEDA	PAÍS	MONEDA
Argentina	el peso	Honduras	el lempira
Bolivia	el boliviano	México	el peso
Chile	el peso	Nicaragua	el córdoba
Colombia	el peso	Panamá	el balboa
Costa Rica	el colón	Paraguay	el guaraní
Cuba	el peso	Perú	el nuevo sol
Ecuador	el sucre	Puerto Rico	el dólar
El Salvador	el colón	Rep. Dominicana	el peso
España	la peseta	Uruguay	el peso
Guatemala	el quetzal	Venezuela	el bolívar

Dígame...

Answer the following questions, basing your answers on the dialogue.

1. ¿Qué le pidió la Sra. Torres a su hijo ayer?

   _____

2. ¿Adónde fue Luis primero? ¿Por qué?

   _____

3. ¿Qué diligencias hace Luis en el correo?

   _____

4. Del correo, ¿adónde fue Luis? ¿Cómo fue?

   _____

5. ¿Qué quería la mamá de Luis que él hiciera en el banco?

   _____

6. ¿Qué otras cosas hizo Luis en el banco?

   _____

7. ¿Le dice el empleado cuál es el saldo de la cuenta de Beatriz Torres? ¿Por qué o por qué no?

   _____

8. ¿Para qué fue Luis a la biblioteca?

   _____

9. ¿Para quién quería comprar un regalo de cumpleaños?

   _____

10. ¿Qué haría Luis si no tuviera que ir a trabajar?

    _____

Hablemos

Interview a classmate, using the following questions. When you have finished, switch roles.

1. ¿En qué calle queda la oficina de correos que está más cerca de tu casa?

   _____

2. Cuando tú viajas, ¿les mandas cartas o tarjetas postales a tus amigos? ¿Por qué o por qué no?

   _____

3. ¿Qué tipos de cuentas tienes? ¿En qué banco?

   _____

4. ¿Recuerdas el número de tu cuenta corriente?

   _____

5. ¿Sabes cuál es el saldo de tu cuenta de ahorros?

   _____

6. ¿Tienes una caja de seguridad en el banco? (¿En qué banco?)

   _____

7. Cuando tienes que ir al banco, ¿tomas el ómnibus o vas en coche?

   _____

8. ¿Tienes algún libro de la biblioteca que tengas que devolver? (¿Cuándo tienes que devolverlo?)

   _____

9. ¿Adónde vas a hacer fotocopias?

   _____

10. ¿Cuándo es tu cumpleaños?

    _____

11. ¿Qué quieres que te regalen?

    _____

12. ¿Qué harías tú si no tuvieras que trabajar el próximo viernes?

    _____

¿Qué pasa aquí?

With a partner, answer the questions on page 252 according to what you
see in the pictures.

A. 1. ¿A quién le envía Pilar las cartas?

_____

2. ¿Cree Ud. que las cartas son importantes? ¿Por qué o por qué no?

_____

3. ¿A qué país *(country)* van las cartas?

_____

B. 1. ¿Dónde está Carlos?

_____

2. ¿Con quién está hablando?

_____

3. ¿Qué quiere hacer Carlos?

_____

C.

C. 1. ¿Dónde están Teresa y Luisa?

_____

2. ¿Qué está haciendo Teresa?

_____

3. ¿Cree Ud. que Teresa tendrá que pagar una multa? ¿Por qué o por qué no?

_____

4. ¿Para qué fue Luisa a la biblioteca?

_____

5. ¿Cuánto va a tener que pagar Luisa?

_____

D. 1. ¿A qué tienda fue Daniel?

_____

2. ¿Cree Ud. que Daniel va a comprar un regalo para su mamá o para su
papá? ¿Por qué?

_____

3. ¿Qué tiene que decidir Daniel?

_____

4. ¿Qué le sugirió el empleado?

_____

5. Si Daniel comprara las dos cosas, ¿cuánto tendría que pagar?

_____

6. ¿Cree Ud. que Daniel va a comprar un regalo de cumpleaños o un regalo
de Navidad? ¿Cómo lo sabe?

_____

En estas situaciones

What would you say in the following situations? What might the other person say?

1. You are at the post office. You want to send three letters by registered air mail, and you want to know where to go to send a money order.

2. You and a friend are discussing the errands that each of you has run this week.

3. You are a bank teller. A customer at your window is asking the balance of his/her savings and checking accounts, and also wants to know how to obtain a safe deposit box.

¿Qué dice aquí?

With a partner, answer the following questions to evaluate the benefits of opening a checking account at the Banco de Asunción.

1. ¿Cómo se llama el banco? ¿En qué calle está?

   _____

2. ¿Hay que pagar algo por las cuentas corrientes?

   _____

3. ¿Qué ventajas (*advantages*) tienen los clientes si abren su cuenta antes del 30 de marzo?

   _____

4. En este plan, ¿cuánto es necesario pagar por los cheques?

   _____

5. ¿Qué saldo mínimo hay que mantener en este plan?

   _____

6. ¿Cuándo se puede llamar al banco para recibir información sobre el saldo de una cuenta?

   _____

7. ¿Es posible ir al banco a depositar dinero los sábados? ¿Por qué o por qué no?

   _____

8. ¿Tiene sucursales el Banco de Asunción?

   _____

9. Los clientes que llaman para pedir información, ¿tienen que pagar por la llamada?

   _____

10. ¿Qué depósito mínimo se requiere para abrir este tipo de cuenta?

    _____

¡Cuentas Corrientes Gratis!*

Ahora usted puede tener todas las ventajas de una cuenta corriente de cheques en el Banco de Asunción–¡GRATIS!

¡Abra su cuenta ahora y ahorre!

Si usted abre su cuenta antes del 30 de marzo no tiene que pagar durante los primeros seis meses.

No cobramos por los cheques.

No necesita mantener un saldo mínimo.

Línea de información 24 horas al día.

Usted puede saber cuál es el saldo de su cuenta en cualquier momento. Damos servicio 24 horas al día, los 7 días de la semana.

Como siempre, abrimos los sábados.

Visite hoy cualquiera de nuestras sucursales o llame sin costo a nuestro teléfono 71-4293.

BANCO DE ASUNCIÓN
Calle Palma No. 315

* La oferta es válida para cuentas corrientes. Para abrir la cuenta se requiere un depósito mínimo de 10.000 guaraníes.

Una actividad especial

Turn the classroom into a mini-downtown with a bank and a post office. Each establishment should have three or four service windows, with students playing the roles of tellers and clerks. The rest of the students should do a variety of errands, such as purchasing stamps to send different types of mail to various countries, purchasing money orders, opening bank accounts and obtaining balances, and inquiring about safe deposit boxes. Students should also ask directions to the library and other downtown locations.

Un paso más

Review the *Vocabulario adicional* in this *lección*, and complete the following sentences with the appropriate word or phrase.

1. El número de mi _____ es 342.

2. Voy a _____ para comprar un coche.

3. Tengo varias cartas que quiero _____.

4. Teresa va a ir a la tintorería para _____ mis pantalones.

5. No puedo pagarte con un cheque porque no tengo aquí mi _____.

6. Voy a ver si las cartas están en mi _____.

7. Ana tiene que pagar _____ y no tiene dinero.

8. ¿Ya vino el _____? Espero una carta de Miguel.

9. La _____ de ese banco está en la calle Estrella.

10. El banco está cerrado, pero puedo sacar dinero del _____.

11. Necesito hablar con mi hermano. Lo voy a llamar por mi _____.

Un proverbio

El tiempo es oro. *Time is money (gold).*

Repaso

LECCIONES 16–20

PRÁCTICA DE VOCABULARIO

A. Match the questions in column A with the corresponding answers in column B.

A

1. ¿Te dieron un descuento?
2. ¿Qué me aconsejas que haga?
3. ¿Qué clase vas a tomar?
4. ¿Vas a tomar esa asignatura?
5. ¿Cuándo tengo que hacerlo?
6. ¿Qué nota sacaste en la clase?
7. ¿No vas a bailar?
8. ¿Qué me pongo?
9. ¿Cómo te lastimaste?
10. ¿Dónde está el doctor?
11. ¿Perdió el conocimiento?
12. ¿Está embarazada?
13. ¿Qué te recetó el médico?
14. ¿Cuánto pesas?
15. ¿Cuándo llegaste?
16. ¿Qué te dijo el médico?
17. ¿Cómo te sientes?
18. ¿Tienes fiebre?

B

___ a. No, porque no es un requisito.
___ b. Me caí.
___ c. Sí, va a tener un hijo en mayo.
___ d. No, me duelen los pies.
___ e. Ciento veinte libras.
___ f. En su consultorio.
___ g. Que tomes una pastilla.
___ h. Que tenía pulmonía.
___ i. Una B.
___ j. No sé. No tengo termómetro.
___ k. Mejor.
___ l. Anteayer.
___ m. Sí, del veinte por ciento.
___ n. Lo más pronto posible.
___ o. Este jarabe.
___ p. Esta bata.
___ q. Sí, se desmayó.
___ r. Química.

B. Circle the word or phrase that does not belong in each group.

1. paperas, sarampión, cartera
2. gripe, anillo, pulmonía
3. tan pronto como, en cuanto, hasta que
4. romperse, respirar, fracturarse
5. radiografía, metro, sala de rayos X

6. cortarse, curita, corazón

7. pierna, lengua, brazo

8. dedos, mano, nariz

9. informática, educación física, contabilidad

10. graduarse, título, bailar

11. materia, asignatura, informe

12. buenas notas, desgraciadamente, es una lástima

13. litera, horario, itinerario

14. sur, este, fácil

15. sugerir, despegar, aterrizar

16. coche-cama, expreso, rápido

C. Circle the word or phrase that best completes each sentence.

1. Hay mucha gente. Tienen que (hacer cola, volar, sugerir).

2. El tren sale (de la litera, del andén, del despacho) número cuatro.

3. Vamos de Los Ángeles a Buenos Aires. Tenemos que (transbordar, aconsejar, caernos) en Panamá.

4. No voy en avión porque no me gusta (sacar, volar, volver).

5. ¿Tengo que doblar o (graduarme, seguir derecho, matricularme)?

6. No tengo dinero para pagar la matrícula. Espero que me den una (suerte, materia, beca).

7. Quiero tomar administración de (literatura, empresas, arte).

8. Tiene (ojos, dedos, tobillos) azules.

9. Me duele mucho (la bata, el pecho, el celular).

10. Me van a hacer una radiografía de la (curita, asignatura, espalda).

11. La enfermera le va a (dar, poner, golpear) una inyección antitetánica.

12. Me fracturé la pierna y ahora necesito (muletas, saldos, giros postales).

13. Tengo que desinfectarle (las paperas, la matrícula, la herida).

14. No me enyesaron el brazo porque no me lo (rompí, quité, lastimé).

15. ¿Qué te (pasó, dolió, sugirió)? ¿Te caíste?

16. Camine hasta (temer, llegar, recetar) a la parada de ómnibus.

17. No vas a sacar una buena nota porque has (faltado, estudiado, enviado) mucho a clase.

18. Mañana almorzamos (fáciles, difíciles, juntos). ¡Nos vemos!

D. Crucigrama (Lecciones 16–20). Use the cues provided below to complete the crossword puzzle.

HORIZONTAL

1.

2.

3.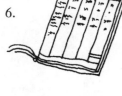

4.

6.

7.

9.

11.

12.

13.

15.

16.

17.

19.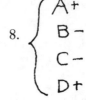

20.

23.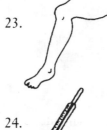

24.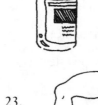

VERTICAL

1.

3.

4.

5.

8.
{
A+
B–
C–
D+

10.

13.

14.

17.

18.

19.

21.

22.

💿 PRÁCTICA ORAL

Listen to the following exercise on the review tape of the audio program. The speaker will ask you some questions. Answer each question, using the cue provided. The speaker will verify your response. Repeat the correct answer.

1. ¿Le gusta a Ud. viajar? (sí, mucho)

2. ¿Le dan a Ud. algún descuento cuando viaja? (no)

3. ¿Prefiere Ud. viajar en tren, en ómnibus o en avión? (en avión)

4. ¿Se marea Ud. cuando el avión despega o aterriza? (no)

5. ¿Ha visitado Ud. México? (sí)

6. ¿Le gusta a Ud. que sus amigos conozcan a su familia? (sí)

7. ¿Ya pagó Ud. la matrícula en la universidad? (sí)

8. ¿Piensa Ud. solicitar una beca el próximo semestre? (no)

9. ¿Espera Ud. que su profesor le dé una buena nota o una mala nota este semestre? (buena)

10. ¿Qué asignatura le gusta más? (el español)

11. En su opinión, ¿el español es fácil o difícil? (difícil)

12. ¿Cuál es su especialización? (administración de empresas)

13. ¿Ya tomó Ud. todos los requisitos? (no, todavía)

14. ¿Estudia Ud. en su casa o en la biblioteca? (en mi casa)

15. ¿Cuándo va a graduarse Ud.? (el año próximo)

16. ¿Qué enfermedades tuvo Ud. de niño? (paperas y sarampión)

17. ¿Hay alguien en su familia que sufra del corazón? (no)

18. ¿Tiene Ud. la presión alta o normal? (normal)

19. Cuando Ud. fue al médico, ¿le recetó pastillas o cápsulas? (cápsulas)

20. Cuando Ud. toma jarabe, ¿toma una cucharada o una cucharadita? (una cucharada)

21. ¿Cuándo debe Ud. volver al consultorio del médico? (la semana próxima)

22. ¿Qué usa Ud. para saber si tiene fiebre? (un termómetro)

23. ¿Cuánto pesa Ud.? (ciento cincuenta libras)

24. ¿Se ha roto Ud. una pierna alguna vez? (no)

25. ¿Qué toma Ud. cuando le duele la cabeza? (dos aspirinas)

26. ¿Qué quería su amiga que Ud. hiciera? (unas diligencias)

27. ¿Adónde quería que Ud. fuera con ella? (al banco y a la tienda)

28. ¿Qué querían sus padres que Ud. hiciera? (devolver los libros a la biblioteca)

29. Cuando Ud. envía cartas, ¿cómo las envía? (por vía aérea)

30. ¿Qué haría Ud. si no tuviera que estudiar? (salir con mis amigos)

🔊 PARA LEER Y ENTENDER

Listen to the following reading on the review tape of the audio program, paying special attention to intonation and pronunciation. Make sure you understand and remember as much as you can.

El viaje de José Luis y Teresa

José Luis y su esposa Teresa visitaron el sur de España el verano pasado. Fueron en tren porque a ella no le gusta viajar en avión. Los padres de Teresa les aconsejaron que viajaran en el tren de la noche, que es el expreso.

En Granada, fueron a visitar a Ana María, la sobrina de José Luis, que asiste a la universidad. Por desgracia, la muchacha no pudo pasar mucho tiempo con ellos porque tuvo que estudiar para un examen parcial en su clase de administración de empresas. Ana María espera que le den una beca para el año próximo.

Estuvieron en Granada por cuatro días y después fueron a Sevilla. Allí, José Luis se cayó en la escalera del hotel y se fracturó un brazo. Tuvieron que enyesárselo. El médico le recetó unas cápsulas para el dolor. Al día siguiente fueron a visitar a Carmen, una amiga de Teresa, pero la muchacha no estaba en su casa; estaba en el hospital porque la habían operado de apendicitis. Carmen no se sentía muy bien y tenía un poco de fiebre, pero se alegró mucho de ver a Teresa.

Por la tarde fueron a la oficina de correos para mandarle un paquete a la mamá de José Luis. Era un regalo de cumpleaños.

Now answer the following questions.

1. ¿Qué parte de España visitaron José Luis y Teresa?

_____

2. ¿Por qué no fueron en avión?

_____

3. ¿Qué les dijeron los padres de Teresa que hicieran?

_____

4. ¿Por qué cree Ud. que la sobrina de José Luis quiere sacar muy buenas notas?

   _____

5. ¿Estuvieron en Granada por más o por menos de una semana?

   _____

6. ¿Cómo se fracturó un brazo José Luis?

   _____

7. ¿Cree Ud. que el brazo le dolía mucho? ¿Cómo lo sabe?

   _____

8. ¿Por qué tuvieron que ir al hospital para ver a Carmen?

   _____

9. ¿Cómo estaba Carmen?

   _____

10. ¿Cuál fue la reacción de Carmen al ver a Teresa?

    _____

11. ¿Adónde tuvieron que ir ese mismo día? ¿Para qué?

    _____

12. ¿Por qué le mandó José Luis un regalo a su mamá?

    _____

Appendix A

Introduction to Spanish Sounds and the Alphabet

Sections marked with a CD icon are recorded on the *Introduction to Spanish Sounds* section of the Audio Program. Repeat each Spanish word after the speaker, imitating as closely as possible the correct pronunciation.

The Alphabet

Letter	Name	Letter	Name	Letter	Name	Letter	Name
a	a	h	hache	ñ	eñe	t	te
b	be	i	i	o	o	u	u
c	ce	j	jota	p	pe	v	ve
d	de	k	ka	q	cu	w	doble ve
e	e	l	ele	r	ere	x	equis
f	efe	m	eme	rr	erre	y	i griega
g	ge	n	ene	s	ese	z	zeta

🎵 The Vowels

1. The Spanish **a** has a sound similar to the English *a* in the word *father.* Repeat:

   Ana   casa   banana   mala   dama   mata

2. The Spanish **e** is pronounced like the English *e* in the word *eight.* Repeat:

   este   René   teme   deme   entre   bebe

3. The Spanish **i** is pronounced like the English *ee* in the word *see.* Repeat:

   sí   difícil   Mimí   ir   dividir   Fifí

4. The Spanish **o** is similar to the English *o* in the word *no*, but without the glide. Repeat:

   solo   poco   como   toco   con   monólogo

5. The Spanish **u** is similar to the English *ue* sound in the word *Sue.* Repeat:

   Lulú   un   su   universo   murciélago

🎵 The Consonants

1. The Spanish **p** is pronounced like the English *p* in the word *spot.* Repeat:

   pan   papá   Pepe   pila   poco   pude

2. The Spanish **c** in front of **a, o, u, l,** or **r** sounds similar to English *k.* Repeat:

   casa   como   cuna   clima   crimen   cromo

3. The Spanish **q** is only used in the combinations **que** and **qui** in which the **u** is silent, and also has a sound similar to the English *k.* Repeat:

   que   queso   Quique   quinto   quema   quiso

4. The Spanish **t** is pronounced like the English **t** in the word *stop*. Repeat:

   toma   mata   tela   tipo   atún   Tito

5. The Spanish **d** at the beginning of an utterance or after **n** or **l** sounds somewhat similar to the English *d* in the word *David*. Repeat:

   día   dedo   duelo   anda   Aldo

   In all other positions, the **d** has a sound similar to the English *th* in the word *they*. Repeat:

   medida   todo   nada   Ana dice   Eva duda

6. The Spanish **g** also has two sounds. At the beginning of an utterance and in all other positions, except before **e** or **i**, the Spanish **g** sounds similar to the English *g* in the word *sugar*. Repeat:

   goma   gato   tengo   lago   algo   aguja

   In the combinations **gue** and **gui,** the **u** is silent. Repeat:

   Águeda   guineo   guiso   ligue   la guía

7. The Spanish **j,** and **g** before **e** or **i,** sounds similar to the English *h* in the word *home*. Repeat:

   jamás   juego   jota   Julio   gente   Genaro   gime

8. The Spanish **b** and the **v** have no difference in sound. Both are pronounced alike. At the beginning of the utterance or after **m** or **n,** they sound similar to the English *b* in the word *obey*. Repeat:

   Beto   vaga   bote   vela   también   un vaso

   Between vowels, they are pronounced with the lips barely closed. Repeat:

   sábado   yo voy   sabe   Ávalos   Eso vale

9. In most Spanish-speaking countries, the **y** and the **ll** are similar to the English *y* in the word *yet*. Repeat:

   yo   llama   yema   lleno   ya   lluvia   llega

10. The Spanish **r (ere)** is pronounced like the English *tt* in the word *gutter*. Repeat:

    cara   pero   arena   carie   Laredo   Aruba

    The Spanish **r** in an initial position and after **l, n,** or **s,** and **rr (erre)** in the middle of a word are pronounced with a strong trill. Repeat:

    Rita   Rosa   torre   ruina   Enrique   Israel
    perro   parra   rubio   alrededor   derrama

11. The Spanish **s** sound is represented in most of the Spanish-speaking world by the letters **s, z,** and **c** before **e** or **i.** The sound is very similar to the English sibilant *s* in the word *sink*. Repeat:

    sale   sitio   solo   seda   suelo
    zapato   cerveza   ciudad   cena

    In most of Spain, the **z,** and **c** before **e** or **i,** is pronounced like the English *th* in the word *think*. Repeat:

    zarzuela   cielo   docena

266

12. The letter **h** is silent in Spanish. Repeat:

      hilo   Hugo   ahora   Hilda   almohada   hermano

13. The Spanish **ch** is pronounced like the English *ch* in the word *chief*. Repeat:

      muchacho   chico   coche   chueco   chaparro

14. The Spanish **f** is identical in sound to the English *f*. Repeat:

      famoso   feo   difícil   fuego   foto

15. The Spanish **l** is pronounced like the English *l* in the word *lean*. Repeat:

      dolor   ángel   fácil   sueldo   salgo   chaval

16. The Spanish **m** is pronounced like the English *m* in the word *mother*. Repeat:

      mamá   moda   multa   médico   mima

17. In most cases, the Spanish **n** has a sound similar to the English *n*. Repeat:

      nada   norte   nunca   entra   nene

The sound of the Spanish **n** is often affected by the sounds that occur around it. When it appears before **b, v,** or **p,** it is pronounced like the English *m*. Repeat:

      invierno   tan bueno   un vaso   un bebé   un perro

18. The Spanish **ñ (eñe)** has a sound similar to the English *ny* in the word *canyon*. Repeat:

      muñeca   leña   año   señorita   piña   señor

19. The Spanish **x** has two pronunciations, depending on its position. Between vowels, the sound is similar to the English *ks*. Repeat:

      examen   boxeo   exigente   éxito

Before a consonant, the Spanish **x** sounds like the English *s*. Repeat:

      expreso   excusa   exquisito   extraño

🕭 Linking

In spoken Spanish, the various words in a phrase or sentence are not pronounced as isolated elements, but are combined. This is called *linking*.

1. The final consonant of a word is pronounced together with the initial vowel of the following word. Repeat:

      Carlos‿anda   un‿ángel   el‿otoño   unos‿estudiantes

2. The final vowel of a word is pronounced together with the initial vowel of the following word. Repeat:

      su‿esposo   la‿hermana   ardua‿empresa   la‿invita

3. When the final vowel of a word and the initial vowel of the following word are identical, they are pronounced slightly longer than one vowel. Repeat:

    Ana‿alcanza   me‿espera   mi‿hijo   lo‿olvida

The same rule applies when two identical vowels appear within a word. Repeat:

    cooperación   crees   leemos   coordinación

4. When the final consonant of a word and the initial consonant of the following word are the same, they are pronounced as one consonant with slightly longer-than-normal duration. Repeat:

    el‿lado   un‿novio   Carlos‿salta   tienes‿sed   al‿leer

Rhythm

Rhythm is the variation of sound intensity that we usually associate with music. Spanish and English each regulate these variations in speech differently, because they have different patterns of syllable length. In Spanish the length of the stressed and unstressed syllables remains almost the same, while in English stressed syllables are considerably longer than unstressed ones. Pronounce the following Spanish words, enunciating each syllable clearly.

es-tu-dian-te	bue-no	Úr-su-la
com-po-si-ción	di-fí-cil	ki-ló-me-tro
po-li-cí-a	Pa-ra-guay	

Because the length of the Spanish syllables remains constant, the greater the number of syllables in a given word or phrase, the longer the phrase will be.

Intonation

Intonation is the rise and fall of pitch in the delivery of a phrase or a sentence. In general, Spanish pitch tends to change less than English, giving the impression that the language is less emphatic.

As a rule, the intonation for normal statements in Spanish starts in a low tone, raises to a higher one on the first stressed syllable, maintains that tone until the last stressed syllable, and then goes back to the initial low tone, with still another drop at the very end.

Tu amigo viene mañana.   José come pan.
Ada está en casa.   Carlos toma café.

Syllable Formation in Spanish

General rules for dividing words into syllables are as follows.

Vowels

1. A vowel or a vowel combination can constitute a syllable.

    a-lum-no   a-bue-la   Eu-ro-pa

2. Diphthongs and triphthongs are considered single vowels and cannot be divided.

    bai-le   puen-te   Dia-na   es-tu-diáis   an-ti-guo

3. Two strong vowels (**a, e, o**) do not form a diphthong and are separated into two syllables.

   > em-ple-ar   vol-te-ar   lo-a

4. A written accent on a weak vowel (**i** or **u**) breaks the diphthong, thus the vowels are separated into two syllables.

   > trí-o   dú-o   Ma-rí-a

Consonants

1. A single consonant forms a syllable with the vowel that follows it.

   > po-der   ma-no   mi-nu-to

   NOTE: **rr** is considered a single consonant: **pe-rro.**

2. When two consonants appear between two vowels, they are separated into two syllables.

   > al-fa-be-to   cam-pe-ón   me-ter-se   mo-les-tia

   EXCEPTION: When a consonant cluster composed of **b, c, d, f, g, p,** or **t** with **l** or **r** appears between two vowels, the cluster joins the following vowel: **so-bre, o-tros, ca-ble, te-lé-gra-fo.**

3. When three consonants appear between two vowels, only the last one goes with the following vowel.

   > ins-pec-tor   trans-por-te   trans-for-mar

   EXCEPTION: When there is a cluster of three consonants in the combinations described in rule 2, the first consonant joins the preceding vowel and the cluster joins the following vowel: **es-cri-bir, ex-tran-je-ro, im-plo-rar, es-tre-cho.**

Accentuation

In Spanish, all words are stressed according to specific rules. Words that do not follow the rules must have a written accent to indicate the change of stress. The basic rules for accentuation are as follows.

1. Words ending in a vowel, **n,** or **s** are stressed on the next-to-the-last syllable.

   > **hi**-jo   **ca**-lle   **me**-sa   fa-**mo**-sos
   > flo-**re**-cen   **pla**-ya   **ve**-ces

2. Words ending in a consonant, except **n** or **s,** are stressed on the last syllable.

   > ma-**yor**   a-**mor**   tro-pi-**cal**   na-**riz**   re-**loj**   co-rre-**dor**

3. All words that do not follow these rules must have the written accent.

   > ca-**fé**   **lá**-piz   **mú**-si-ca   sa-**lón**
   > **án**-gel   **lí**-qui-do fran-**cés**   **Víc**-tor
   > sim-**pá**-ti-co **rin**-**cón** a-**zú**-car   **dár**-se-lo
   > sa-**lió**   **dé**-bil   e-**xá**-me-nes **dí**-me-lo

4. Pronouns and adverbs of interrogation and exclamation have a written accent to distinguish them from relative pronouns.

—¿**Qué** comes?   *"What are you eating?"*
—La pera que él no comió.   *"The pear that he did not eat."*

—¿**Quién** está ahí?   *"Who is there?"*
—El hombre a quien tú llamaste.   *"The man whom you called."*

—¿**Dónde** está?   *"Where is he?"*
—En el lugar donde trabaja.   *"At the place where he works."*

5. Words that have the same spelling but different meanings take a written accent to differentiate one from the other.

el	*the*	él	*he, him*	te	*you*	té	*tea*
mi	*my*	mí	*me*	si	*if*	sí	*yes*
tu	*your*	tú	*you*	mas	*but*	más	*more*

Appendix B

Verbs

Regular Verbs

Model -ar, -er, -ir verbs

INFINITIVE

amar (*to love*)	**comer** (*to eat*)	**vivir** (*to live*)

GERUND

amando (*loving*)	**comiendo** (*eating*)	**viviendo** (*living*)

PAST PARTICIPLE

amado (*loved*)	**comido** (*eaten*)	**vivido** (*lived*)

Simple Tenses

Indicative Mood

PRESENT

(*I love*)	(*I eat*)	(*I live*)
am**o**	com**o**	viv**o**
am**as**	com**es**	viv**es**
am**a**	com**e**	viv**e**
am**amos**	com**emos**	viv**imos**
am**áis**[1]	com**éis**	viv**ís**
am**an**	com**en**	viv**en**

IMPERFECT

(*I used to love*)	(*I used to eat*)	(*I used to live*)
am**aba**	com**ía**	viv**ía**
am**abas**	com**ías**	viv**ías**
am**aba**	com**ía**	viv**ía**
am**ábamos**	com**íamos**	viv**íamos**
am**abais**	com**íais**	viv**íais**
am**aban**	com**ían**	viv**ían**

PRETERIT

(*I loved*)	(*I ate*)	(*I lived*)
am**é**	com**í**	viv**í**
am**aste**	com**iste**	viv**iste**
am**ó**	com**ió**	viv**ió**
am**amos**	com**imos**	viv**imos**
am**asteis**	com**isteis**	viv**isteis**
am**aron**	com**ieron**	viv**ieron**

[1] **Vosotros amáis:** The **vosotros** form of the verb is used primarily in Spain. This form has not been used in this text.

(I will love)	(I will eat)	(I will live)
amar**é**	comer**é**	vivir**é**
amar**ás**	comer**ás**	vivir**ás**
amar**á**	comer**á**	vivir**á**
amar**emos**	comer**emos**	vivir**emos**
amar**éis**	comer**éis**	vivir**éis**
amar**án**	comer**án**	vivir**án**

CONDITIONAL

(I would love)	(I would eat)	(I would live)
amar**ía**	comer**ía**	vivir**ía**
amar**ías**	comer**ías**	vivir**ías**
amar**ía**	comer**ía**	vivir**ía**
amar**íamos**	comer**íamos**	vivir**íamos**
amar**íais**	comer**íais**	vivir**íais**
amar**ían**	comer**ían**	vivir**ían**

Subjunctive Mood

PRESENT

([that] I [may] love)	([that] I [may] eat)	([that] I [may] live)
am**e**	com**a**	viv**a**
am**es**	com**as**	viv**as**
am**e**	com**a**	viv**a**
am**emos**	com**amos**	viv**amos**
am**éis**	com**áis**	viv**áis**
am**en**	com**an**	viv**an**

IMPERFECT (two forms: **-ra, -se**)

([that] I [might] love)	([that] I [might] eat)	([that] I [might] live)
am**ara(-ase)**	com**iera(-iese)**	viv**iera(-iese)**
am**aras(-ases)**	com**ieras(-ieses)**	viv**ieras(-ieses)**
am**ara(-ase)**	com**iera(-iese)**	viv**iera(-iese)**
am**áramos** (-**ásemos**)	com**iéramos** (-**iésemos**)	viv**iéramos** (-**iésemos**)
am**arais(-aseis)**	com**ierais(-ieseis)**	viv**ierais(-ieseis)**
am**aran(-asen)**	com**ieran(-iesen)**	viv**ieran(-iesen)**

Imperative Mood (Command Forms)

(love)	(eat)	(live)
am**a** (tú)	com**e** (tú)	viv**e** (tú)
am**e** (Ud.)	com**a** (Ud.)	viv**a** (Ud.)
am**emos** (nosotros)	com**amos** (nosotros)	viv**amos** (nosotros)
am**ad** (vosotros)	com**ed** (vosotros)	viv**id** (vosotros)
am**en** (Uds.)	com**an** (Uds.)	viv**an** (Uds.)

Compound Tenses

haber amado   **haber comido**   **haber vivido**

habiendo amado   **habiendo comido**   **habiendo vivido**

Indicative Mood

PRESENT PERFECT

(I have loved)	*(I have eaten)*	*(I have lived)*
he amado	he comido	he vivido
has amado	has comido	has vivido
ha amado	ha comido	ha vivido
hemos amado	hemos comido	hemos vivido
habéis amado	habéis comido	habéis vivido
han amado	han comido	han vivido

PLUPERFECT

(I had loved)	*(I had eaten)*	*(I had lived)*
había amado	había comido	había vivido
habías amado	habías comido	habías vivido
había amado	había comido	había vivido
habíamos amado	habíamos comido	habíamos vivido
habíais amado	habíais comido	habíais vivido
habían amado	habían comido	habían vivido

FUTURE PERFECT

(I will have loved)	*(I will have eaten)*	*(I will have lived)*
habré amado	habré comido	habré vivido
habrás amado	habrás comido	habrás vivido
habrá amado	habrá comido	habrá vivido
habremos amado	habremos comido	habremos vivido
habréis amado	habréis comido	habréis vivido
habrán amado	habrán comido	habrán vivido

CONDITIONAL PERFECT

(I would have loved)	*(I would have eaten)*	*(I would have lived)*
habría amado	habría comido	habría vivido
habrías amado	habrías comido	habrías vivido
habría amado	habría comido	habría vivido
habríamos amado	habríamos comido	habríamos vivido
habríais amado	habríais comido	habríais vivido
habrían amado	habrían comido	habrían vivido

PRESENT PERFECT

([that] I [may] have loved)	([that] I [may] have eaten)	([that] I [may] have lived)
haya amado	haya comido	haya vivido
hayas amado	hayas comido	hayas vivido
haya amado	haya comido	haya vivido
hayamos amado	hayamos comido	hayamos vivido
hayáis amado	hayáis comido	hayáis vivido
hayan amado	hayan comido	hayan vivido

PLUPERFECT

(two forms: **-ra, -se**)

([that] I [might] have loved)	([that] I [might] have eaten)	([that] I [might] have lived)
hubiera(-iese) amado	hubiera(-iese) comido	hubiera(-iese) vivido
hubieras(-ieses) amado	hubieras(-ieses) comido	hubieras(-ieses) vivido
hubiera(-iese) amado	hubiera(-iese) comido	hubiera(-iese) vivido
hubiéramos(-iésemos) amado	hubiéramos(-iésemos) comido	hubiéramos(-iésemos) vivido
hubierais(-ieseis) amado	hubierais(-ieseis) comido	hubierais(-ieseis) vivido
hubieran(-iesen) amado	hubieran(-iesen) comido	hubieran(-iesen) vivido

Stem-Changing Verbs

The -ar *and* -er *stem-changing verbs*

Stem-changing verbs are those that have a change in the root of the verb. Verbs that end in **-ar** and **-er** change the stressed vowel **e** to **ie,** and the stressed **o** to **ue.** These changes occur in all persons, except the first and second persons plural of the present indicative, present subjunctive, and command.

INFINITIVE	PRESENT INDICATIVE	IMPERATIVE	PRESENT SUBJUNCTIVE
cerrar	cierro	—	cierre
(to close)	cierras	cierra	cierres
	cierra	(Ud.) cierre	cierre
	cerramos	cerremos	cerremos
	cerráis	cerrad	cerréis
	cierran	(Uds.) cierren	cierren

274

perder	pierdo		—	pierda
(to lose)	pierdes		pierde	pierdas
	pierde	(Ud.)	pierda	pierda
	perdemos		perdamos	perdamos
	perdéis		perded	perdáis
	pierden	(Uds.)	pierdan	pierdan

contar	cuento		—	cuente
(to count,	cuentas		cuenta	cuentes
to tell)	cuenta	(Ud.)	cuente	cuente
	contamos		contemos	contemos
	contáis		contad	contéis
	cuentan	(Uds.)	cuenten	cuenten

volver	vuelvo		—	vuelva
(to return)	vuelves		vuelve	vuelvas
	vuelve	(Ud.)	vuelva	vuelva
	volvemos		volvamos	volvamos
	volvéis		volved	volváis
	vuelven	(Uds.)	vuelvan	vuelvan

Verbs that follow the same pattern include the following.

acertar to guess right	**entender** to understand
acordarse to remember	**llover** to rain
acostar(se) to go to bed	**mostrar** to show
almorzar to have lunch	**mover** to move
atravesar to go through	**negar** to deny
cegar to blind	**nevar** to snow
cocer to cook	**pensar** to think, to plan
colgar to hang	**probar** to prove, to taste
comenzar to begin	**recordar** to remember
confesar to confess	**resolver** to decide on
costar to cost	**rogar** to beg
demostrar to demonstrate,	**sentar(se)** to sit down
to show	**soler** to be in the habit of
despertar(se) to wake up	**soñar** to dream
empezar to begin	**tender** to stretch, to unfold
encender to light, to turn on	**torcer** to twist
encontrar to find	

The -ir stem-changing verbs

There are two types of stem-changing verbs that end in **-ir**: one type changes stressed **e** to **ie** in some tenses and to **i** in others, and stressed **o** to **ue** or **u**; the second type always changes stressed **e** to **i** in the irregular forms of the verb.

Type I   **e:ie**   or   **i**

     -ir:

           o:ue   or   **u**

These changes occur as follows.

Present Indicative: all persons except the first and second plural change **e** to **ie** and **o** to **ue**. *Preterit:* third person, singular and plural, changes **e** to **i** and **o** to **u**. *Present Subjunctive:* all persons change **e** to **ie** and **o** to **ue**, except the first and second persons plural, which change **e** to **i** and **o** to **u**. *Imperfect Subjunctive:* all persons change **e** to **i** and **o** to **u**. *Imperative:* all persons except the second person plural change **e** to **ie** and **o** to **ue**; first person plural changes **e** to **i** and **o** to **u**. *Present Participle:* changes **e** to **i** and **o** to **u**.

	Indicative		Imperative		Subjunctive	
INFINITIVE	PRESENT	PRETERIT			PRESENT	IMPERFECT
sentir	s**ie**nto	sentí	—		s**ie**nta	s**i**ntiera(-iese)
(to feel)	s**ie**ntes	sentiste	s**ie**nte		s**ie**ntas	s**i**ntieras
	s**ie**nte	s**i**ntió	(Ud.) s**ie**nta		s**ie**nta	s**i**ntiera
PRESENT	sentimos	sentimos		s**i**ntamos	s**i**ntamos	s**i**ntiéramos
PARTICIPLE	sentís	sentisteis		sentid	s**i**ntáis	s**i**ntierais
s**i**ntiendo	s**ie**nten	s**i**ntieron	(Uds.) s**ie**ntan		s**ie**ntan	s**i**ntieran
dormir	d**ue**rmo	dormí	—		d**ue**rma	d**u**rmiera(-iese)
(to sleep)	d**ue**rmes	dormiste	d**ue**rme		d**ue**rmas	d**u**rmieras
	d**ue**rme	d**u**rmió	(Ud.) d**ue**rma		d**ue**rma	d**u**rmiera
PRESENT	dormimos	dormimos		d**u**rmamos	d**u**rmamos	d**u**rmiéramos
PARTICIPLE	dormís	dormisteis		dormid	d**u**rmáis	d**u**rmierais
d**u**rmiendo	d**ue**rmen	d**u**rmieron	(Uds.) d**ue**rman		d**ue**rman	d**u**rmieran

Other verbs that follow the same pattern include the following.

advertir to warn
arrepentir(se) to repent
consentir to consent, to pamper
convertir(se) to turn into
discernir to discern
divertir(se) to amuse oneself

herir to wound, to hurt
mentir to lie
morir to die
preferir to prefer
referir to refer
sugerir to suggest

Type II -ir: e:i

The verbs in this second category are irregular in the same tenses as those of the first type. The only difference is that they only have one change: **e:i** in all irregular persons.

	Indicative		Imperative	Subjunctive	
INFINITIVE	PRESENT	PRETERIT		PRESENT	IMPERFECT
pedir	pido	pedí	—	pida	pidiera(-iese)
(to ask for,	pides	pediste	pide	pidas	pidieras
request)	pide	pidió	(Ud.) pida	pida	pidiera
PRESENT	pedimos	pedimos	pidamos	pidamos	pidiéramos
PARTICIPLE	pedís	pedisteis	pedid	pidáis	pidierais
pidiendo	piden	pidieron	(Uds.) pidan	pidan	pidieran

Verbs that follow this pattern include the following.

competir	to complete	**reír(se)**	to laugh
concebir	to conceive	**reñir**	to fight
despedir(se)	to say good-bye	**repetir**	to repeat
elegir	to choose	**seguir**	to follow
impedir	to prevent	**servir**	to serve
perseguir	to pursue	**vestir(se)**	to dress

Orthographic-Changing Verbs

Some verbs undergo a change in the spelling of the stem in certain tenses, in order to maintain the original sound of the final consonant. The most common verbs of this type are those with the consonants **g** and **c.** Remember that **g** and **c** have a soft sound in front of **e** or **i**, and have a hard sound in front of **a, o,** or **u.** In order to maintain the soft sound in front of **a, o,** and **u, g** and **c** change to **j** and **z,** respectively. And in order to maintain the hard sound of **g** and **c** in front of **e** and **i, u** is added to the **g** (**gu**) and **c** changes to **qu.**

The following important verbs undergo spelling changes in the tenses listed below.

1. Verbs ending in **-gar** change **g** to **gu** before **e** in the first person of the preterit and in all persons of the present subjunctive.

   pagar (*to pay*)
   Preterit: pa**gu**é, pagaste, pagó, etc.
   Pres. Subj.:   pa**gu**e, pa**gu**es, pa**gu**e, pa**gu**emos, pa**gu**éis, pa**gu**en

   Verbs that follow the same pattern: **colgar, jugar, llegar, navegar, negar, regar, rogar.**

2. Verbs ending in **-ger** and **-gir** change **g** to **j** before **o** and **a** in the first person of the present indicative and in all persons of the present subjunctive.

   proteger (*to protect*)
   Pres. Ind.:   prote**j**o, proteges, protege, etc.
   Pres. Subj.:   prote**j**a, prote**j**as, prote**j**a, prote**j**amos, prote**j**áis, prote**j**an

   Verbs that follow the same pattern: **coger, corregir, dirigir, elegir, escoger, exigir, recoger.**

277

3. Verbs ending in **-guar** change **gu** to **gü** before **e** in the first person of the preterit and in all persons of the present subjunctive.

averiguar (*to find out*)
Preterit: averigüé, averiguaste, averiguó, etc.
Pres. Subj.: averigüe, averigües, averigüe, averigüemos, averigüéis, averigüen

The verb **apaciguar** follows the same pattern.

4. Verbs ending in **-guir** change **gu** to **g** before **o** and **a** in the first person of the present indicative and in all persons of the present subjunctive.

conseguir (*to get*)
Pres. Ind.:   consigo, consigues, consigue, etc.
Pres. Subj.: consiga, consigas, consiga, consigamos, consigáis, consigan

Verbs that follow the same pattern: **distinguir, perseguir, proseguir, seguir.**

5. Verbs ending in **-car** change **c** to **qu** before **e** in the first person of the preterit and in all persons of the present subjunctive.

tocar (*to touch, to play* [*a musical instrument*])
Preterit: toqué, tocaste, tocó, etc.
Pres. Subj.: toque, toques, toque, toquemos, toquéis, toquen

Verbs that follow the same pattern: **atacar, buscar, comunicar, explicar, indicar, pescar, sacar.**

6. Verbs ending in **-cer** and **-cir** preceded by a consonant change **c** to **z** before **o** and **a** in the first person of the present indicative and in all persons of the present subjunctive.

torcer (*to twist*)
Pres. Ind.:   tuerzo, tuerces, tuerce, etc.
Pres. Subj.: tuerza, tuerzas, tuerza, torzamos, torzáis, tuerzan

Verbs that follow the same pattern: **convencer, esparcir, vencer.**

7. Verbs ending in **-cer** and **-cir** preceded by a vowel change **c** to **zc** before **o** and **a** in the first person of the present indicative and in all persons of the present subjunctive.

conocer (*to know, to be acquainted with*)
Pres. Ind.:   conozco, conoces, conoce, etc.
Pres. Subj.: conozca, conozcas, conozca, conozcamos, conozcáis, conozcan

Verbs that follow the same pattern: **agradecer, aparecer, carecer, entristecer, establecer, lucir, nacer, obedecer, ofrecer, padecer, parecer, pertenecer, reconocer, relucir.**

8. Verbs ending in **-zar** change **z** to **c** before **e** in the first person of the preterit and in all persons of the present subjunctive.

rezar (*to pray*)
Preterit: recé, rezaste, rezó, etc.
Pres. Subj.: rece, reces, rece, recemos, recéis, recen

Verbs that follow the same pattern: **abrazar, alcanzar, almorzar, comenzar, cruzar, empezar, forzar, gozar.**

9. Verbs ending in **-eer** change the unstressed **i** to **y** between vowels in the third person singular and plural of the preterit, in all persons of the imperfect subjunctive, and in the present participle.

creer (*to believe*)
Preterit: creí, creíste, creyó, creímos, creísteis, creyeron
Imp. Subj.:   creyera(ese), creyeras, creyera, creyéramos, creyerais, creyeran
Pres. Part.: creyendo

Leer and **poseer** follow the same pattern.

10. Verbs ending in **-uir** change the unstressed **i** to **y** between vowels (except **-quir,** which has the silent **u**) in the following tenses and persons.

huir (*to escape, to flee*)
Pres. Part.: huyendo
Past Part.:   huido
Pres. Ind.:   huyo, huyes, huye, huimos, huís, huyen
Preterit: huí, huiste, huyó, huimos, huisteis, huyeron
Imperative: huye, huya, huyamos, huid, huyan
Pres. Subj.: huya, huyas, huya, huyamos, huyáis, huyan
Imp. Subj.:   huyera(ese), huyeras, huyera, huyéramos, huyerais, huyeran

Verbs that follow the same pattern: **atribuir, concluir, constituir, construir, contribuir, destituir, destruir, disminuir, distribuir, excluir, incluir, influir, instruir, restituir, sustituir.**

11. Verbs ending in **-eír** lose one **e** in the third person singular and plural of the preterit, in all persons of the imperfect subjunctive, and in the present participle.

reír(se) (*to laugh*)
Preterit: reí, reíste, rió, reímos, reísteis, rieron
Imp. Subj.:   riera(ese), rieras, riera, riéramos, rierais, rieran
Pres. Part.: riendo

Freír and **sonreír** follow the same pattern.

12. Verbs ending in **-iar** add a written accent to the **i,** except in the first and second persons plural of the present indicative and subjunctive.

fiar(se) (*to trust*)
Pres. Ind.:   fío, fías, fía, fiamos, fiáis, fían
Pres. Subj.: fíe, fíes, fíe, fiemos, fiéis, fíen

Verbs that follow the same pattern: **ampliar, criar, desviar, enfriar, enviar, esquiar, guiar, telegrafiar, vaciar, variar.**

13. Verbs ending in **-uar** (except **-guar**) add a written accent to the **u,** except in the first and second persons plural of the present indicative and subjunctive.

actuar (*to act*)
Pres. Ind.:   actúo, actúas, actúa, actuamos, actuáis, actúan
Pres. Subj.: actúe, actúes, actúe, actuemos, actuéis, actúen

Verbs that follow the same pattern: **acentuar, continuar, efectuar, exceptuar, graduar, habituar, insinuar, situar.**

14. Verbs ending in **-ñir** remove the **i** of the diphthongs **ie** and **ió** in the third person singular and plural of the preterit and in all persons of the imperfect subjunctive. They also change the **e** of the stem to **i** in the same persons.

teñir (*to dye*)
Preterit: teñí, teñiste, **tiñó**, teñimos, teñisteis, **tiñeron**
Imp. Subj.: tiñera(ese), tiñeras, tiñera, tiñéramos, tiñerais, tiñeran

Verbs that follow the same pattern: **ceñir, constreñir, desteñir, estreñir, reñir.**

Some Common Irregular Verbs

Only those tenses with irregular forms are given below.

adquirir (*to acquire*)
Pres. Ind.:   adquiero, adquieres, adquiere, adquirimos, adquirís, adquieren
Pres. Subj.: adquiera, adquieras, adquiera, adquiramos, adquiráis, adquieran
Imperative: adquiere, adquiera, adquiramos, adquirid, adquieran

andar (*to walk*)
Preterit: anduve, anduviste, anduvo, anduvimos, anduvisteis, anduvieron
Imp. Subj.: anduviera (anduviese), anduvieras, anduviera, anduviéramos,
               anduvierais, anduvieran

avergonzarse (*to be ashamed, to be embarrassed*)
Pres. Ind.:   me avergüenzo, te avergüenzas, se avergüenza, nos avergonzamos,
               os avergonzáis, se avergüenzan
Pres. Subj.: me avergüence, te avergüences, se avergüence, nos avergoncemos,
               os avergoncéis, se avergüencen
Imperative: avergüénzate, avergüéncese, avergoncémonos, avergonzaos,
               avergüéncense

caber (*to fit, to have enough room*)
Pres. Ind.:   quepo, cabes, cabe, cabemos, cabéis, caben
Preterit: cupe, cupiste, cupo, cupimos, cupisteis, cupieron
Future: cabré, cabrás, cabrá, cabremos, cabréis, cabrán
Conditional: cabría, cabrías, cabría, cabríamos, cabríais, cabrían
Imperative: cabe, quepa, quepamos, cabed, quepan
Pres. Subj.: quepa, quepas, quepa, quepamos, quepáis, quepan
Imp. Subj.: cupiera (cupiese), cupieras, cupiera, cupiéramos, cupierais, cupieran

caer (*to fall*)
Pres. Ind.:   caigo, caes, cae, caemos, caéis, caen
Preterit: caí, caíste, cayó, caímos, caísteis, cayeron
Imperative: cae, caiga, caigamos, caed, caigan
Pres. Subj.: caiga, caigas, caiga, caigamos, caigáis, caigan
Imp. Subj.: cayera (cayese), cayeras, cayera, cayéramos, cayerais, cayeran
Past Part.: caído

conducir (*to guide, to drive*)
Pres. Ind.:   conduzco, conduces, conduce, conducimos, conducís, conducen
Preterit: conduje, condujiste, condujo, condujimos, condujisteis, condujeron
Imperative: conduce, conduzca, conduzcamos, conducid, conduzcan
Pres. Subj.: conduzca, conduzcas, conduzca, conduzcamos, conduzcáis,
               conduzcan

Imp. Subj.: condujera (condujese), condujeras, condujera, condujéramos, condujerais, condujeran

(All verbs ending in **-ducir** follow this pattern.)

convenir (*to agree*) See **venir.**

dar (*to give*)
Pres. Ind.: doy, das, da, damos, dais, dan
Preterit: di, diste, dio, dimos, disteis, dieron
Imperative: da, dé, demos, dad, den
Pres. Subj.: dé, des, dé, demos, deis, den
Imp. Subj.: diera (diese), dieras, diera, diéramos, dierais, dieran

decir (*to say, to tell*)
Pres. Ind.: digo, dices, dice, decimos, decís, dicen
Preterit: dije, dijiste, dijo, dijimos, dijisteis, dijeron
Future: diré, dirás, dirá, diremos, diréis, dirán
Conditional: diría, dirías, diría, diríamos, diríais, dirían
Imperative: di, diga, digamos, decid, digan
Pres. Subj.: diga, digas, diga, digamos, digáis, digan
Imp. Subj.: dijera (dijese), dijeras, dijera, dijéramos, dijerais, dijeran
Pres. Part.: diciendo
Past Part.: dicho

detener (*to stop, to hold, to arrest*) See **tener.**

entretener (*to entertain, to amuse*) See **tener.**

errar (*to err, to miss*)
Pres. Ind.: yerro, yerras, yerra, erramos, erráis, yerran
Imperative: yerra, yerre, erremos, errad, yerren
Pres. Subj.: yerre, yerres, yerre, erremos, erréis, yerren

estar (*to be*)
Pres. Ind.: estoy, estás, está, estamos, estáis, están
Preterit: estuve, estuviste, estuvo, estuvimos, estuvisteis, estuvieron
Imperative: está, esté, estemos, estad, estén
Pres. Subj.: esté, estés, esté, estemos, estéis, estén
Imp. Subj.: estuviera (estuviese), estuvieras, estuviera, estuviéramos, estuvierais, estuvieran

haber (*to have*)
Pres. Ind.: he, has, ha, hemos, habéis, han
Preterit: hube, hubiste, hubo, hubimos, hubisteis, hubieron
Future: habré, habrás, habrá, habremos, habréis, habrán
Conditional: habría, habrías, habría, habríamos, habríais, habrían
Imperative: he, haya, hayamos, habed, hayan
Pres. Subj.: haya, hayas, haya, hayamos, hayáis, hayan
Imp. Subj.: hubiera (hubiese), hubieras, hubiera, hubiéramos, hubierais, hubieran

hacer (*to do, to make*)
Pres. Ind.: hago, haces, hace, hacemos, hacéis, hacen
Preterit: hice, hiciste, hizo, hicimos, hicisteis, hicieron
Future: haré, harás, hará, haremos, haréis, harán
Conditional: haría, harías, haría, haríamos, haríais, harían

Imperative: haz, haga, hagamos, haced, hagan
Pres. Subj.: haga, hagas, haga, hagamos, hagáis, hagan
Imp. Subj.: hiciera (hiciese), hicieras, hiciera, hiciéramos, hicierais, hicieran
Past Part.: hecho

imponer (*to impose, to deposit*) See **poner.**

introducir (*to introduce, to insert, to gain access*) See **conducir.**

ir (*to go*)
Pres. Ind.: voy, vas, va, vamos, vais, van
Imp. Ind.: iba, ibas, iba, íbamos, ibais, iban
Preterit: fui, fuiste, fue, fuimos, fuisteis, fueron
Imperative: ve, vaya, vayamos, id, vayan
Pres. Subj.: vaya, vayas, vaya, vayamos, vayáis, vayan
Imp. Subj.: fuera (fuese), fueras, fuera, fuéramos, fuerais, fueran

jugar (*to play*)
Pres. Ind.: juego, juegas, juega, jugamos, jugáis, juegan
Imperative: juega, juegue, juguemos, jugad, jueguen
Pres. Subj.: juegue, juegues, juegue, juguemos, juguéis, jueguen

obtener (*to obtain*) See **tener.**

oír (*to hear*)
Pres. Ind.: oigo, oyes, oye, oímos, oís, oyen
Preterit: oí, oíste, oyó, oímos, oísteis, oyeron
Imperative: oye, oiga, oigamos, oíd, oigan
Pres. Subj.: oiga, oigas, oiga, oigamos, oigáis, oigan
Imp. Subj.: oyera (oyese), oyeras, oyera, oyéramos, oyerais, oyeran
Pres. Part.: oyendo
Past Part.: oído

oler (*to smell*)
Pres. Ind.: huelo, hueles, huele, olemos, oléis, huelen
Imperative: huele, huela, olamos, oled, huelan
Pres. Subj.: huela, huelas, huela, olamos, oláis, huelan

poder (*to be able*)
Pres. Ind.: puedo, puedes, puede, podemos, podéis, pueden
Preterit: pude, pudiste, pudo, pudimos, pudisteis, pudieron
Future: podré, podrás, podrá, podremos, podréis, podrán
Conditional: podría, podrías, podría, podríamos, podríais, podrían
Imperative: puede, pueda, podamos, poded, puedan
Pres. Subj.: pueda, puedas, pueda, podamos, podáis, puedan
Imp. Subj.: pudiera (pudiese), pudieras, pudiera, pudiéramos, pudierais, pudieran
Pres. Part.: pudiendo

poner (*to place, to put*)
Pres. Ind.: pongo, pones, pone, ponemos, ponéis, ponen
Preterit: puse, pusiste, puso, pusimos, pusisteis, pusieron
Future: pondré, pondrás, pondrá, pondremos, pondréis, pondrán
Conditional: pondría, pondrías, pondría, pondríamos, pondríais, pondrían
Imperative: pon, ponga, pongamos, poned, pongan
Pres. Subj.: ponga, pongas, ponga, pongamos, pongáis, pongan
Imp. Subj.: pusiera (pusiese), pusieras, pusiera, pusiéramos, pusierais, pusieran
Past Part.: puesto

querer (*to want, to wish, to like*)
Pres. Ind.:   quiero, quieres, quiere, queremos, queréis, quieren
Preterit: quise, quisiste, quiso, quisimos, quisisteis, quisieron
Future: querré, querrás, querrá, querremos, querréis, querrán
Conditional: querría, querrías, querría, querríamos, querríais, querrían
Imperative: quiere, quiera, queramos, quered, quieran
Pres. Subj.:   quiera, quieras, quiera, queramos, queráis, quieran
Imp. Subj.:   quisiera (quisiese), quisieras, quisiera, quisiéramos, quisierais, quisieran

resolver (*to decide on*)
Past Part.:   resuelto

saber (*to know*)
Pres. Ind.:   sé, sabes, sabe, sabemos, sabéis, saben
Preterit: supe, supiste, supo, supimos, supisteis, supieron
Future: sabré, sabrás, sabrá, sabremos, sabréis, sabrán
Conditional: sabría, sabrías, sabría, sabríamos, sabríais, sabrían
Imperative: sabe, sepa, sepamos, sabed, sepan
Pres. Subj.:   sepa, sepas, sepa, sepamos, sepáis, sepan
Imp. Subj.:   supiera (supiese), supieras, supiera, supiéramos, supierais, supieran

salir (*to leave, to go out*)
Pres. Ind.:   salgo, sales, sale, salimos, salís, salen
Future: saldré, saldrás, saldrá, saldremos, saldréis, saldrán
Conditional: saldría, saldrías, saldría, saldríamos, saldríais, saldrían
Imperative: sal, salga, salgamos, salid, salgan
Pres. Subj.:   salga, salgas, salga, salgamos, salgáis, salgan

ser (*to be*)
Pres. Ind.:   soy, eres, es, somos, sois, son
Imp. Ind.:   era, eras, era, éramos, erais, eran
Preterit: fui, fuiste, fue, fuimos, fuisteis, fueron
Imperative: sé, sea, seamos, sed, sean
Pres. Subj.:   sea, seas, sea, seamos, seáis, sean
Imp. Subj.:   fuera (fuese), fueras, fuera, fuéramos, fuerais, fueran

suponer (*to assume*) See **poner.**

tener (*to have*)
Pres. Ind.:   tengo, tienes, tiene, tenemos, tenéis, tienen
Preterit: tuve, tuviste, tuvo, tuvimos, tuvisteis, tuvieron
Future: tendré, tendrás, tendrá, tendremos, tendréis, tendrán
Conditional: tendría, tendrías, tendría, tendríamos, tendríais, tendrían
Imperative: ten, tenga, tengamos, tened, tengan
Pres. Subj.:   tenga, tengas, tenga, tengamos, tengáis, tengan
Imp. Subj.:   tuviera (tuviese), tuvieras, tuviera, tuviéramos, tuvierais, tuvieran

traducir (*to translate*) See **conducir.**

traer (*to bring*)
Pres. Ind.:   traigo, traes, trae, traemos, traéis, traen
Preterit: traje, trajiste, trajo, trajimos, trajisteis, trajeron
Imperative: trae, traiga, traigamos, traed, traigan
Pres. Subj.:   traiga, traigas, traiga, traigamos, traigáis, traigan
Imp. Subj.:   trajera (trajese), trajeras, trajera, trajéramos, trajerais, trajeran
Pres. Part.:   trayendo
Past Part.:   traído

valer (*to be worth*)
Pres. Ind.:   valgo, vales, vale, valemos, valéis, valen
Future: valdré, valdrás, valdrá, valdremos, valdréis, valdrán
Conditional: valdría, valdrías, valdría, valdríamos, valdríais, valdrían
Imperative: vale, valga, valgamos, valed, valgan
Pres. Subj.:   valga, valgas, valga, valgamos, valgáis, valgan

venir (*to come*)
Pres. Ind.:   vengo, vienes, viene, venimos, venís, vienen
Preterit: vine, viniste, vino, vinimos, vinisteis, vinieron
Future: vendré, vendrás, vendrá, vendremos, vendréis, vendrán
Conditional: vendría, vendrías, vendría, vendríamos, vendríais, vendrían
Imperative: ven, venga, vengamos, venid, vengan
Pres. Subj.:   venga, vengas, venga, vengamos, vengáis, vengan
Imp. Subj.:   viniera (viniese), vinieras, viniera, viniéramos, vinierais, vinieran
Pres. Part.:   viniendo

ver (*to see*)
Pres. Ind.:   veo, ves, ve, vemos, veis, ven
Imp. Ind.:   veía, veías, veía, veíamos, veíais, veían
Preterit: vi, viste, vio, vimos, visteis, vieron
Imperative: ve, vea, veamos, ved, vean
Pres. Subj.:   vea, veas, vea, veamos, veáis, vean
Imp. Subj.:   viera (viese), vieras, viera, viéramos, vierais, vieran
Past. Part.:   visto

volver (*to return*)
Past Part.:   vuelto

Appendix C

English Translations of Dialogues

Lección preliminar I

Brief conversations

A. "Good morning, Miss Vega. How are you?"
"Very well, thank you, Mr. Pérez. And you?"
"Fine, thank you."

B. "Good afternoon, Doctor Ramírez."
"Good afternoon, Mrs. Soto. Come in and have a seat, please."
"Thank you."

C. "Professor Ortiz: Mr. Méndez."
"It's a pleasure to meet you, Mr. Méndez."
"The pleasure is mine."

D. "What's the date today?"
"Today is January fourth."
"Is today Tuesday?"
"No, today is Monday."

E. "Hi, how's it going, Pepe?"
"Fine, and you? What's new?"
"Not much."
"Good-bye."
"Bye."

F. "See you later, María Inés."
"I'll see you around (Until we meet again), Jorge.
Say hello to Claudia."

Lección preliminar II

On the phone

A. Receptionist: Náutico (Marina) Club, good morning.
A gentleman: Good morning: Is Miss Ana Reyes there?
Receptionist: Who's speaking?
A gentleman: Mario Vargas.
Receptionist: One moment, please.

B. Receptionist: Hello.
A lady: Is Mr. Calderón there?
Receptionist: No he's not. I'm sorry. Any message?
A lady: No, thank you, I'll call later.

In the cafeteria

C. Mrs. Paz: Where are you from?
Maribel: I'm from Quito. Where are you from?
Mrs. Paz: We are from Bogotá.

D. Employee 1: How many tables are there here?

Employee 2: There are twenty tables.

Employee 1: How many chairs are there?

Employee 2: There are eighty chairs.

Lección 1

At the El sombrero *Restaurant*

ANA:	I want a tossed salad, vegetable soup, and steak with French fries.
WAITER:	What do you want to drink? White wine . . . red wine . . . ?
ANA:	No, a bottle of mineral water.
WAITER:	And for dessert? Fruit? Ice cream?
ANA:	Vanilla ice cream.
WAITER:	Do you want a cup of coffee?
ANA:	No, a glass of iced tea.
WAITER:	Very well, miss.

Later:

ANA:	Waiter! The check, please.
WAITER:	Yes, miss.
ANA:	Do you accept traveler's checks?
WAITER:	No, we don't accept traveler's checks, but we accept credit cards.
ANA:	What time is it, please?
WAITER:	It's a quarter past two.
ANA:	Thank you.

Ana pays the bill and leaves a tip.

Lección 2

At an elegant restaurant

Raúl takes his wife, Nora, to have dinner in a very elegant restaurant.

WAITER:	This way, please. Here is the menu. Do you wish to have anything to drink?
RAÚL:	Yes, a vermouth, please.
WAITER:	Very well, sir. I'll be right back.
RAÚL:	What do you want to eat, darling? Fish and seafood are the specialty of the house.
NORA:	I don't like fish. (*She reads the menu.*) Roast lamb with baked potato . . . or with mashed potatoes.
RAÚL:	(*He also reads.*) Pork chops with French fries and vegetables with cheese sauce.

Raúl and Nora decide to order pork chops with French fries and half a bottle of red wine.

NORA:	(*She reads the list of desserts.*) Coconut pie . . . rum cake . . . pudding . . . What do you like?
RAÚL:	I like coconut pie. It's very tasty.

The waiter returns, writes down the order, and later brings the food and opens the bottle of wine.

286

RAÚL: (*To Nora.*) A toast!
NORA: Health, money, and love!

When they finish dinner, they talk for a while and drink coffee. Afterward, they decide to go to Nora's parents' house.

Lección 3

At a party

Professor Gómez and his wife give a Christmas party at their house. He invites many of his students to the party. There, the young men and young women dance and talk.

Rosa and Julio are now in the living room. She is blond, slim, and very pretty. He is of medium height, dark, and handsome. They are both very intelligent.

JULIO: Where are you from, Rosa? From Cuba?
ROSA: No, I'm American. My parents are from Cuba.
JULIO: Do they live here now?
ROSA: Yes, now the whole family is here.
JULIO: And Luis . . . Is he your boyfriend?
ROSA: No, he's my sister's boyfriend.
JULIO: Shall we dance?
ROSA: Not now . . . I'm a little tired.
JULIO: Are you going to Mirta's party tomorrow?
ROSA: Yes, I am going with my cousins. Who are you going with?
JULIO: I'm going by myself. Listen, do you want a glass of beer?
ROSA: No, a glass of champagne, please.

Julio brings the champagne.

ROSA: Julio, are you going to attend Dr. Salgado's lecture on Friday?
JULIO: No, I'm going to the movies with a friend. His lectures are very boring.

Lección 4

At the hotel

Mr. José Vega is at a hotel in Guadalajara, Mexico. He is now talking to the manager.

MANAGER: What can I do for you?
MR. VEGA: I need a room for three people.
MANAGER: Do you want a double bed and a small bed (single)?
MR. VEGA: Yes. The room has a private bathroom, right?
MANAGER: Yes. It also has a television set and air conditioning.
MR. VEGA: How much do you charge per night?
MANAGER: Ninety dollars. For how many nights do you need the room?
MR. VEGA: For two nights.
MANAGER: How do you wish to pay?
MR. VEGA: With a credit card.
MANAGER: Very well. Here's the key. (*Mr. Vega signs the register.*)
MR. VEGA: Thank you. Oh! Here come my wife and my son.
MRS. VEGA: José, we have to go eat because Paquito is very hungry.

MR. VEGA:	Paquito! You've just eaten!
PAQUITO:	I'm hungry and I'm thirsty! And I'm hot! Where's the pool?
MR. VEGA:	You have to wait. *(To the manager.)* Is the restaurant on the corner good?
MANAGER:	Yes, it's one of the best restaurants in the city and it's not as expensive as (some) others.
MR. VEGA:	Fine. At what time do we have to check out of the room?
MANAGER:	At noon. *(He calls the bellboy.)* Jorge! You have to take the suitcases of the gentleman and lady to room 125.

The bellboy takes the suitcases to the room while Paquito runs to the pool.

Lección 5

On vacation in Cordoba

Ana and Eva are on vacation in Cordoba, Spain. Now they are at a boarding house downtown. They are talking with the owner of the boarding house.

ANA:	How much do you charge for a room for two people?
OWNER:	With meals, the price is 30,000 pesetas per week.
EVA:	Does that include breakfast, lunch, and dinner?
OWNER:	Yes. How long are you planning to be here?
EVA:	We plan to be in Cordoba for three weeks.
ANA:	Do the rooms have heat?
OWNER:	Yes, and besides, there are blankets in all the rooms.
EVA:	Do we have to pay in advance?
OWNER:	Yes, miss. Shall I take the luggage to the room?
ANA:	Yes, please.

In the room, which is on the second floor, the two girls are talking.

EVA:	At what time do they start serving dinner?
ANA:	At nine. Why? Are you hungry?
EVA:	No, but I want to go to the store because I need to buy soap and a towel.
ANA:	Let's go. I want newspapers and magazines. What time do they close the store?
EVA:	At ten. Listen! Where are we going on a tour next week? To Seville, right?
ANA:	Well . . . if we have time . . . Eva, where's the key to the room?
EVA:	Isn't it in your handbag? Oh, man (woman). You always lose the darn keys!

Lección 6

At a bed and breakfast, in Madrid

In the lobby of a bed and breakfast, Delia and David converse while they wait for the bus in order to go on a tour to El Escorial.

DELIA:	David, how is your room? Is it comfortable?
DAVID:	It's not bad, but it's interior and I prefer exterior rooms.
DELIA:	Do they change the sheets and pillowcases every day?

DAVID:	Yes, they change them daily, but the pillow and the mattress are very uncomfortable.
DELIA:	And the heating never works.
DAVID:	It's true . . . but the food is excellent.
DELIA:	I'll say! Listen, what time do they close the Prado Museum?
DAVID:	They probably close it at six, but I'm not sure.
DELIA:	Then we can go today because we return from the excursion at two.
DAVID:	Delia, is Armando going to call you tonight?
DELIA:	Yes, he is going to call me at about nine. Tomorrow I'm having lunch with him.
DAVID:	Listen, do you have a list of places of interest?
DELIA:	I have one, but I don't remember where I have it.
DAVID:	There are so many places that we have to visit.
DELIA:	Yes. Oh, I need to buy some aspirin. Is there a pharmacy near here?
DAVID:	There's one three blocks from the boarding house. If you want me to, I'll go with you.
DELIA:	Oh, gee! We can't go now because the bus is coming to pick us up.
DAVID:	Let's go; El Escorial awaits us.

Lección 7

Bon voyage!

Alicia goes to a travel agency in Caracas because she wants to travel to Chile next month. Now, she is buying a ticket and requesting information from the agent.

ALICIA:	I want a round-trip ticket to Santiago.
AGENT:	First class or tourist class?
ALICIA:	Tourist class. When are there flights?
AGENT:	On Tuesdays and Thursdays at nine o'clock in the morning.
ALICIA:	I can travel on the 23rd, which is a Tuesday. When do I have to make the reservation?
AGENT:	You say that you want to travel on the 23rd? You must reserve it today (this very day).
ALICIA:	How much does a tourist class ticket cost?
AGENT:	It costs 100,500 bolivars.
ALICIA:	Do you know what the exchange rate is?
AGENT:	No, I don't know, but I can find out.
ALICIA:	Do I need any documents to travel to Chile? Passport, visa . . . ?
AGENT:	You need your (the) passport, but you don't need a visa to travel to Chile.
ALICIA:	When do I have to confirm the reservation? The day after tomorrow?
AGENT:	No, you can confirm it on the 20th.

The agent gives Alicia some brochures that have information about Chile. At the airport, Alicia talks with an airline employee.

ALICIA:	I want a seat for flight 406 to Santiago.
EMPLOYEE:	Do you want a window seat or an aisle seat?
ALICIA:	An aisle seat. Oh, how many bags may I carry with me?
EMPLOYEE:	One. Here are the claim tickets for your luggage.

At the gate:

"Last call. Passengers for flight 406 to Santiago, please go to gate number six to board the plane."

Lección 8

Sports and outdoor activities

Andrés and Laura Echevarría live in Buenos Aires. At this moment they are looking at brochures about many interesting places in order to plan their vacation. They are trying to decide whether they are going to go to Bariloche to ski or if they are going to go to Chile to climb mountains. They also have some brochures about Brazilian cities.

ANDRÉS:	(*He shows her a brochure.*) What do you think about this excursion? Do you like it? We can go to Bariloche to ski in July.
LAURA:	That's true . . . Or we can wait until September, go to my grandparents' farm in Cordoba, and ride horses.
ANDRÉS:	We can also rent a cabin or camp next to a lake and fish . . .
LAURA:	I hate fish! I have an idea! Why don't we go to Rio de Janeiro? It's a beautiful city, with magnificent beaches . . . I like it very much.
ANDRÉS:	Rio? OK . . . but for that we have to wait until November or December.
LAURA:	No, I don't agree. In Rio it's always hot.
ANDRÉS:	Then I'm going to ask my brother if he can lend us his sleeping bags. We need them to camp on the beach.
LAURA:	Or we can go to an elegant hotel, play tennis . . .
ANDRÉS:	And if I ask him for the tent . . . ? My brother will lend it to me . . .
LAURA:	Let's do that. It will cost us less.
ANDRÉS:	Perfect! Listen, do you want to see the fight on TV tonight or do you prefer to go to the basketball game?
LAURA:	No . . . my head hurts a little. I'm going to sleep for a while.

Lección 9

A day with Adela and Mario

Today Adela and Mario get up very early. She has an appointment at the hairdresser's before going to the university, and he has to go to the office because he has a meeting at eight. They bathe, get dressed, and leave their house at seven-thirty. This evening they are going to the theater with some friends to see a musical comedy.

At the hairdresser's:

ADELA:	I have an appointment for eight o'clock. Shampoo, cut, and style.
HAIRDRESSER:	I'll be with you right away. Sit down. Do you want some coffee?
ADELA:	Yes, give me a cup, please.

290

Adela drinks the coffee while she waits. Afterwards, the hairdresser washes her hair.

HAIRDRESSER: Your hair is long.

ADELA: Yes, cut it for me, please. I like short hair.

HAIRDRESSER: Your hair is dry, too. Use a good shampoo with conditioner.

When Mario leaves the office, he goes downtown because he has to buy several things and run a few errands. At five, Adela and Mario return home and get ready to go to the theater.

ADELA: I'm going to wear my black dress . . . Where's my perfume?

MARIO: In the medicine cabinet. Listen, I can't find my razor.

ADELA: You can shave with mine; it's in the other bathroom.

MARIO: No, thank you, darling . . . Yours doesn't shave very well. I want to brush my teeth. Where's the toothpaste?

ADELA: I have it.

They finish dressing and they leave. At a quarter to eight they arrive at the theater, where they meet their friends.

MARIO: The show starts at eight. Do you have the tickets?

ADELA: I have mine and you have yours in your wallet.

MARIO: That's right . . . Listen, you look beautiful with that hairstyle.

ADELA: Thank you. And you look very handsome! Ah, there are Marisa and Sergio. Shall we go in?

After the show, they all go to a cafe to have something to drink. Mario and Adela return home at twelve and go to bed at twelve-thirty.

Lección 10

Housework

Mrs. Barrios talks with Rosa, the young woman who comes to her house three times a week to help her. Rosa works for the Barrios family every summer.

MRS. B.: Did you go to the supermarket, Rosa?

ROSA: Yes, I bought all the things from the list that you gave me.

MRS. B.: Then we have everything necessary for dinner.

ROSA: I prepared a potato salad for lunch. It's in the refrigerator.

MRS. B.: Is there anything to eat now? I didn't eat anything this morning.

ROSA: Do you want a ham and cheese sandwich?

MRS. B.: Yes, thank you. Did you iron my dress? I need it for tonight.

ROSA: Yes, but I didn't wash the red sweater.

MRS. B.: That one we have to send to the cleaners. It has to be dry cleaned.

ROSA: In that case I'm going to take it this afternoon. Now I'm going to vacuum and make the bed.

MRS. B.: Fine. Oh! When is José coming to cut the grass?

ROSA: Tomorrow.

Rosa dusts the furniture, hangs the clothes in the closet, washes the towels, and puts them in the dryer. Later she looks through the window and sees that the sky is cloudy. She thinks that, since it's going to rain, she's not going to clean the terrace.

Lección 11

We have a lot to do today

Estela, Víctor, and Juanita García have been cleaning the house for two hours, because last night they had a party and today the house is very dirty. Now they are going to have breakfast.

JUANITA:	What shall I prepare for breakfast, Mom?
ESTELA:	Make bacon and eggs for your Dad and chocolate and toast for me. What are you going to eat?
JUANITA:	Cereal. How shall I prepare the eggs? Fried, scrambled, or soft-boiled?
ESTELA:	Fried. And bring orange juice, too.

After breakfast:

ESTELA:	Víctor, clean the garage, please.
VÍCTOR:	I'm going to sweep it. Give me the broom and the dustpan.
ESTELA:	Did they come to fix the TV set yesterday?
VÍCTOR:	Yes, they came, but they weren't able to fix it. They are coming back tomorrow.
VÍCTOR:	Juanitaaa! Take out the garbage. It's under the sink.
JUANITA:	I can't right now. I'm scrubbing the pots and the frying pan.
VÍCTOR:	Estela, shall I put the meat in the oven?
ESTELA:	No, don't put it in yet. I'll do it later.

Later, Estela and her daughter talk while they set the table.

JUANITA:	Did the guests have a good time last night?
ESTELA:	Yes, and they were here until dawn.
JUANITA:	Was the flan that you prepared a success?
ESTELA:	I'll say! Everybody asked me for the recipe.
JUANITA:	Mom, teach me how to cook. I want to learn to prepare some desserts.
ESTELA:	Really? Fine! We'll start tomorrow. I have some very good recipes. Oh! Where are the paper napkins?
JUANITA:	I put them in the kitchen cupboard. (*She calls.*) Dad! Come and eat!

Lección 12

Shopping

Alicia and her husband, Julio, are going to meet downtown to go shopping together. Julio has been waiting for Alicia for half an hour and is a little worried. Finally, at about three, she arrives.

JULIO:	Tell me, my love, what were you doing?
ALICIA:	I was talking with Andrea; that's why I couldn't come sooner.
JULIO:	Oh! I didn't know that she was here. She came back from Asuncion already! What did she bring you?
ALICIA:	She brought me a blouse, and she brought you a shirt and a tie.
JULIO:	How nice of her! Listen, they're having a sale today at the "La Elegante" store. Shall we go?
ALICIA:	Yes, let's go. I have here the list of the things that we want to buy.
JULIO:	Didn't Beto say that he needed a blue shirt?

ALICIA:	Yes, we can buy it for him, since he was not able come with us . . .
JULIO:	You said you were going to buy your Dad a present.
ALICIA:	Yes, Oh, Julio, please! You have to buy yourself a new suit. I think you bought this one when you were fifteen years old . . .
JULIO:	(*He laughs.*) No, darling, when I was fifteen years old I didn't wear a suit. Okay, I'm going to look for one.

In the ladies' department:
With the clerk:

ALICIA:	How much does the green dress (that's) in the window cost?
CLERK:	Forty dollars . . . It cost eighty before. It's a bargain.
ALICIA:	It's inexpensive . . . May I try it on?
CLERK:	Yes. The fitting room is to the right. What size do you wear?
ALICIA:	I wear size large or medium. I also want to try on this skirt and this blouse.

Alicia bought the skirt and the dress but didn't buy the blouse because it was too small on her. She bought other things, paid, and it was already four o'clock when she went to get (look for) Julio.

Lección 13

Still shopping

After leaving Alicia, Julio went to talk with a clerk who was arranging the window to ask him on what floor they sold men's clothing.

| JULIO: | Excuse me, where is the men's department? |
| CLERK: | On the third floor. Use the elevator; the escalator isn't working. |

In the men's department.

JULIO:	I like this tie very much. Do you think it matches the gray suit?
CLERK:	Yes, sir. Ah! This suit is very elegant and is of very good quality.
JULIO:	Is it (made of) wool?
CLERK:	Yes, it is pure wool. We've just received it.
JULIO:	The pants are a little long on me.
CLERK:	We can fix them for you. They can be ready by tomorrow. What's your phone number?
JULIO:	792-37-45. What time does the store open tomorrow?
CLERK:	At nine.

Julio bought the suit and the tie and also a leather jacket and underwear. Alicia arrived when he was paying.

ALICIA:	(*To Julio.*) I bought pantyhose, a nightgown, a robe, and the shirt that Beto wanted. Everything at half price!
JULIO:	That's great! I bought a magnificent suit . . . Listen, didn't you say that you needed a pair of sandals? I want to buy some shoes.
ALICIA:	I didn't know that you needed shoes. Let's go to the shoe store, then.

At the shoe store Alicia speaks with the clerk.

| CLERK: | What size shoe do you wear? |
| ALICIA: | I wear size thirty-eight and a half. |

Alicia bought the sandals but Julio didn't want (refused) to buy the shoes because they weren't comfortable. From there, they went to the jewelry store to buy Delia, Julio's sister, some earrings. They also bought a wristwatch for Alicia's dad. It was almost eight o'clock in the evening when they finally got home, loaded with packages.

ALICIA: Gee! The stores already closed, and again I forgot to buy the presents for Teresa and Daniel.

JULIO: Oh, no! And their wedding anniversary was two weeks ago.

Lección 14

Problems with the car

Carlos borrowed his sister's car, and since he saw that the tank was empty, he went to the service station.

At the service station:

CARLOS: Fill the tank, please. And put in oil, too.

ATTENDANT: What brand of oil do you use?

CARLOS: Penzoil. Oh! I need a new windshield wiper.

ATTENDANT: I'll change it right away, and I'm also going to check the tire pressure.

Carlos pays and gets ready to leave, but the car won't start.

CARLOS: (*He calls the attendant.*) Sir! The motor won't start! Is there a mechanic here?

ATTENDANT: Yes, but he has already left; he's not working this afternoon. Are you a member of the Auto Club?

CARLOS: Yes, I'm going to call them. They can tow my car to a mechanic's shop.

ATTENDANT: How long ago did you take the car to the mechanic?

CARLOS: I don't know. The car belongs to my sister, and I had already told her that it had problems.

At the shop:

MECHANIC: (*He raises the hood.*) You need a new battery, sir.

CARLOS: I also have a flat tire . . . And the brakes aren't working well.

MECHANIC: You're going to have to leave the car here, sir.

CARLOS: When is it going to be ready?

MECHANIC: On Monday, if it doesn't need spare parts.

CARLOS: Can't you have it ready by tomorrow?

MECHANIC: No, I'm sorry. The repair shop is closed on Sundays.

Lección 15

Renting a Car

Tom, an American young man, goes with Elisa to a car rental agency to rent a car.

TOM: Elisa, you will have to speak with the agency clerk.

ELISA: And why don't you want to talk?

TOM: Because sometimes they don't understand me.

At the agency:

ELISA:	We want to rent a car.
EMPLOYEE:	Would you like a large car or a compact model?
ELISA:	Compact, two-door. Do you charge for the kilometers?
EMPLOYEE:	It depends. If you rent it by the day, yes; if you rent it by the week, no.
ELISA:	We want to rent an automatic car for a week.
TOM:	It would be better to rent a standard shift car. They use less gasoline.
EMPLOYEE:	You will also have to take out insurance.
TOM:	(*To Elisa.*) It is better to be insured. Driving without insurance is dangerous.
ELISA:	Okay. (*To the employee.*) Do we have to pay cash?
EMPLOYEE:	It would be better to pay with a credit card.
TOM:	My driver's license is from the United States. Is it valid here?
EMPLOYEE:	Yes, sir. You will be able to use it here without any problem.
ELISA:	Tom! Why don't we rent that red convertible? It's beautiful!

Upon leaving the agency, Elisa and Tom go to the bank because she wants to cash a check and to deposit money in her savings account. Afterwards, they go to an outdoor cafe to have something to drink.

ELISA:	Are you going to phone your brother tonight?
TOM:	No, he and I communicate by e-mail.
ELISA:	Did you send him the information he wanted?
TOM:	Yes, I faxed it to him.

Lección 16

Traveling

Isabel and Gloria want to visit southern Spain. They are now standing in line at a train station in Barcelona.

At the ticket office:

ISABEL:	When are there trains to Seville?
CLERK:	In the morning and in the evening. I advise you to travel at night.
ISABEL:	Why?
CLERK:	Because the night train is the express.
GLORIA:	Then give me two round-trip tickets for Saturday's express.
CLERK:	Very well. The round-trip tickets have a twenty percent discount.
ISABEL:	Does the train have a sleeper?
CLERK:	Yes, miss. It has a sleeper and a dining car.
GLORIA:	We want two berths, one upper and one lower.
ISABEL:	Don't we have to transfer?
CLERK:	No, miss.

The day of the trip:

GLORIA:	From what platform does the train leave?
ISABEL:	From platform number two, but it's one hour behind schedule.

Isabel and Gloria have been in Seville for several days, and now they want to visit other Spanish cities.

GLORIA: I want us to go to Madrid because I want you to meet my family.
ISABEL: Are we going by plane or by bus?
GLORIA: By plane. The bus trip is extremely long.
ISABEL: I don't like flying. I always get dizzy when the plane takes off and lands.
GLORIA: I suggest you take a pill for the dizziness.

One week later, at the Barajas airport in Madrid:

ISABEL: (*To an employee.*) Excuse me, how do you get downtown?
EMPLOYEE: Go straight down this corridor until you arrive at the exit. There turn left and walk to the bus stop.
GLORIA: What bus do we have to take?
EMPLOYEE: Bus number 4.
ISABEL: I think it will be better to take a taxi. (*To the employee.*) Is there a taxi stand?
EMPLOYEE: Yes, on the right.
ISABEL AND GLORIA: Thank you.

Lección 17

At the university

Fernando is a young Puerto Rican man who lives with his parents in New York. Right now he is talking with Adriana, a young Argentinian woman who is in his computer science class, a subject that she finds easy and that he finds very difficult.

FERNANDO: Today I have to study because tomorrow I have a mid-term exam in my business administration class.
ADRIANA: It's a pity that you have to study because tonight there is a party at the International Club and we could go together.
FERNANDO: Oh no, unfortunately I also have to write a report for my sociology class.
ADRIANA: That class is a requirement, right? I have to take it next semester.
FERNANDO: If you want to take it with Dr. Salcedo you have to register as soon as possible.
ADRIANA: I hope that my parents can give me the money to pay for tuition.
FERNANDO: I hope the university gives you the scholarship that you applied for.
ADRIANA: It's unlikely that it will give it to me because, unfortunately, last semester I didn't get very good grades.
FERNANDO: What's your major? Accounting?
ADRIANA: I don't know yet, but it's probably going to be chemistry or physics.
FERNANDO: Well, Adriana, I have to go to the library to study. I'll see you tomorrow.
ADRIANA: Bye, Fernando. Good luck on the exam.

Fernando hopes to get an "A" in the exam, but he's afraid that the professor won't give him a good grade for the semester because he has missed class a lot.

Lección 18

In the Emergency Room

Inés fell down the subway stairs and her friend Marisol took her to the hospital. They were in the emergency room when the nurse came to take her to the doctor's office.

NURSE: Take off your clothes and put on this robe, miss. The doctor is coming right away.

With the doctor:

DOCTOR: What happened, miss? How did you get hurt?

INÉS: I fell down the stairs, hit my head, and cut my forehead. And my ankle hurts a lot.

DOCTOR: Did you lose consciousness?

INÉS: For a few seconds.

DOCTOR: Okay; I'm going to wash and disinfect the wound. Did they ever give you a tetanus shot?

INÉS: Yes, four months ago. Will you have to give me stitches?

DOCTOR: No, I don't think it's necessary.

INÉS: And my ankle? Do you think there is a fracture?

DOCTOR: We need an X-ray. Now they will take you to the X-ray room.

After seeing the X-rays:

DOCTOR: You fractured your ankle. We'll have to put a cast on your leg and you'll have to use crutches.

INÉS: (*To Marisol.*) Do you know anybody who can lend them to me?

MARISOL: Yes, I know a girl who has crutches, but she's much taller than you.

INÉS: Then I doubt that I can use them.

DOCTOR: Don't worry, miss. You can get them right here.

Lección 19

Elisa is sick

Today Elisa is going to see the doctor because she doesn't feel well. She has diarrhea and nausea. At the doctor's office, the nurse asks her some questions.

NURSE: I have to ask you some questions before the doctor sees you.

ELISA: Very well.

NURSE: Is there anybody in your family who has diabetes or asthma?

ELISA: My mother is diabetic, but there's no one who has asthma.

NURSE: Is there anybody in your family who has died of a heart attack?

ELISA: Yes, my grandfather.

NURSE: What diseases did you have as a child?

ELISA: Measles, German measles, and mumps.

NURSE: Have you ever been operated on?

ELISA: Yes, they took out my appendix last year.

The nurse weighs her and then takes her temperature and her blood pressure.

NURSE: How long have you been feeling sick?

ELISA: Since the day before yesterday. I have been vomiting for two days.

NURSE: Your blood pressure is a little high and you have a slight fever. What other symptoms do you have?

ELISA:	I feel weak and my back hurts. I hope I haven't caught pneumonia.
NURSE:	I don't think so; it's probably the flu. Are you pregnant?
ELISA:	No, I'm not pregnant.

With the doctor:

DOCTOR:	Open your mouth and stick out your tongue. Take a deep breath. Again.
ELISA:	My chest hurts when I breathe and my ears also hurt.
DOCTOR:	You have an ear infection and you also have symptoms of gastroenteritis. I'm going to prescribe some pills and an antibiotic.
ELISA:	And for the diarrhea, doctor?
DOCTOR:	Take this liquid as soon as you get home . . . A spoonful every four hours.
ELISA:	For how long must I take the antibiotic?
DOCTOR:	Until you finish it.

Lección 20

Running errands

Yesterday Mrs. Torres asked her son Luis to run several errands, so he went out very early today. First he went to the post office, which is located very close to his house.

At the post office:

LUIS:	I want to send this package to Lima by air mail and registered.
CLERK:	Fine. (*He weighs it.*) It's fifty pesos. Anything else?
LUIS:	Yes, I need stamps for three postcards.
CLERK:	The total is fifty-three pesos.
LUIS:	Oh, where do I have to go to send a money order?
CLERK:	Go to window number two.

Since his mother had given him a check to deposit at the bank, Luis caught the bus and went to the Central Bank.

At the bank:

LUIS:	I want to deposit this check in Beatriz Torres' checking account.
TELLER:	Do you have the account number?
LUIS:	Yes. Could you tell me the account balance?
TELLER:	I can't give you that information; the account is not in your name.
LUIS:	My mother also wants to rent a safe deposit box. Can you give me the necessary papers so that I can take them to her?
TELLER:	If you can wait a few minutes, Miss Paz will wait on you right away.

When Luis left the bank he first went to the library to return a book and to make some photocopies. Later he went to several stores to buy his girlfriend a birthday present, but he didn't find anything he liked. Luis thought that, if he didn't have to go to work, he could go to other stores.

Appendix D

Useful Classroom Expressions

You will hear your teacher use the following directions and general terms in class. Take time to familiarize yourself with them.

- When the teacher is speaking to the whole class:

Abran sus libros, por favor.	*Open your books, please.*
Cierren sus libros, por favor.	*Close your books, please.*
Escriban, por favor.	*Write, please.*
Escuchen, por favor.	*Listen, please.*
Estudien la Lección...	*Study Lesson . . .*
Hagan el ejercicio número...	*Do exercise number . . .*
Levanten la mano.	*Raise your hands.*
Repasen el vocabulario.	*Review the vocabulary.*
Repitan, por favor.	*Repeat, please.*
Siéntense, por favor.	*Sit down, please.*
Vayan a la página...	*Go to page . . .*

- When the teacher is speaking to one student:

Continúe, por favor	*Go on, please.*
Lea, por favor.	*Read, please.*
Vaya a la pizarra, por favor.	*Go to the chalkboard, please.*

- Some other words used in the classroom.

diccionario	*dictionary*	**palabra**	*word*
dictado	*dictation*	**presente**	*present, here*
examen	*exam*	**prueba**	*quiz*
horario de clases	*class schedule*	**tarea**	*homework*

Appendix E

Weights and Measures

Length

la pulgada = inch
el pie = foot
la yarda = yard
la milla = mile

1 centímetro (cm) = .3937 pulgadas (less than $1/2$ inch)
1 metro (m) = 39.37 pulgadas (1 yard, 3 inches)
1 kilómetro (km) (1.000 metros) = .6214 millas ($5/8$ mile)

Weight

la onza = ounce
la libra = pound
la tonelada = ton

1 gramo (g) = .03527 onzas
100 gramos = 3.527 onzas (less than $1/4$ pound)
1 kilogramo (kg) (1.000 gramos) = 2.2 libras

Liquid Measure

la pinta = pint
el cuarto (de galón) = quart
el galón = gallon

1 litro (l) = 1.0567 cuartos (de galón) (slightly more than a quart)

Surface

el acre = acre

1 hectárea = 2.471 acres

Temperature

°C = Celsius or Centigrade; °F = Fahrenheit
0° C = 32° F (freezing point of water)
37° C = 98.6° F (normal body temperature)
100° C = 212° F (boiling point of water)

Conversión de grados Fahrenheit a grados Centígrados
　°C = 5/9 (°F −32)
Conversión de grados Centígrados a grados Fahrenheit
　°F = 9/5 (°C) + 32

Appendix F

Answer Key to the *Crucigramas*

Lecciones 1–5

Horizontal: 2. periódico 4. toalla 6. camarero 7. taza 10. beber 11. casa
13. copa 14. televisor 15. botella 18. jabón 19. conversar 21. madre
23. muchacha 24. ducha *Vertical:* 1. bañadera 3. revista 5. almohada
6. cuchara 7. tenedor 8. pastel 9. equipaje 12. torta 16. amor
17. botones 20. Navidad 22. llave 23. maleta

Lecciones 6–10

Horizontal: 4. peinarse 5. colchón 6. estrellas 10. luna 13. pescar
14. permanente 15. raqueta 16. caballo 18. pan 19. rizador 22. tijera
23. patinar 24. pelota *Vertical:* 1. cepillo 2. barbas 3. mochila
5. champú 7. refrigerador 8. fumar 9. espejo 11. ventana 12. secador
17. asiento 18. peinado 20. peine 21. funda

Lecciones 11–15

Horizontal: 2. conducir 3. aretes 7. barrer 8. sandalias 10. mecánico
12. sartén 13. escoba 14. pantimedias 16. guantes 18. collar
19. remolcador 23. goma 24. volante 25. fregadero 26. cacerola
Vertical: 1. tostadora 4. chapa 5. navajitas 6. calcetines 9. anillo
11. aceite 14. parabrisas 15. acumulador 17. cartera 19. recogedor
20. remolcar 21. bata 22. sombrero 27. olla

Lecciones 16–20

Horizontal: 1. cola 2. tren 3. volar 4. muletas 6. contabilidad
7. curita 9. oído 11. rodilla 12. cara 13. estampilla 15. ambulancia
16. balanza 17. cucharadita 19. corazón 20. jarabe 23. pierna
24. termómetro *Vertical:* 1. carta 3. ventanillas 4. médico 5. pastillas
8. notas 10. cápsulas 13. embarazada 14. lengua 17. cabeza
18. enfermera 19. cucharada 21. buzón 22. despegar

Vocabularies

The end vocabularies contain all vocabulary items introduced in the *Vocabulario* and *Vocubulario adicional* lists, identified by the lesson in which they first appear. Words and expressions that are given an English gloss or a footnote in the text and certain non-cognate expressions that appear in authentic documents are also included.

The following abbreviations are used:

adj.	adjective	*Mex.*	Mexico
f.	feminine noun	*pl.*	plural
fam.	familiar	*pron.*	pronoun
form.	formal	*sing.*	singular
m.	masculine noun		

Spanish-English

A

a at, to, on
 ¿—cómo está el cambio de moneda? What's the exchange rate?, 7
 — ... cuadras de . . . blocks from, 6
 —eso de at about, 6
 —la derecha to the right
 —la izquierda to the left
 —las (+ *time*) at (+ time), 5
 —menudo often
 —mitad de precio at half price, 13
 —plazos on installments
 ¿—qué hora? At what time?, 4
 —tiempo on time
 —veces sometimes, 11
abierto(a) open
abordar el avión to board the plane, 7
abrelatas (*m. sing.*) can opener
abrigo (*m.*) overcoat, 12
abrir to open, 2
abrocharse el cinturón de seguridad to fasten one's seat belt
abuela (*f.*) grandmother
abuelo (*m.*) grandfather
aburrido(a) boring, 3
acabar de (+ *inf.*) to have just (done something), 4
acampar to camp, 8
accidente (*m.*) accident
aceite (*m.*) oil, 14
aceptar to accept, 1
acetona (*f.*) nail polish remover
acondicionador (*m.*) conditioner, 9
aconsejar to advise, 16
acostarse (*o:ue*) to go to bed, 9

actividad al aire libre outdoor activity, 8
acumulador (*m.*) battery, 14
además (de) besides, 5
adiós good-bye
adivinanza (*f.*) riddle
administración de empresas (*f.*) business administration, 17
adónde where (to), 5
aduana (*f.*) customs
aerolínea (*f.*) airline, 7
aeropuerto (*m.*) airport, 7
afeitar(se) to shave (oneself), 9
agencia (*f.*) agency
 —de alquiler de automóviles (*f.*) car rental agency, 15
 —de viajes (*f.*) travel agency, 7
agente (*m., f.*) agent, 7
agua (*f.*) water, 1
 —mineral (*f.*) mineral water, 1
ahora now, 3
 —mismo right now
ahorrar to save
aire acondicionado (*m.*) air conditioning, 4
al (*contraction*) to the
 —contado in full (not on installments), cash
 —fin at last, finally, 12
 —final in the end
alberca (*f.*) swimming pool (*Mex.*), 4
albóndiga (*f.*) meatball
alemán(-ana) German
alérgico(a) allergic
alfombra (*f.*) carpet, rug
algo anything, something, 10
 ¿—más? anything else?, 20
alguien someone, somebody, 18

alguna vez   ever, 18
algún, alguno(a)   any, some, 7
algún mensaje   any message, PII
algunos(as)   some, 11
allí   there, 3
almohada (*f.*)   pillow, 5
almorzar (*o:ue*)   to have lunch, 6
almuerzo (*m.*)   lunch, 5
alpinismo (*m.*)   mountain climbing
alquilar   to rent, 8
alto   stop, 15
alto(a)   tall, 3; high, 19
amable   nice, kind, courteous, 12
ambulancia (*f.*)   ambulance, 18
amigo(a) (*m., f.*)   friend, 3
amor (*m.*)   love, 2
análisis (*m.*)   analysis, medical test
ancho(a)   wide, 12
andar a caballo   to ride horseback, 8
andén (*m.*)   platform (railway), 16
anillo (*m.*)   ring, 13
aniversario de bodas (*m.*)   wedding anniversary, 13
anoche   last night, 11
anotar   to write something down, 2
anteayer   the day before yesterday, 19
anteojos (*m. pl.*)   eyeglasses, 13
  —de sol (*m. pl.*)   sunglasses, 13
antes   sooner, before, 12
  —de que   before, 19
antibiótico (*m.*)   antibiotic, 19
anual   yearly
aparcar   to park
apartado postal (*m.*)   post office box
apendicitis (*m.*)   appendicitis, 19
aprender   to learn
aquí   here, PII
  —mismo   right here, 18
  —tiene...   here's . . . , 4
aretes (*m. pl.*)   earrings, 13
argentino(a)   Argentinian, 17
armario (*m.*)   cupboard, 11
aros (*m. pl.*)   earrings, 13
arrancar   to start (a motor), 14
arreglar   to fix, 11; to arrange, 13
arroz (*m.*)   rice
  —con leche (*m.*)   rice pudding
  —con pollo (*m.*)   chicken and rice
arte (*m.*)   art, 17

artículo (*m.*)   article, item, 12
  —de tocador   toiletries
  —s para caballeros   men's clothing, 12
  —s para señoras   women's clothing, 12
arvejas (*f. pl.*)   peas
asado(a)   roasted, 2
asar   to roast
ascensor (*m.*)   elevator, 13
asegurado(a)   insured, 15
aseguranza (*f.*)   insurance (*Mex.*), 15
así que   so
asiento (*m.*)   seat, 7
  —de pasillo (*m.*)   aisle seat, 7
  —de ventanilla (*f.*)   window seat, 7
asignatura (*f.*)   (academic) subject, 17
asistir   to attend, 3
asma (*f.*)   asthma, 19
aspiradora (*f.*)   vacuum cleaner, 10
aspirina (*f.*)   aspirin, 6
ataque al corazón (*m.*)   heart attack, 19
atender (*e:ie*)   to wait on, 9
aterrizar   to land (plane), 16
atún (*m.*)   tuna
autobús (*m.*)   bus, 6
automático(a)   automatic, 15
automóvil (*m.*)   car, automobile, 14
autopista (*f.*)   freeway
auxiliar de vuelo (*m., f.*)   flight attendant
averiguar   to find out, 7
avión (*m.*)   plane, 7
ayer   yesterday, 19
ayudar   to help, 10
azúcar (*m.*)   sugar, 1
azul   blue, 12
azulejo (*m.*)   tile

B

bacalao (*m.*)   cod
¿Bailamos?   Shall we dance?, 3
bailar   to dance, 3
bajarse   to get off, to disembark
bajo(a)   short (height), 3
balanza (*f.*)   scale, 19
baloncesto (*m.*)   basketball, 8
banana (*f.*)   banana, plantain, 1
bañadera (*f.*)   bathtub, 4

bañador (*m.*) bathing suit (*Spain*), 12

bañar(se) to bathe (oneself), 9

bañera (*f.*) bathtub, 4

baño (*m.*) bathroom, 4

barato(a) inexpensive, 12

barba (*f.*) beard, 9

barbería (*f.*) barbershop, 9

barbero (*m.*) barber, 9

barquito de vela (*m.*) little sailboat

barrer to sweep, 11

básquetbol (*m.*) basketball, 8

basura (*f.*) garbage, 11

bata (*f.*) bathrobe, 13; hospital gown, 18

—**de dormir** (*f.*) nightgown, 13

batería (*f.*) battery, 14

baúl (*m.*) trunk (of a car) (*Puerto Rico*), 14

beber to drink, 2

bebida (*f.*) drink

beca (*f.*) scholarship, 17

béisbol (*m.*) baseball

bello(a) beautiful

bendito(a) blessed, darn, 5

biblioteca (*f.*) library, 17

bien well, fine, PI

—**cocido** well done

bigote (*m.*) mustache, 9

billete (*m.*) ticket, 7; bill (currency), 15

billetera (*f.*) wallet, 9

biología (*f.*) biology

bistec (*m.*) steak, 1

blanco(a) white, 1

blusa (*f.*) blouse, 12

boca (*f.*) mouth, 18

boleto (*m.*) ticket, 16

bolsa (*f.*) purse, 12

—**de dormir** (*f.*) sleeping bag, 8

bolso (*m.*) handbag, 5

—**de mano** (*m.*) carry-on-bag, 7

bomba de agua (*f.*) water pump

bonete (*m.*) hood (of a car) (*Puerto Rico*), 14

bonito(a) pretty, 3

bordado(a) embroidered

botas (*f. pl.*) boots, 13

botella (*f.*) bottle, 1

botiquín (*m.*) medicine cabinet, 9

botones (*m.*) bellhop, 4

brasileño(a) Brazilian, 8

brazo (*m.*) arm, 18

brindis (*m.*) toast, 2

bronceador (*m.*) suntan lotion, 9

budín (*m.*) pudding, 2

¡Buen viaje! Have a nice trip!, Bon voyage!, 7

buenas noches good evening

buenas tardes good afternoon, P

¿bueno?, hello?, PII; well, 5; okay

bueno(a) good, 4

buenos días good morning, P

bufanda (*f.*) scarf

buscar to pick up, to look for, 6; to get, 12

butaca (*f.*) armchair

buzón (*m.*) mailbox, 20

C

caballo (*m.*) horse, 8

cabaña (*f.*) cabin, 8

cabeza (*f.*) head, 8

cacerola (*f.*) saucepan, 11

cada every, 19

cadena (*f.*) chain, 13

caerse to fall down, 18

café (*m.*) coffee, 1

—**al aire libre** (*m.*) outdoor cafe, 15

—**con leche** (*m.*) coffee with milk

cafetería (*f.*) cafeteria, PII

caja de seguridad (*f.*) safe deposit box, 20

cajero(a) (*m., f.*) cashier, teller, 20

—**automático** (*m.*) automatic teller machine

cajita (*f.*) little box

cajuela (*f.*) trunk (of a car) (*Mex.*), 14

calcetines (*m. pl.*) socks, 13

calculadora (*f.*) calculator

calefacción (*f.*) heating, 5

calidad (*f.*) quality, 13

calor (*m.*) heat

calzar to wear a certain size of shoe, 13

calzoncillo (*m.*) undershorts (men's), 13

cama (*f.*) bed, 4

—**chica** (*f.*) single bed, 4

—**doble** (*f.*) double bed, 4

camarera (*f.*) waitress, 1

camarero (*m.*) waiter, 1

camarón (*m.*) shrimp, 2
cambiar to change, 6
  —un cheque to cash a check, 15
cambio de moneda (*m.*) rate of exchange, 7
caminar to walk, 16
caminata (*f.*) hike, 8
camino (*m.*) road
camión (*m.*) truck
camioneta (*f.*) pickup truck, van
camisa (*f.*) shirt, 12
camiseta (*f.*) t-shirt, undershirt, 13
camisón (*m.*) nightgown, 13
campana (*f.*) bell
campeona (*f.*) champion
campeón (*m.*) champion
campo (*m.*) country
cancelar una reservación to cancel a reservation
cangrejo (*m.*) crab, 2
canoa (*f.*) canoe
cansado(a) tired, 3
caña de pescar (*f.*) fishing pole
capó (*m.*) hood (of a car), 14
cápsula (*m.*) capsule, 19
cara (*f.*) face, 18
¡caramba! gee!, 6
cargado(a) (de) loaded (with), 13
carne (*f.*) meat
carnicería (*f.*) meat market, butcher's shop, 13
caro(a) expensive, 4
carrera de caballos (*f.*) horse race
carretera (*f.*) highway
carro (*m.*) car, automobile, 14
carta (*f.*) letter, 20
cartera (*f.*) purse, 12
casa (*f.*) house, 2
casi almost, 13
casilla de correos (*f.*) post office box, 20
casillero (*m.*) mailbox (i.e., in an office)
castillo (*m.*) castle
catedral (*f.*) cathedral
cazar to hunt, 8
"c-e" (*m.*) e-mail, 15
cebolla (*f.*) onion, 10
ceda el paso yield, 15
cena (*f.*) dinner, supper, 5
cenar to have dinner (supper), 2
centro (*m.*) downtown, 5
cepillar(se) to brush, 9
  —el pelo to brush one's hair, 9

cepillo (*m.*) hairbrush, 9
  —de dientes (*m.*) toothbrush, 9
cerca (de) near, close, 6
cereal (*m.*) cereal
cerrado(a) closed, 14
cerrar (*e:ie*) to close, 5
certificado(a) registered, 20
cerveza (*f.*) beer, 3
chaleco (*m.*) vest
champán (*m.*) champagne, 3
champaña (*f.*) champagne
champiñones (*m. pl.*) mushrooms
champú (*m.*) shampoo, 9
chapa (*f.*) license plate, 14
chaqueta (*f.*) jacket, sports jacket, 12
chau bye, PI; good-bye, 17
cheque (*m.*) check, 1
  —de viajero (*m.*) traveler's check, 1
chequear to check, 14
chica (*f.*) girl, young woman, 3
chico (*m.*) boy, young man, 3
chico(a) small, 4
china (*f.*) orange (*Puerto Rico*), 1
chino(a) Chinese
chocar to collide
chocolate (*m.*) chocolate, 11
chorizo (*m.*) sausage
chuleta de cerdo (*f.*) pork chop, 2
cielo (*m.*) sky, 10
cigarrillo (*m.*) cigarette, 7
cine (*m.*) movie theater, 3
cinto (*m.*) belt, 12
cinturón (*m.*) belt, 12
cirugía (*f.*) surgery
cirujano(a) (*m., f.*) surgeon, 18
cita (*f.*) appointment, 9
ciudad (*f.*) city, 8
clase (*f.*) class, 17; kind
  —turista tourist class, 7
club (*m.*) club, PII
  —automovilístico (*m.*) automobile club, 14
  —náutico (*m.*) marina club, yacht club, PII
  —nocturno (*m.*) night club
cobija (*f.*) blanket, 5
cobrar to charge, 4
  —por kilómetros to charge mileage, 15
cocina (*f.*) stove, 10; kitchen
cocinar to cook, 11
  —al horno to bake
  —al vapor to steam (food)

coco (*m.*) coconut, 2
coche (*m.*) car, automobile, 14
   —cama (*m.*) sleeping car, 16
   —comedor (*m.*) dining car, 16
   —convertible (*m.*) convertible
     (car), 15
   —de dos puertas two-door car,
     15
cola (*f.*) line, 16
colchón (*m.*) mattress, 6
colgar (*o:ue*) to hang up, 10
collar (*m.*) necklace, 13
colonia (*f.*) cologne
combinar con to match, 13
comedia (*f.*) comedy, 9
comedor (*m.*) dining room
comenzar (*e:ie*) to start, to begin, 5
comer to eat, 2
   —algo to have something to eat
comida (*f.*) food, 2; meal, 5
como since, being that, 10
¿cómo? how?, 11
   ¿—está Ud.?, PI
   ¿—se llega a... ? How do you
     get to . . . ?, 16
cómoda (*f.*) chest of drawers
cómodo(a) comfortable, 6
comprar to buy, 5
comprobante (*m.*) claim check,
   claim ticket, 7
computadora (*f.*) computer, 17
comunicarse to communicate, 15
con with, 1
conducir to drive, 15
conferencia (*f.*) lecture, 3
confirmar una reservación to
   confirm a reservation
conmigo with me, 7
conocer to meet, 16
conseguir (*e:i*) to get
consejero(a) (*m., f.*) counselor,
   adviser
consejo (*m.*) (piece of) advice
consultorio (*m.*) doctor's office, 18
contabilidad (*f.*) accounting, 17
contaminación del aire (*f.*)
   smog
contento(a) happy
contigo with you (*fam.*), 6
contra against
conversaciones breves (*f. pl.*)
   brief conversations, PI
conversar to talk, to chat, 2
copa (*f.*) wine glass, 1

corazón (*m.*) heart, 18
corbata (*f.*) tie, 12
cordero (*m.*) lamb, 2
correa (*f.*) belt (*Puerto Rico*), 12
correo (*m.*) mail, 20; post office, 20
   —"e" e-mail, 15
   —electrónico e-mail; 15
correr to run, 4
cortar to cut, 9
   —el césped to mow the lawn, 10
corte de pelo (*m.*) haircut, 9
cortesía (*f.*) politeness
cortina (*f.*) curtain, 10
corto(a) short, 9
cosa (*f.*) thing, 9
costar (*o:ue*) to cost, 7
creer to think, to believe, 12
crema (*f.*) cream, 1
   —para las manos (*f.*) hand
     lotion
cuadra (*f.*) city block, 6
¿cuál? which?, what?, 13
cuando when, 2
¿cuándo? when?, 7
¿cuánto(a)? how much?, 4
¿cuánto tiempo? how long?, 5
¿cuántos(as)? how many, PII
cuarto (*m.*) room, 4
   —con vista a la calle (*m.*)
     exterior room, 6
   —exterior (*m.*) exterior room, 6
cubiertos (*m. pl.*) silverware
cuchara (*f.*) spoon, 1
cucharada (*f.*) tablespoonful, 19
cucharadita (*f.*) teaspoonful, 19
cuchillo (*m.*) knife, 1
cuello (*m.*) neck, 18
cuenta (*f.*) check, bill, 1; account,
   20
   —corriente (*f.*) checking
     account, 20
   —de ahorros (*f.*) savings
     account, 15
cuero (*m.*) leather, 13
cuerpo (*m.*) body
cultural cultural
cumpleaños (*m.*) birthday, 20
cuñada (*f.*) sister-in-law
cuñado (*m.*) brother-in-law
curandero(a) (*m., f.*) healer
curar to cure
curita (*f.*) adhesive bandage, 18
curva peligrosa (*f.*) dangerous
   curve, 15

D

dar to give, 3
  —marcha atrás to back up (a car)
  —puntos to put in stitches, 18
de from, PII; of, 1
  —cambios mecánicos standard shift, 15
  —dónde where from?, PII
  —estatura mediana of medium height, 3
  —ida one-way, 7
  —ida y vuelta round-trip, 7
  —modo que so, 20
  —niño(a) as a child, 19
  —postre for dessert, 1
  —vacaciones on vacation, 5
  —veras really, 11
¿De parte de quién? Who's speaking (calling)?, PII
debajo de under, 11
deber must, should, 4
débil weak, 19
decidir to decide, 2
decir (*e:i*) to say, 7
dedo (*m.*) finger, 18
  —del pie (*m.*) toe, 18
dejar to leave (behind), 1
delgado(a) thin, 3
dentista (*m., f.*) dentist, 18
departamento (*m.*) department, 12
  —de artículos para caballeros men's department, 13
  —de artículos para señoras women's department, 12
depender to depend, 15
deporte (*m.*) sport, 8
depositar to deposit, 15
desayunar to have breakfast, 11
desayuno (*m.*) breakfast, 5
descapotable (*m.*) convertible, 15
descuento (*m.*) discount, 16
desde since, 19
desear to wish, to want, 1
desgraciadamente unfortunately, 17
desinfectar to disinfect, 18
desmayarse to lose consciousness, to faint, 18
desocupar to vacate, 4
desodorante (*m.*) deodorant, 9
despacho de boletos (*m.*) ticket window, 16

despedida (*f.*) farewell
despegar to take off (plane), 16
después (de) later, afterwards, 2
desvío (*m.*) detour, 15
detergente (*m.*) detergent
devolver (*o:ue*) to return (something), 20
diabetes (*f.*) diabetes, 19
diabético(a) diabetic, 19
diariamente daily, 6
diario (*m.*) newspaper, 5
diario(a) daily
diarrea (*f.*) diarrhea, 19
diccionario (*m.*) dictionary
dicho (*m.*) saying
dientes (*m. pl.*) teeth, 9
difícil difficult, 17
difteria (*f.*) diphtheria
diligencias (*f. pl.*) errands
dinero (*m.*) money, 2
discoteca (*f.*) discotheque
diversión (*f.*) entertainment
divertirse (*e:ie*) to have fun, 11
doblar to turn, 16
  —la ropa to fold clothing (laundry), 10
docena (*f.*) dozen, 10
doctor(a) (*m., f.*) doctor, PI
documento (*m.*) document, 7
dólar (*m.*) dollar, 4
doler (*o:ue*) to hurt, to ache, 8
dolor (*m.*) pain
  —de cabeza (*m.*) headache
¿dónde? where?, 4
dormir (*o:ue*) to sleep, 8
dormitorio (*m.*) bedroom
ducha (*f.*) shower, 4
dudar to doubt, 18
dueño(a) (*m., f.*) owner, proprietor, 5
dulcería (*f.*) candy store, 13
durar to last
durazno (*m.*) peach, 1

E

echar al correo to mail, 20
edificio (*m.*) building
educación física (*f.*) physical education, 17
el gusto es mío the pleasure is mine, PI
elegante elegant, 2

elevador (*m.*)   elevator, 13

embarazada   pregnant, 19

empeorar   to get worse

empezar (*e:ie*)   to start, to begin, 5

empleado(a) (*m., f.*)   employee, PII; clerk, 12

en   at, in

　—**cuanto**   as soon as, 19

　—**efectivo**   (in) cash, 15

　¿—**qué puedo servirle?**   May I help you?, How can I serve you?, 4

　—**seguida**   right away, 2

　—**seguida regreso**   I'll be right back, 2

　—**vez de**   instead of

encontrar (*o:ue*)   to find, 9

encontrar(se) (*o:ue*) **con**   to meet, to encounter, 9

enfermedad (*f.*)   disease, sickness, 19

enfermero(a) (*m., f.*)   nurse, 18

ensalada (*f.*)   salad, 1

enseñar   to show, 8; to teach, 11

ensuciar   to get (something) dirty

entender (*e:ie*)   to understand, 15

entonces   then, in that case, 6

entrada (*f.*)   ticket (for an event), 9

entrar   to go in, to enter, 9

entre   among

enviar   to send, 20

enyesar   to put in a cast, 18

equipaje (*m.*)   luggage, 5

equipo (*m.*)   team, 8

es difícil   it's unlikely, 17

es (una) lástima   it's a pity, 17

es verdad   it's true, 6

escalar   to climb, 8

escalera (*f.*)   stairs

　—**mecánica** (*f.*)   escalator, 13

escarlatina (*f.*)   scarlet fever

escoba (*f.*)   broom, 11

escondido(a)   hidden

escritorio (*m.*)   desk

escuela (*f.*)   school

　—**elemental (primaria)** (*f.*)   grade school

　—**secundaria** (*f.*)   high school

esmalte para las uñas (*m.*)   nail polish

esmoquin (*m.*)   tuxedo

eso   that, 8

　¿—**incluye... ?**   Does that include ...?, 5

espaguetis (*m. pl.*)   spaghetti

espalda (*f.*)   back, 18

especialidad (*f.*)   specialty, 2

especialización (*f.*)   major, 17

espejo (*m.*)   mirror, 9

esperar   to wait for, 4; to hope, 17

esposa (*f.*)   wife, 2

esposo (*m.*)   husband, 2

esquí aquático (*m.*)   water skiing

esquiar   to ski, 8

esquina (*f.*)   corner, 4

esta noche   tonight, 6

esta tarde   this afternoon, 10

está bien   fine, okay, 10

¿Está... + name?   Is . . . (name) there?, PII

estación (*f.*)   station, season

　—**de servicio** (*f.*)   service station, gas station, 14

　—**de trenes** (*f.*)   train station, 16

estacionamiento (*m.*)   parking

estacionar   to park

estadio (*m.*)   stadium

estampilla (*f.*)   postage stamp, 20

estar   to be, 3

　—**de acuerdo**   to agree, to be in agreement, 8

este (*m.*)   east, 16

este(a)   this, 8

estómago (*m.*)   stomach, 18

estrecho(a)   narrow, tight

estrella (*f.*)   star, 8

estudiante (*m., f.*)   student, 3

estudiar   to study, 11

estufa (*f.*)   stove, 10

examen (*m.*)   exam, 17

　—**de mitad de curso**   midterm exam, 17

　—**parcial** (*m.*)   midterm exam, 17

excelente   excellent, 6

expresión (*f.*)   expression

expreso (*m.*)   express train, 16

exterior   exterior, 6

extranjero(a)   foreign

F

fácil   easy, 17

facsímil (*m.*)   fax, 15

falda (*f.*)   skirt, 12

familia (*f.*)   family, 3

farmacia (*f.*)   pharmacy, 6

favor de (+ *inf.*)   please (do something), 7
fax (*m.*)   fax, 15
fecha (*f.*)   date, P
   —de nacimiento (*f.*)   date of birth
felicitación (*f.*)   congratulations, 20
feliz   happy
   —cumpleaños   happy birthday, 20
ferrocarril (*m.*)   railroad, 15
ferroviario(a)   railway
fideos (*m. pl.*)   noodles, 2
fiebre (*f.*)   fever, 19
fiesta (*f.*)   party, 3
fila (*f.*)   line, 16
finca (*f.*)   farm, ranch, farmhouse, 8
firmar   to sign, 4
física (*f.*)   physics, 17
físico(a)   physical
flan (*m.*)   caramel custard
folleto (*m.*)   brochure, 7
fotocopia (*f.*)   photocopy, 20
fotocopiadora (*f.*)   photocopier, 20
fotocopiar   to make copies, to photocopy, 20
fractura (*f.*)   fracture, 18
fracturarse   to fracture, to break, 18
francés(esa)   French
frase célebre (*f.*)   famous phrase
frazada (*f.*)   blanket, 5
fregadero (*m.*)   sink, 11
fregar (*e:ie*)   to wash, to scrub, 11
freír   to fry
frenos (*m. pl.*)   brakes, 14
frente (*f.*)   forehead, 18
fresas (*f. pl.*)   strawberries, 1
frío(a)   cold, 1
frito(a)   fried, 1
frontera (*f.*)   border
fruta (*f.*)   fruit, 1
frutería (*f.*)   fruit store (market)
fuerte   strong
fumar   to smoke, 7
función (*f.*)   show, 9
funcionar   to work, to function, 6
funda (*f.*)   pillowcase, 6
fútbol (*m.*)   soccer
   —americano (*m.*)   football

G

gafas de sol (*f. pl.*)   sunglasses (*Spain*), 13
gamba (*f.*)   shrimp (*Spain*), 2

ganga (*f.*)   bargain, 12
garaje (*f.*)   garage, 11
garganta (*f.*)   throat
gasolina (*f.*)   gasoline, 14
gasolinera (*f.*)   service station, gas station, 14
gastar   to consume, to spend, to use, 15
gastroenteritis (*f.*)   gastroenteritis, 19
gato (*m.*)   jack, 14
generalmente   generally
gente joven (*f.*)   young people
geografía (*f.*)   geography, 17
gerente (*m., f.*)   manager, 4
girar   to turn, 16
giro postal (*m.*)   money order, 20
golpear(se)   to hit (oneself), 18
goma (*f.*)   tire, 14
   —pinchada (ponchada) (*f.*)   flat tire, 14
gordo(a)   fat, 3
gorra (*f.*)   cap
gracias   thank you, PI
graduarse   graduate, 17
grande   big, large, 12
gratuito   free
grave   serious
gripe (*f.*)   influenza, flu, 19
gris   gray, 13
grúa (*f.*)   tow truck, 14
guante (*m.*)   glove, 12
guantera (*f.*)   glove compartment
guantero (*m.*)   glove compartment
guapo(a)   handsome, 3
guardar cama   to stay in bed (when one is sick)
guía (*f.*)   steering wheel (*Puerto Rico*), 14; (*m.*)   guide
guiar   to drive (*Puerto Rico*), 15
guisado (*m.*)   stew
guisantes (*m. pl.*)   peas
guiso (*m.*)   stew
gustar   to like, to be pleasing to, 8

H

habitación (*f.*)   room, 4
hablar   to talk, to speak, 4
hacer   to do, to make, 8
   —calor   to be hot, 8
   —cola   to wait in line, 16
   —diligencias   to run errands, 9

—escala to make a stopover
—falta to need, to lack, 8
—fila to wait in line, 16
—fotocopias to make copies, to photocopy, 20
—juego (con) to match, 13
—la cama to make the bed, 10
—preguntas to ask questions, 19
—una caminata to take a hike, 8
—una reservación to make a reservation
haciendo doing
hamburguesa (*f.*) hamburger
hasta until, 8
—la vista I'll see you around (until we meet again), P
—llegar a until you get to, 16
—luego I'll see you later, P
—que until, 19
hay there is, there are, PII
hecho(a) ready-made
heladera (*f.*) refrigerator, 10
helado (*m.*) ice cream, 1
—de vainilla (*m.*) vanilla ice cream, 1
herida (*f.*) wound, 18
hermana (*f.*) sister, 3
hermanastra (*f.*) stepsister
hermanastro (*m.*) stepbrother
hermano (*m.*) brother, 3
hermoso(a) beautiful, 15
hervir (*e:ie*) to boil
hija (*f.*) daughter, 3
hijastra (*f.*) stepdaughter
hijastro (*m.*) stepson
hijo (*m.*) son, 3
hijos (*m. pl.*) children (sons and daughters), 3
hipódromo (*m.*) race track
historia (*f.*) history, 17
hoja de afeitar (*f.*) razor blade
hola hello, hi, P
hongos (*m. pl.*) mushrooms
horario de clases (*m.*) class schedule
horario de trenes (*m.*) train schedule, 16
hornear to bake
horno (*m.*) oven
hospital (*m.*) hospital, 18
hotel (*m.*) hotel, 4
hoy today, PI
—mismo today, this very day, 7

huevo (*m.*) egg
—frito (*m.*) fried egg, 11
—pasado por agua (*m.*) soft-boiled egg, 11
—revuelto (*m.*) scrambled egg, 11

I

idea (*f.*) idea, 8
impedimento (*m.*) disability
impermeable (*m.*) raincoat
incómodo(a) uncomfortable, 6
infarto (*m.*) heart attack, 19
infección (*f.*) infection, 19
información (*f.*) information, 7
informática (*f.*) computer science, 17
informe (*m.*) report, 17
ingresar to enter
instalar to install
inteligente intelligent, 3
interesante interesting, 8
interior interior, 6
internacional international, 17
invierno (*m.*) winter
invitado(a) (*m., f.*) guest, 11
inyección injection, shot, 18
—antitetánica tetanus shot
ir to go, 2
—de caza to go hunting
—de compras to go shopping
—de excursión to go on a tour, excursion, 5
—de pesca to go fishing
irse to leave, 9
italiano(a) Italian

J

jabón (*m.*) soap, 5
jamón (*m.*) ham
jarabe (*m.*) syrup, 19
jardín (*m.*) garden
jarra (*f.*) pitcher
jeringuilla (*f.*) syringe
joyas (*f., pl.*) jewelry
joyería (*f.*) jewelry store, 13
jueves Thursday
jugador(a) (*m., f.*) player
jugar (*u:ue*) to play (i.e., a game), 8
jugo (*m.*) juice, 1
junto a near, next to, 8
juntos(as) together, 17

K

kilómetro (*m.*) kilometer, 15

L

lacio straight (hair), 9
lago (*m.*) lake, 8
lana (*f.*) wool, 13
langosta (*f.*) lobster, 2
lápiz de labios (*m.*) lipstick
largo(a) long, 9
lastimarse to get hurt, 18
lata de la basura (*f.*) garbage can, 11
lavado (*m.*) shampoo, 9
lavadora (*f.*) washing machine, 10
lavaplatos (*m. sing.*) dishwasher
lavar(se) to wash (oneself), 9
leche (*f.*) milk
lechería (*f.*) dairy
lechuga (*f.*) lettuce
leer to read, 2
lejía (*f.*) bleach
lengua (*f.*) tongue, 18
lentejas (*f. pl.*) lentils
letrero (*m.*) sign
levantar to raise, to lift, 14
levantarse to get up, 9
libra (*f.*) pound, 19
librería (*f.*) bookstore
licencia para conducir (manejar), guiar (*Puerto Rico*) (*f.*) driver's license, 15
limpiaparabrisas (*m. sing.*) windshield wiper, 14
limpiar to clean, 10
 —**en seco** to dry clean, 10
liquidación (*f.*) sale, 12
líquido (*m.*) liquid, 19
lista (*f.*) list, 2
listo(a) ready, 13
litera alta (*f.*) upper berth, 16
litera baja (*f.*) lower berth, 16
literatura (*f.*) literature, 17
llamada (*f.*) call, 7
llamar to call, 4
 —**por teléfono** to phone
Llamo más tarde I'll call later, PII
llano (*m.*) plain
llanta (*f.*) tire, 14
llave (*f.*) key, 4
llegadas y salidas (*f. pl.*) arrivals and departures

llegar to arrive, 9
 —**a casa** to arrive home, 13
llenar to fill, 14
lleno(a) full
llevar to take (something or someone to someplace), 2; to carry, 4; to wear, 12
llover (*o:ue*) to rain, 10
lloviznar to drizzle
lluvia (*f.*) rain
lo más pronto posible as soon as possible, 17
lo siento I'm sorry, PII
los (las) dos both, 3
lugar (*m.*) place, 6
 —**de interés** (*m.*) place of interest, 6
luna (*f.*) moon, 8
lunes Monday,
luz (*f.*) light, 14

M

madrastra (*f.*) stepmother
madre (*f.*) mother, 3
madrugada (*f.*) dawn, 11
magnífico(a) magnificent, 8
maleta (*f.*) suitcase, 4
maletero (*m.*) trunk (of a car), 14
maletín (*m.*) handbag, carry-on bag, 7
malo(a) bad, 6
mamá (*f.*) mother, 3
mandar to send, 10
manejar to drive, 15
mano (*f.*) hand, 18
manta (*f.*) blanket, 5
mantecado (*m.*) ice cream (*Puerto Rico*), 1
mantel (*m.*) tablecloth
mantelerías (*f., pl.*) table linens
mantequilla (*f.*) butter
manzana (*f.*) apple, 1
mañana tomorrow, 3; (*f.*) morning, 10
maquillaje (*m.*) makeup, 9
máquina de afeitar (*f.*) razor, 9
 —**eléctrica** (*f.*) electric razor, 9
marca (*f.*) brand, 14
marearse to become dizzy, 16
mareo (*m.*) dizziness, dizzy spell, 16
margarina (*f.*) margarine

marido (*m.*)   husband, 2
mariscos (*m. pl.*)   shellfish, 2
martes   Tuesday
más   more, most
   —sano(a)   healthiest
   —tarde   later, 1
matemáticas (*f. pl.*)   mathematics, 17
materia (*f.*)   (academic) subject, 17
matrícula (*f.*)   license plate, 14; tuition, 17
matricularse   to register, 17
me gusta   I like, 2
mecánico(a) (*m., f.*)   mechanic, 14
media botella   half a bottle, 2
media hora   half an hour, 12
mediano(a)   medium, 12
medias (*f. pl.*)   socks, 13
médico(a) (*m., f.*)   medical doctor, M.D., 18
medida (*f.*)   size, 12
medio(a)   half, 2
medio crudo   rare
medios (*m. pl.*)   means
mediodía (*m.*)   noon, 4
medir (*e:i*)   to measure
mejor   better, best, 4
mejorar(se)   to improve, to get better
melocotón (*m.*)   peach, 1
melón (*m.*)   melon, 1
   —de agua (*m.*)   watermelon (*Cuba*), 1
mencionar   to mention
menos   less, 8
   —sano(a)   least healthy
mensaje (*m.*)   message, PII
mensual   monthly
mente (*f.*)   mind
menú (*m.*)   menu, 1
merienda (*f.*)   afternoon snack
mermelada (*f.*)   marmalade, jam
mes (*m.*)   month, 7
mesa (*f.*)   table, PII
   —de centro (*m.*)   coffee table
mesera (*f.*)   waitress, 1
mesero (*m.*)   waiter, 1
mesita de noche (*f.*)   nightstand
metro (*m.*)   subway, 18
mexicano(a)   Mexican
mezquita (*f.*)   mosque
mi amor   darling, my love, 2
miembros (*m., pl.*)   members
mientras   while, 4
   —tanto   meanwhile

milla (*f.*)   mile
mío(a)   mine, 9
mirar   to look, 8
mirarse en el espejo   to look at oneself in the mirror, 9
Misa de Gallo (*f.*)   Midnight Mass
mismo(a)   same
mitad (*f.*)   half, 13
mixto(a)   mixed, tossed, 1
mochila (*f.*)   backpack, 8
modelo compacto (*m.*)   compact car, 15
modista (*f.*)   dressmaker
momento (*m.*)   moment, 8
monasterio (*m.*)   monastery
mono(a) (*m., f.*)   monkey
montaña (*f.*)   mountain, 8
montar a caballo   to ride a horse, 8
montar en bicicleta   to ride a bicycle
monumento (*m.*)   monument
moreno(a)   dark, brunette, 3
morir (*o:ue*)   to die, 19
mostrar (*o:ue*)   to show, 8
motoneta (*f.*)   motor scooter
motor (*m.*)   motor, 14
mozo (*m.*)   waiter, 1
muchacha (*f.*)   girl, young woman, 3
muchacho (*m.*)   boy, young man, 3
mucho   much, a lot, PI
   —gusto   it's a pleasure to meet you, PI
muchos(as)   many, 3
mueblería (*f.*)   furniture store
muebles (*m. pl.*)   furniture, 10
mujer (*f.*)   wife, 2; woman, 5
muletas (*f. pl.*)   crutches, 18
multa (*f.*)   fine, ticket
muñeca (*f.*)   wrist
museo (*m.*)   museum, 6
musical   musical, 9
muy   very, P
   —bien   very well, fine, P

N

nada   nothing, 10
nadar   to swim, 8
nadie   nobody, 19
naranja (*f.*)   orange, 1
nariz (*f.*)   nose, 18
natación (*f.*)   swimming, 8
náusea (*f.*)   nausea, 19

navajita (*f.*)   razor blade, 13
navegar la red   to navigate the Web
Navidad (*f.*)   Christmas, 3
necesario(a)   necessary, 18
necesitar   to need, 4
negro(a)   black, 9
neumático (*m.*)   tire, 14
nevar (*e:ie*)   to snow
nevera (*f.*)   refrigerator, 10
nieta (*f.*)   granddaughter
nieto (*m.*)   grandson
nieve (*f.*)   ice cream (*Mex.*), 1; snow
niña (*f.*)   girl, child
niño (*m.*)   boy, child
niños (*m. pl.*)   children
no   no, not, PI
   —está   he (she) is not here, PII
   —fumar   no smoking, 7
   —tire basura   don't litter, 15
noche (*f.*)   night, 4
Nochebuena (*f.*)   Christmas Eve
nombre (*m.*)   name, noun
norte (*m.*)   north, 16
norteamericano(a)   North
   American (from the U.S.), 3
nos vemos   we'll see you, 17
nota (*f.*)   grade, 17; note
novia (*f.*)   girlfriend, 3
novio (*m.*)   boyfriend, 3
nublado(a)   cloudy, 10
nuera (*f.*)   daughter-in-law
nuevo(a)   new, 12
número (*m.*)   number, 16
nunca   never, 6

O

o   or, 1
obra (*f.*)   play
oculista (*m., f.*)   oculist, eye
   specialist
odiar   to hate, 8
oeste (*m.*)   west, 16
oficina (*f.*)   office, 9
   —de correos (*f.*)   post office,
   20
oído (*m.*)   inner ear, 18
ojalá...   I hope . . . , 17
ojo (*m.*)   eye, 18
olla (*f.*)   pot, 11
olvidarse (de)   to forget, 13
ómnibus (*m.*)   bus, 6
operación (*f.*)   operation
operar   to operate, 19

ordenador (*m.*)   computer (*Spain*)
oro (*m.*)   gold
ortopédico(a) (*m., f.*)   orthopedist
otra vez   again, 13
otro(a)   other, another, 4
¡oye!   listen!, 3

P

padrastro (*m.*)   stepfather
padre (*m.*)   father, 3
padres (*m. pl.*)   parents, 2
pagar   to pay, 1
   —cuentas   to pay bills
pago (*m.*)   payment
país (*m.*)   country
palabra (*f.*)   word
palacio (*m.*)   palace
palita (*f.*)   dustpan, 11
pan (*m.*)   bread, 10
   —tostado (*m.*)   toast, 11
panadería (*f.*)   bakery
panqueque (*m.*)   pancake
pantalón (*m.*)   pants, trousers, 12
pantalones (*m. pl.*)   pants, trousers,
   12
pantimedias (*f. pl.*)   pantyhose, 13
pantuflas (*f. pl.*)   slippers
pañuelo (*m.*)   handkerchief
papa (*f.*)   potato, 1
   —al horno (*f.*)   baked potato, 2
   —s fritas (*f. pl.*)   French fries, 1
papá (*m.*)   father, 3
papel (*m.*)   paper, 11
paperas (*f. pl.*)   mumps, 19
papitas (*f. pl.*)   potato chips
paquete (*m.*)   package, 13
par (*m.*)   pair, 13
para   for, 4; in order to, 8; for, to,
   16
   ¿—qué?   What for?
parabrisas (*m. sing.*)   windshield, 14
parada de autobuses (*f.*)   bus stop,
   16
parada de taxis (*f.*)   taxi stand, 16
paraguas (*m.*)   umbrella
parar   to stop
pariente (*m.*)   relative
   —político (*m.*)   in-law
parque (*m.*)   park
   —de diversiones (*m.*)
   amusement park
parquear   to park
partera (*f.*)   midwife

partido (*m.*) game, 8
pasado(a) last, 17
　—por agua soft-boiled, 11
pasado mañana the day after
　tomorrow, 7
pasaje (*m.*) ticket, 7
pasajero(a) (*m., f.*) passenger, 7
pasaporte (*m.*) passport, 7
pasar to happen, 18
　—la aspiradora to vacuum, 10
　—por to go through
Pase Come in, PI
paso de peatones (*m.*) pedestrian
　crossing, 15
pasta de dientes (dentífrica) (*f.*)
　toothpaste, 9
pastel (*m.*) pie, 2
pastilla (*f.*) pill, 16
patata (*f.*) potato (*Spain*), 1
patinar to skate, 8
patines (*m. pl.*) skates, 8
pato (*m.*) duck, 2
pavo (relleno) (*m.*) (stuffed)
　turkey
peatón(-ona) (*m., f.*) pedestrian, 15
pecho (*m.*) chest, 18
pedido (*m.*) order, 2
pedir (*e:i*) to order, to ask for, 2
　—prestado(a) to borrow, 14
peinado (*m.*) hairstyle, 9
peinarse to comb one's hair, 9
peine (*m.*) comb, 9
pelar to peel, 11
pelea (*f.*) fight, 8
peligro (*m.*) danger, 15
peligroso(a) dangerous, 15
pelo (*m.*) hair, 9
　—corto (*m.*) short hair, 9
　—lacio (*m.*) straight hair, 9
　—largo (*m.*) long hair, 9
　—rizado (*m.*) curly hair, 9
pelota (*f.*) ball, 8; baseball (*Cuba,
　Puerto Rico*)
peluquería (*f.*) beauty salon, hair
　salon, 9
peluquero(a) (*m., f.*) beautician,
　hair stylist, 9
pensar (*e:ie*) to think, to intend, to
　plan, 5
pensión (*f.*) boarding house, 5
pera (*f.*) pear, 1
perder (*e:ie*) to lose, 5; to miss
　—el conocimiento to lose
　　consciousness, to faint, 18

　—el tren (avión, autobús) to
　　miss the train (plane, bus)
Perdón. Excuse me, 13
perfecto(a) perfect, 8
perfume (*m.*) perfume, 9
periódico (*m.*) newspaper, 5
permanente (*f.*) permanent wave,
　9
pero but, 1
perro caliente (*m.*) hot dog
persona (*f.*) person, 4
pesar to weigh, 19
pescadería (*f.*) fish market
pescado (*m.*) fish, 2
pescar to fish, 8
　—una pulmonía to catch
　　pneumonia, 19
peso (*m.*) weight, 19
pie (*m.*) foot, 18
pierna (*f.*) leg, 18
pieza de repuesto (*f.*) spare part,
　14
pijama (*m.*) pajamas, 13
píldora (*f.*) pill, 19
pileta (*f.*) sink, 11
　—de natación (*f.*) swimming
　　pool (*South America*), 4
pimienta (*f.*) pepper, 10
pintalabios (*m.*) lipstick (*Spain*)
pintura de uñas (*f.*) nail polish
　(*Puerto Rico*)
piña (*f.*) pineapple, 1
piscina (*f.*) swimming pool, 4
piso (*m.*) floor, 5
placa (*f.*) license plate, 14
planchar to iron, 10
planear to plan, 8
plata (*f.*) silver
plátano (*m.*) banana, 1
plato (*m.*) plate, dish, 1
playa (*f.*) beach, 8
poder (*o:ue*) to be able, 6
poema (*m.*) poem
poliomielitis (*f.*) polio
pollitos chicks
pollo (*m.*) chicken, 1
　—frito (*m.*) fried chicken
pomelo (*m.*) grapefruit (*Spain*), 1
poner to put, 10
　—la mesa to set the table, 11
　—puntos to put in stitches, 18
　—una inyección to give an
　　injection, 18
ponerse to put on, 9

315

por for, 4; through, 10

—**adelantado** in advance, 5

—**aquí** this way, 2

—**ciento** (*m.*) percent, 16

—**cuánto tiempo es válido el
pasaje** How long is the ticket
valid for?

—**desgracia** unfortunately, 17

—**día** by the day, per day, 15

—**eso** that's why, 12

—**favor** please, PI

—**fin** at last, 13

—**lo menos** at least

—**mes** monthly

—**noche** per night, 4

¿—**qué?** why?, 4

—**semana** by the week, per
week, 15

—**teléfono** on the phone, PII

—**vía aérea** by air mail, 20

porque because, 4

portaguantes (*m.*) glove
compartment

postre (*m.*) dessert

practicar to play, to practice (a
sport), 8

precio (*m.*) price, 5

precioso(a) beautiful, 8

preferir (*e:ie*) to prefer, 6

preguntar to ask (a question), 8

preocupado(a) worried, 12

preocuparse to worry, 18

preparar to prepare, 10

prepararse to get ready, 9

presión (*f.*) blood pressure, 19

—**de aire** (*f.*) air pressure, 14

prestar to lend, 8

prevenir to prevent

primera clase (*f.*) first class, 7

primo(a) (*m., f.*) cousin, 3

privado(a) private, 4

probablemente probably, 6

probador (*m.*) fitting room, 12

probarse (*o:ue*) to try on, 12

problema (*m.*) problem, 14

profesor(a), (*m., f.*) professor,
teacher, PI

prohibido estacionar no parking, 15

próximo(a) next, 5

psicología (*f.*) psychology

pudín (*m.*) pudding, 2

pueblo (*m.*) town

puente angosto (*m.*) narrow
bridge, 15

puerta de salida (*f.*) departure
gate, 7

puertorriqueño(a) Puerto Rican, 17

pues therefore

pulmonía (*f.*) pneumonia, 19

pulsera (*f.*) bracelet

puré de papas (*m.*) mashed
potatoes, 2

puro(a) pure, 13

Q

que who, that, 10

¡—**se (te) mejore(s)!** Get well
soon!

—**viene** next, coming, 17

qué what, 1; how, 10

¡—**amable!** How nice!, 12

¡—**bien!** That's great!, 13

¿—**fecha es hoy?** What's the
date today?, PI

¿—**hay de nuevo?** What's new?,
PI

¿—**más?** What else?

¿—**número calza?** What size
shoe do you wear?, 13

¿—**tal?** How's it going?
(*informal*), PI

¿—**tal es... ?** What is . . . like?, 6

¿—**te parece... ?** What do you
think of . . . ?, 8

quedar to be located, 4

**quedarle ancho(a), estrecho(a) a
uno** to be (too) wide, loose
(narrow, tight) on one

quedarle bien to fit

quedarle chico (grande) a uno to
be to small (big) on one, 12

quehaceres de la casa (*m. pl.*)
household chores, 10

querer (*e:ie*) to want, to wish, 5

querido(a) dear, darling, 9

queso (*m.*) cheese, 2

¿**quién?** who?, whom?, 3

química (*f.*) chemistry, 17

quitaesmalte (*m.*) nail polish
remover

quitarse to take off, 18

R

rabanitos (*m. pl.*) radishes

radiografía (*f.*) X-ray, 18

rápido (*m.*) express train, 16

raqueta (*f.*)   racquet, 8
rebaja (*f.*)   sale
recámara (*f.*)   bedroom (*Mex.*)
recepcionista (*m., f.*)   receptionist, PII
receta (*f.*)   recipe, 11
recetar   to prescribe, 19
recibo (*m.*)   receipt
recientemente   recently
reclinadora (*f.*)   recliner
recogedor (*m.*)   dustpan, 11
recoger   to pick up
recordar (*o:ue*)   to remember, 6
refresco (*m.*)   soda pop
refrigerador (*m.*)   refrigerator, 10
regalar   to give (as a gift), 20
regalo (*m.*)   gift, present, 12
registro (*m.*)   register, 4
regresar   to return, 2
reír(se) (*e:i*)   to laugh, 12
reloj de pulsera (*m.*)   wristwatch, 13
remar   to row, to paddle
remolacha (*f.*)   beet
remolcador (*m.*)   tow truck, 14
remolcar   to tow, 14
repollo (*m.*)   cabbage
requisito (*m.*)   requirement, 17
reservación (*f.*)   reservation, 4
reservar   to reserve, 7
respirar   to breathe, 19
　　—hondo   to take a deep breath
restaurante (*m.*)   restaurant, 1
reunión (*f.*)   meeting, 9
revisar   to check, 14
revista (*f.*)   magazine, 5
revuelto(a)   scrambled (i.e., egg), 11
Reyes Magos (*m. pl.*)   Wise Men
rico(a)   tasty, 2
río abajo   down the river
rizado(a)   curly, 9
rizador (*m.*)   curling iron, 9
rodilla (*f.*)   knee, 18
rojo(a)   red, 10
romperse   to fracture, to break, 18
ropa (*f.*)   clothes, 10
　　—interior (*f.*)   underwear, 13
ropero (*m.*)   closet, 10
rubéola (*f.*)   German measles (rubella), 19
rubio(a)   blond, 3
ruido (*m.*)   noise

S

sábado   Saturday
sábana (*f.*)   sheet, 6
saber   to know (a fact), 7
sabroso(a)   tasty, 2
sacar   to get (a grade), 17
　　—buenas (malas) notas   to get good (bad) grades, 17
　　—la basura   to take out the garbage, 11
　　—la lengua   to stick out one's tongue, 19
sacudir   to dust, 10
sal (*f.*)   salt
sala (*f.*)   living room, 3
　　—de emergencia (*f.*)   emergency room, 18
　　—de equipaje (*f.*)   baggage area
　　—de espera (*f.*)   waiting room, 18
　　—de estar (*f.*)   den, family room
　　—de rayos X (*f.*)   X-ray room, 18
salchicha (*f.*)   sausage
saldo (*m.*)   balance, 20
salida (*f.*)   exit, 7
salir   to go out, to leave, 9
salón de belleza (*m.*)   beauty salon, 9
salón de estar (*m.*)   den, family room
salsa (*f.*)   sauce, 2
salud (*f.*)   health, 2
¡salud!   cheers!, 2
saludos (*m. pl.*)   greetings
　　—a...   say hello to . . . , PI
sandalias (*f. pl.*)   sandals, 13
sandía (*f.*)   watermelon, 1
sangrar   to bleed
sano(a)   healthy
sarampión (*m.*)   measles, 19
sartén (*f.*)   frying pan, 11
sastre (*m.*)   tailor
saya (*f.*)   skirt (*Cuba*), 12
secador (*m.*)   hair dryer, 9
secadora (*f.*)   dryer, 10
sección de (no) fumar (*f.*)   (non-)smoking section
seco(a)   dry, 9
seda (*f.*)   silk
seguir derecho   to go straight ahead, 16
segundo(a)   second, 5
seguro (*m.*)   insurance, 15

seguro(a) sure, 6
sello (*m.*) stamp, 20
semana (*f.*) week, 5
semestre (*m.*) semester, 17
sentar(se) (*e:ie*) to sit down, 9
sentido (*m.*) sense
sentirse (*e:ie*) to feel, 19
señal de tráfico (*f.*) traffic sign, 15
señor Mr., sir, gentleman, PI
señora Mrs., madam, lady, PI
señorita Miss, young lady, PI
ser to be, PII
   —necesario to be necessary, 18
   —operado(a) to be operated on, 19
servicio (*m.*) service
   —de cuarto (*m.*) room service
   —de habitación (*m.*) room service
servilleta (*f.*) napkin, 11
servir (*e:i*) to serve, 5
si if, whether, 5
sí yes, 1
siempre always, 8
silla (*f.*) chair, PII
sin without, 15
   —embargo however
   —plomo unleaded
síntoma (*m.*) symptom, 19
situación (*f.*) situation
sobre (*m.*) envelope, 20
sobrenombre (*m.*) nickname
sobrina (*f.*) niece
sobrino (*m.*) nephew
socio(a) (*m., f.*) member, 14
sociología (*f.*) sociology, 17
sofá (*m.*) sofa, couch
solamente only, 13
solicitar to apply, 17
   —un préstamo to apply for a loan
solo(a) by oneself, alone, 3
sólo only
sombrero (*m.*) hat, 12
sonar (*o:ue*) to ring
sopa (*f.*) soup, 1
   —de arroz rice soup
   —de cebollas onion soup
   —de fideos noodle soup
   —de verduras (*f.*) vegetable soup, 1
sortija (*f.*) ring, 13
subir al avión to board a plane, 7
subterráneo (*m.*) subway, 18

subvencionado(a) subsidized
sucio(a) dirty, 11
sucursal (*f.*) branch
suegra (*f.*) mother-in-law
suegro (*m.*) father-in-law
suerte (*f.*) luck, 17
suéter (*m.*) sweater, 10
sufrir to suffer
   —del corazón to have heart trouble
sugerir (*e:ie*) to suggest, 16
supermercado (*m.*) supermarket, 10
sur (*m.*) south, 16

T

talla (*f.*) size, 12
tallarines (*m. pl.*) spaghetti
taller de mecánica (*m.*) repair shop, 14
talonario de cheques (*m.*) check book
tamaño (*m.*) size
también too, also, 2
tan... como as . . . as, 4
tan pronto como as soon as, 19
tanque (*m.*) tank, 14
tantos(as) so many, 6
tarea (*f.*) homework
tarifa (*f.*) rate
tarjeta (*f.*) card
   —de crédito (*f.*) credit card, 1
   —de embarque (embarco) (*f.*) boarding pass
   —postal (*f.*) postcard, 20
taza (*f.*) cup, 1
tazón (*m.*) bowl
te gusta you like, 2
té (*m.*) tea, 1
   —frío (helado) iced tea, 1
teatro (*m.*) theater
tele (*f.*) television, 8
teléfono (*m.*) phone, PII
   —celular cellular phone
televisión (*f.*) television, 8
televisor (*m.*) TV set, 4
temer to fear, to be afraid, 17
temperatura (*f.*) temperature, 19
temprano early, 9
tenedor (*m.*) fork, 1
tener to have, 4
   —calor to be hot, 4
   —éxito to be a success, to be successful, 11

—(mucha) hambre to be (very) hungry

—...horas de retraso (atraso) to be . . . hours behind schedule, 16

—la presión alta to have high blood pressure, 19

—la presión baja to have low blood presure

—mucho que hacer to have a lot to do, 11

—que (+ *inf.*) to have to (do something), 4

—sed to be thirsty, 4

—tos to have a cough, 19

tenis (*m.*) tennis, 8

terminar to finish, 2

término medio medium rare

termómetro (*m.*) thermometer, 19

terraza (*f.*) terrace, 10

tía (*f.*) aunt

tiempo (*m.*) time, 5; weather

tienda (*f.*) store, 5

—de campaña tent, 8

tijera (*f.*) scissors, 9

tinte (*m.*) dye

tinto(a) red (i.e., wine), 1

tintorería (*f.*) dry cleaners, 10

tío (*m.*) uncle

título (*m.*) degree, 17

toalla (*f.*) towel, 5

tobillo (*m.*) ankle, 18

tocador (*m.*) dresser

tocino (*m.*) bacon

todo el mundo (*m.*) everybody, 11

todo lo necesario everything necessary, 10

todos(as) all, 3; every, 5

—los días every day, 6

todos (*m. pl.*) everybody, 11

tomar to drink, 1; to take, 16

—algo to have something to drink, 2

tomate (*m.*) tomato, 1

Tome asiento Have a seat, PI

toronja (*f.*) grapefruit, 1

torre (*f.*) tower

torta (*f.*) cake, 2

—al ron (*f.*) rum cake, 2

tos (*f.*) cough

—ferina (*f.*) whooping cough

toser to cough

tostada (*f.*) toast, 11

tostadora (*f.*) toaster, 11

trabajar to work, 10

trabajos de la casa (*m. pl.*) household chores, 10

trabalenguas (*m.*) tongue-twister

traer to bring, 2

traje (*m.*) suit, 12

—de baño (*m.*) bathing suit, 12

transacción financiera (*f.*) financial transaction

transbordar to change (trains, buses, etc.), to transfer, 16

tranvía (*m.*) streetcar, local train

tratar (de) to try (to), 8

tren (*m.*) train, 16

trimestre (*m.*) quarter

triste sad

trucha (*f.*) trout

trusa (*f.*) bathing suit (*Cuba*), 12

turnarse to take turns

turno (*m.*) appointment, 9

tuyo(a) yours, 9

U

último(a) last, 7

un momento one moment, PII

un poco a little, 3

un rato a while, 2

una vía one way, 15

universidad (*f.*) university, 17

unos(as) some, 7

usar to use, 9; to wear, 12

uvas (*f. pl.*) grapes, 1

V

vacaciones (*f. pl.*) vacation, 8

vacío(a) empty, 14

vacuna (*f.*) vaccination

vajilla (*f.*) china

válido(a) valid

vamos let's go, 5

varicela (*f.*) chicken pox

varios(as) several, 9

vaso (*m.*) glass, 1

vegetales (*m. pl.*) vegetables, 1

velocidad máxima (*f.*) speed limit

vendar to bandage

vender to sell, 13

venir to come, 4

venta (*f.*) sale, 12

ventaja (*f.*) advantage

ventana (*f.*) window, 10

ventanilla (*f.*) window (of a car), 14; ticket window, 16; post office window, 20

ver to see, 8
verano (*m.*) summer, 10
verbo (*m.*) verb
verdad (*f.*) right, 5; true, truth, 6
verde green, 12
verdulería (*f.*) vegetable market
verduras (*f.*) vegetables, 1
vermut (*m.*) vermouth, 2
verse to look, to appear, 9
vestíbulo (*m.*) lobby, 6
vestido (*m.*) dress, 9
  —**de noche** (*m.*) evening gown
vestir(se) (*e:i*) to get dressed, 9
vez time (in a series; as equivalent of *occasion*), 10
viajar to travel, 7
viaje (*m.*) trip, 7
vida (*f.*) life
vidriera (*f.*) shop window, 12
viernes Friday
vinagre (*m.*) vinegar
vino (*m.*) wine, 1
viruela (*f.*) smallpox
visa (*f.*) visa, 7
visado (*m.*) visa (*Spain*), 7
visitar to visit, 6
vitrina (*f.*) shop window, 12
vivir to live, 3

vocabulario (*m.*) vocabulary
volante (*m.*) steering wheel, 14
volar (*o:ue*) to fly, 16
volver (*o:ue*) to return, to come (go) back, 6
vomitar to vomit, to throw up, 19
vuelo (*m.*) flight, 7

Y

y and, P
ya already, now, 6
  ¡—lo creo! I'll say!, 6
  —**que** since, 12
yerno (*m.*) son-in-law

Z

zanahoria (*f.*) carrot, 10
zapatería (*f.*) shoe store, 13
zapatillas (*f. pl.*) slippers
zapatos (*m. pl.*) shoes, 13
  —**de tenis** (*m. pl.*) sneakers, tennis shoes
zona de estacionamiento (*f.*) parking lot
zoológico (*m.*) zoo
zumo (*m.*) juice (*Spain*), 1

English-Spanish

A

a little un poco, 3
a lot mucho, PI
a while un rato, 2
accept aceptar, 1
accident accidente (*m.*)
account cuenta (*f.*), 20
accounting contabilidad (*f.*), 17
ache doler (*o:ue*), 8
advantage ventaja (*f.*)
advice consejo (*m.*)
advise aconsejar, 16
adviser consejero(a) (*m., f.*)
afternoon snack merienda (*f.*)
afterwards después (de), 2
again otra vez, 13
against contra
agency agencia (*f.*)
agent agente (*m., f.*), 7
agree estar de acuerdo, 8
air conditioning aire
    acondicionado (*m.*), 4
air pressure presión de aire (*f.*), 14
airline aerolínea (*f.*), 7
airport aeropuerto (*m.*), 7
aisle seat asiento de pasillo (*m.*), 7
all todos(as), 3
allergic alérgico(a)
almost casi, 13
alone solo(a), 3
already ya, 6
also también, 2
always siempre, 8
ambulance ambulancia (*f.*), 18
among entre
amusement park parque de
    diversiones (*m.*)
analysis análisis (*m.*)
and y, PI
ankle tobillo (*m.*), 18
another otro(a), 4
antibiotic antibiótico (*m.*), 19
any algún, alguno(a), 7
    —message algún mensaje, PII
anything algo, 10
    —else? ¿algo más?, 20
appear verse, 9
appendicitis apendicitis (*m.*), 19
apple manzana (*f.*), 1
apply solicitar, 17
    —for a loan solicitar un
        préstamo, 20
appointment cita (*f.*), 9; turno
    (*m.*), 9

Argentinian argentino(a), 17
arm brazo (*m.*), 18
armchair butaca (*f.*), sillón (*m.*)
arrange arreglar, 13
arrivals and departures llegadas y
    salidas (*f. pl.*)
arrive llegar, 9
    —home llegar a casa, 13
art arte (*m.*), 17
article artículo (*m.*), 12
as . . . as tan... como, 4
as a child de niño(a), 19
as long as ya que, 12
as soon as en cuanto, tan pronto
    como, 19
    —possible lo más pronto
        posible, 17
ask (questions) preguntar, 8; hacer
    preguntas, 19; (for) pedir (*e:i*), 2
aspirin aspirina (*f.*), 6
asthma asma (*f.*), 19
at en, a
    —about a eso de, 6
    —half price a mitad de precio,
        13
    —last por fin, 13
    —least por lo menos
    —what time? ¿a qué hora?, 4
attend asistir, 3
aunt tía (*f.*)
automatic automático(a), 15
    —teller machine cajero
        automático (*m.*)
automobile automóvil (*m.*), carro
    (*m.*), coche (*m.*), 14
    —club club automovilístico (*m.*),
        14

B

back espalda (*f.*), 18
    —up (a car) dar marcha atrás
backpack mochila (*f.*), 8
bacon tocino (*m.*)
bad malo(a), 6
baggage claim area sala de
    equipaje (*f.*)
bake cocinar al horno, hornear
baked potato papa al horno (*f.*), 2
bakery panadería (*f.*)
balance saldo (*m.*), 20
ball pelota (*f.*), 8
banana banana (*f.*), plátano (*m.*), 1
bandage curita (*f.*), 18; vendar

barber barbero (*m.*), 9
barbershop barbería (*f.*), 9
bargain ganga (*f.*), 12
baseball béisbol (*m.*), pelota (*f.*)
(*Cuba, Puerto Rico*)
basketball baloncesto (*m.*), 8;
básquetbol (*m.*), 8
bathe (oneself) bañar(se), 9
bathing suit traje de baño (*m.*),
bañador (*m.*) (*Spain*), trusa (*f.*)
(*Cuba*), 12
bathrobe bata (*f.*), 13
bathroom baño (*m.*), 4
bathtub bañera (*f.*), bañadera (*f.*), 4
battery acumulador (*m.*), batería
(*f.*), 14
be ser, PII; estar, 3
—**a success** tener éxito, 11
—**able** poder (*o:ue*), 6
—**afraid** temer, 17
—**(too) big on one** quedarle
grande a uno, 12
—**hot** hacer calor, 4; tener calor,
8
—**. . . hours behind schedule**
tener... horas de retraso (atraso),
16
—**(very) hungry** tener (mucha)
hambre, 4
—**located** quedar, 4
—**(too) loose on one** quedarle
ancho(a) a uno
—**(too) narrow on one**
quedarle estrecho(a) a uno
—**necessary** ser necesario, 18
—**operated on** ser operado(a),
19
—**pleasing to** gustar, 8
—**(too) small on one** quedarle
chico(a) a uno, 12
—**successful** tener éxito, 11
—**thirsty** tener sed, 4
—**(too) tight on one** quedarle
estrecho(a) a uno
—**(too) wide on one** quedarle
ancho(a), a uno, 12
beach playa (*f.*), 8
beard barba (*f.*), 9
beautician peluquero(a) (*m., f.*), 9
beautiful precioso(a), 8;
hermoso(a), 15; bello(a)
beauty salon peluquería (*f.*), salón
de belleza (*m.*), 9
because porque, 4

become dizzy marearse, 16
bed cama (*f.*), 4
bedroom dormitorio (*m.*),
recámara (*f.*) (*Mex.*)
beer cerveza (*f.*), 3
beet remolacha (*f.*)
before antes, 12; antes de que, 19
begin empezar (*e:ie*), 5
believe creer, 12
bell campana (*f.*)
bellhop botones (*m.*), 4
belt cinto (*m.*), cinturón (*m.*),
correa (*f.*) (*Puerto Rico*), 12
besides además (de), 5
best mejor, 4
better mejor, 4
big grande, 12
bill (*in a restaurant*) cuenta (*f.*), 1;
(*currency*) billete (*m.*)
biology biología (*f.*)
birthday cumpleaños (*m.*), 20
black negro(a), 9
blanket cobija (*f.*), frazada (*f.*),
manta (*f.*), 5
bleach lejía (*f.*)
bleed sangrar
blessed bendito(a), 5
blond rubio(a), 3
blood pressure presión (*f.*), 19
blouse blusa (*f.*), 12
blue azul, 12
board abordar, 7; subirse, 17
—**the plane** abordar el avión,
subir al avión, 7
boarding house pensión (*f.*), 5
boarding pass tarjeta de embarque
(embarco) (*f.*)
body cuerpo (*m.*)
boil hervir (*e:ie*)
bon voyage! ¡buen viaje!, 7
bookstore librería (*f.*)
boots botas (*f. pl.*), 13
border frontera (*f.*), 16
boring aburrido(a), 3
borrow pedir prestado(a), 14
both los dos, 3
bottle botella (*f.*), 1
bowl tazón (*m.*)
box cajita (*f.*)
boy chico (*m.*), muchacho (*m.*),
niño (*m.*), 3
boyfriend novio (*m.*), 3
bracelet pulsera (*f.*)
brakes frenos (*m. pl.*), 14

branch sucursal (*f.*)
brand marca (*f.*), 14
Brazilian brasileño(a), 8
bread pan (*m.*), 10
break fracturarse, romperse, 18
breakfast desayuno (*m.*), 5
breathe respirar, 19
brief conversations
conversaciones breves (*f. pl.*), PI
bring traer, 2
brochure folleto (*m.*), 7
broom escoba (*f.*), 11
brother hermano (*m.*), 3
brother-in-law cuñado (*m.*)
brunette moreno(a), 3
brush cepillar(se), 9
—**one's hair** cepillarse el pelo, 9
building edificio (*m.*)
bus autobús (*m.*), ómnibus (*m.*), 6
—**stop** parada de autobuses (*f.*), 16
business administration
administración de empresas (*f.*), 17
but pero, 1
butcher's shop carnicería (*f.*)
butter mantequilla (*f.*)
buy comprar, 5
by por
—**air mail** por vía aérea, 20
—**oneself** solo(a), 3
—**the day** por día, 15
—**the week** por semana, 15
bye chau, PI

C

cabbage repollo (*m.*)
cabin cabaña (*f.*), 8
cafeteria cafetería (*f.*), PII
cake torta (*f.*), 2
calculator calculadora (*f.*)
call llamar, 4; llamada (*f.*), 7
camp acampar, 8
can opener abrelatas (*m. sing.*)
cancel a reservation cancelar una
reservación
candy shop dulcería (*f.*)
canoe canoa (*f.*)
cap gorra (*f.*)
capsule cápsula (*f.*), 19
car automóvil (*m.*), carro (*m.*),
coche (*m.*), 14
—**rental agency** agencia de
alquiler de automóviles (*f.*), 15

caramel custard flan (*m.*)
carpet alfombra (*f.*)
carrot zanahoria (*f.*), 10
carry llevar, 4
carry-on bag maletín (*m.*), bolso
de mano (*m.*), 7
cash en efectivo, 15; al contado
—**a check** cambiar un cheque,
15
cashier cajero(a) (*m., f.*), 20
castle castillo (*m.*)
catch pneumonia pescar una
pulmonía, 19
cathedral catedral (*f.*)
cellular phone teléfono celular
(*m.*)
cereal cereal (*m.*)
chain cadena (*f.*), 13
chair silla (*f.*), PII
champagne champán (*m.*), 3;
champaña (*f.*)
champion campeón (*m.*),
campeona (*f.*)
change cambiar, 6; (trains, buses,
etc.) transbordar, 16
charge cobrar, 4
—**mileage** cobrar por
kilómetros, 15
chat conversar, 2
check (*in a restaurant*) cuenta (*f.*),
1; (*personal*) cheque (*m.*), 1; revisar,
chequear, 14
—**book** talonario de cheques
(*m.*)
checking account cuenta corriente
(*f.*)
cheers! ¡salud!, 2
cheese queso (*m.*), 2
chemistry química (*f.*), 17
chest pecho (*m.*), 18
—**of drawers** cómoda (*f.*)
chicken pollo (*m.*), 1
—**and rice** arroz con pollo (*m.*)
—**pox** varicela (*f.*)
chicks pollitos (*m. pl.*)
child niña (*f.*), niño (*m.*)
children (*sons and daughters*) hijos
(*m. pl.*), 3; niños (*m. pl.*)
china vajilla (*f.*)
Chinese chino(a)
chocolate chocolate (*m.*), 11
Christmas Navidad (*f.*), 3
—**Eve** Nochebuena (*f.*)
cigarette cigarrillo (*m.*), 7

city   ciudad (*f.*), 8
   —block   cuadra (*f.*), 6
claim check (ticket)   comprobante
   (*m.*), 7
class   clase (*f.*), 17
   —schedule   horario de clases
   (*m.*)
clean   limpiar, 10
clerk   empleado(a) (*m., f.*), 12
climb   escalar, 8
close   cerca (de), 6; cerrar (*e:ie*), 6
closed   cerrado(a), 14
closet   ropero (*m.*), 10
clothes   ropa (*f.*), 10
cloudy   nublado(a), 10
club   club (*m.*), PII
coconut   coco (*m.*), 2
cod   bacalao (*m.*)
coffee   café (*m.*), 1
   —table   mesa de centro (*f.*)
   —with milk   café con leche (*m.*)
cold   frío(a), 1
collide   chocar
cologne   colonia (*f.*)
comb   peine (*m.*), 9
   —one's hair   peinarse, 9
come   venir, 4
   —back   volver (*o:ue*), 6
   —in   Pase, PI
comedy   comedia (*f.*), 9
comfortable   cómodo(a), 6
coming   que viene, 17
communicate   comunicarse, 15
compact car   modelo compacto
   (*m.*), 15
computer   computadora (*f.*),
   ordenador (*m.*) (*Spain*)
   —science   informática (*f.*), 17
conditioner   acondicionador (*m.*), 9
confirm a reservation   confirmar
   una reservación
congratulations   felicitación (*f.*), 20
consume   gastar, 15
convertible   coche convertible (*m.*),
   descapotable (*m.*), 15
cook   cocinar, 11
corner   esquina (*f.*), 4
cost   costar (*o:ue*), 7
couch   sofá (*m.*)
cough   toser
counselor   consejero(a) (*m., f.*)
country   país (*m.*), campo (*m.*)
courteous   amable, 12
cousin   primo(a) (*m., f.*), 3

crab   cangrejo (*m.*), 2
cream   crema (*f.*), 1
credit card   tarjeta de crédito (*f.*), 1
crutches   muletas (*f. pl.*), 18
cultural   cultural
cup   taza (*f.*), 1
cupboard   armario (*m.*), 11
cure   curar
curling iron   rizador (*m.*), 9
curly hair   pelo rizado (*m.*), 9
curtain   cortina (*f.*), 10
customs   aduana (*f.*)
cut   cortar, 9

D

daily   por día, 15; diario(a)
dairy   lechería (*f.*)
dance   bailar, 3
danger   peligro (*m.*), 15
dangerous   peligroso(a), 15
   —curve   curva peligrosa (*f.*), 15
dark   moreno(a), 3
darling   mi amor (*m., f.*), 2;
   querido(a) (*m., f.*), 9
darn   bendito(a), 5
date   fecha (*f.*), P
   —of birth   fecha de nacimiento
   (*f.*)
daughter   hija (*f.*), 3
   —-in-law   nuera (*f.*)
dawn   madrugada (*f.*), 11
day after tomorrow   pasado
   mañana, 7
day before yesterday   anteayer, 19
dear   querido(a), 9
decide   decidir, 2
degree   título (*m.*), 17
den   sala de estar (*f.*), salón de estar
   (*m.*)
dentist   dentista (*m., f.*)
deodorant   desodorante (*m.*), 9
department   departamento (*m.*), 12
departure   salida (*f.*), 7
   —gate   puerta de salida (*f.*), 7
depend   depender, 15
deposit   depositar, 15
desk   escritorio (*m.*)
dessert   postre (*m.*)
detergent   detergente (*m.*)
detour   desvío (*m.*), 15
diabetes   diabetes (*f.*), 19
diabetic   diabético(a), 19
diarrhea   diarrea (*f.*), 19

dictionary diccionario (*m.*)
die morir (*o:ue*), 19
difficult difícil, 17
dining car coche-comedor (*m.*), 16
dining room comedor (*m.*)
dinner cena (*f.*), 5
diphtheria difteria (*f.*)
dirty sucio(a), 11
disability impedimento (*m.*)
discotheque discoteca (*f.*)
discount descuento (*m.*), 16
disease enfermedad (*f.*), 19
disembark bajarse
dish plato (*m.*), 1
dishwasher lavaplatos (*m. sing.*)
disinfect desinfectar, 18
dizziness mareo (*m.*), 16
dizzy spell mareo (*m.*), 16
do hacer, 8
doctor doctor(a) (*m., f.*), PI;
   médico(a) (*m., f.*), 18
doctor's office consultorio (*m.*),
   18
document documento (*m.*), 7
does that include . . . ? ¿eso
   incluye... ?, 5
doing haciendo
dollar dólar (*m.*), 4
don't litter no tire basura, 15
double bed cama doble (*f.*), 4
doubt dudar, 18
down abajo
downtown centro (*m.*), 5
dozen docena (*f.*), 10
dress vestido (*m.*), 9; vestirse (*e:i*)
dresser tocador (*m.*)
dressmaker modista (*f.*)
drink tomar, 1; beber, 2; bebida
   (*f.*), 2
drive conducir, manejar, guiar
   (*Puerto Rico*), 15
driver's license licencia para
   conducir (manejar), guiar (*Puerto
   Rico*) (*f.*), 15
drizzle lloviznar
dry seco(a), 9
   —clean limpiar en seco, 10
   —cleaners tintorería (*f.*), 10
dryer secadora (*f.*), 10
duck pato (*m.*), 2
dust sacudir, 10
dustpan palita (*f.*), recogedor (*m.*),
   11
dye tinte (*m.*)

E

early temprano, 9
earrings aretes (*m. pl.*), aros (*m.
   pl.*), 13
east este (*m.*), 16
easy fácil, 17
eat comer, 2
egg huevo (*m.*)
electric razor máquina de afeitar
   eléctrica (*f.*), 9
elegant elegante, 2
elementary school escuela
   elemental (primaria) (*f.*)
elevator ascensor (*m.*), elevador
   (*m.*), 13
e-mail correo electrónico (*m.*),
   correo "e" (*m.*), "c-e" (*m.*), 15
emergency room sala de
   emergencia (*f.*), 18
employee empleado(a) (*m., f.*), PII
empty vacío(a), 14
encounter encontrarse con (*o:ue*), 9
enter entrar, 9; ingresar
entertainment diversión (*f.*)
envelope sobre (*m.*), 20
errands diligencias (*f. pl.*)
escalator escalera mecánica
   (*f.*), 13
evening gown vestido de noche
   (*m.*)
ever alguna vez, 18
every todos(as), 5; cada, 19
   —day todos los días, 6
everybody todos (*m. pl.*), 11
everything necessary todo lo
   necesario, 10
exam examen (*m.*), 17
excellent excelente, 6
Excuse me. Perdón, 13
exit salida (*f.*), 7
expensive caro(a), 4
express train expreso (*m.*), rápido
   (*m.*), 16
exterior exterior, 6
   —room cuarto con vista a la
   calle (*m.*), cuarto exterior (*m.*), 6
eye ojo (*m.*), 18
   —doctor oculista (*m., f.*)

F

face cara (*f.*), 18
facsimile fax (*m.*), facsímil (*m.*), 15

faint desmayarse, perder (*e:ie*) el conocimiento, 18
fall down caerse, 18
family familia (*f.*), 3
  —**room** sala de estar (*f.*), salón de estar (*m.*)
famous phrase frase célebre (*f.*)
farm(house) finca (*f.*), 8
fasten one's seat belt abrocharse el cinturón de seguridad
fat gordo(a), 3
father padre (*m.*), papá (*m.*), 3
  —**-in-law** suegro (*m.*)
fax fax (*m.*), facsímil (*m.*), 15
fear temer, 17
feel sentirse (*e:ie*), 19
fever fiebre (*f.*), 19
fight pelea (*f.*), 8
fill llenar, 14
finally al fin, 12
financial transaction transacción financiera (*f.*)
find encontrar (*o:ue*), 9
  —**out** averiguar, 7
fine bien, PI; está bien, 10; (*penalty*) multa (*f.*), 15
finger dedo (*m.*), 18
finish terminar, 2
first class primera clase (*f.*), 7
fish pescado (*m.*), 2; pescar, 8
  —**market** pescadería (*f.*)
fishing pole caña de pescar (*f.*)
fit quedarle bien
fitting room probador (*m.*), 12
fix arreglar, 11
flat tire goma pinchada (ponchada) (*f.*), 14
flight vuelo (*m.*), 7
  —**attendant** auxiliar de vuelo (*m., f.*)
floor piso (*m.*), 5
flu gripe (*f.*)
fly volar (*o:ue*), 16
fold clothing (laundry) doblar la ropa, 10
food comida (*f.*), 2
foot pie (*m.*), 18
football fútbol americano (*m.*)
for para, por, 4
  —**dessert** de postre, 1
forehead frente (*f.*), 18
foreigner extranjero(a)

forget olvidarse (de), 13
fork tenedor (*m.*), 1
fracture fractura (*f.*), 18; fracturarse, romperse, 18
free gratis
freeway autopista (*f.*), 14
French francés(-esa)
  —**fries** papas fritas (*f. pl.*), 1
Friday viernes
fried frito(a), 1
  —**chicken** pollo frito (*m.*)
  —**egg** huevo frito (*m.*), 11
friend amigo(a) (*m., f.*)
from de, PII
fruit fruta (*f.*), 1
  —**market (store)** frutería (*f.*)
fry freír (*e:i*)
frying pan sartén (*f.*), 11
full lleno(a)
function funcionar, 6
furniture muebles (*m. pl.*), 10
  —**store** mueblería (*f.*)

G

game partido (*m.*), 8
garage garaje (*f.*), 11
garbage basura (*f.*), 11
  —**can** lata de la basura (*f.*), 11
garden jardín (*m.*)
gas station estación de servicio (*f.*), gasolinera (*f.*), 14
gasoline gasolina (*f.*), 14
gastroenteritis gastroenteritis (*f.*), 19
gee! ¡caramba!, 6
generally generalmente
gentleman señor, PI
geography geografía (*f.*), 17
German alemán(ana)
  —**measles** rubéola (*f.*)
get buscar, 6, conseguir (*e:i*)
  —**bad grades** sacar malas notas, 17
  —**better** mejorar(se)
  —**(something) dirty** ensuciar, 11
  —**dressed** vestir(se) (*e:i*), 9
  —**good grades** sacar buenas notas, 17
  —**hurt** lastimarse, 18
  —**off** bajarse

—ready prepararse, 9

—up levantarse, 9

—well soon! ¡que se (te) mejore(s)!

—worse empeorar

gift regalo (*m.*), 12

girl chica (*f.*), muchacha (*f.*), 3, niña (*f.*), 3

girlfriend novia (*f.*), 3

give dar, 3; (*as a gift*) regalar, 20

—an injection poner una inyección, 18

—back devolver (*o:ue*), 20

glass vaso (*m.*), 1

glove guante (*m.*), 12

—compartment guantera (*f.*), guantero (*m.*), portaguantes (*m.*)

go ir, 2

—back volver (*o:ue*), 6

—fishing ir de pesca

—hunting ir de caza

—in entrar, 9

—on a tour ir de excursión, 5

—out salir, 9

—shopping ir de compras, 12

—straight ahead seguir (*e:i*) derecho, 16

—through pasar por

—to bed acostarse (*o:ue*), 9

gold oro (*m.*)

good bueno(a), 4

—afternoon buenas tardes, PI

—evening buenas noches

—morning buenos días, PI

good-bye adiós, PI; chau, 17

grade nota (*f.*), 17

—school escuela elemental (primaria) (*f.*), 17

graduate graduarse, 17

granddaughter nieta (*f.*)

grandfather abuelo (*m.*)

grandmother abuela (*f.*)

grandson nieto (*m.*)

grapefruit toronja (*f.*), pomelo (*m.*) (*Spain*), 1

grapes uvas (*f. pl.*), 1

gray gris, 13

green verde, 12

greeting felicitación (*m.*), 20

guest invitado(a) (*m., f.*), 11

guide guía (*m.*)

H

hair pelo (*m.*), 9

—dryer secador (*m.*), 9

—salon peluquería (*f.*), 9

—stylist peluquero(a) (*m., f.*), 9

hairbrush cepillo (*m.*), 9

haircut corte de pelo (*m.*), 9

hairstyle peinado (*m.*), 9

half medio(a), 2; mitad (*f.*), 13

—a bottle media botella, 2

—an hour media hora, 12

ham jamón (*m.*)

hamburger hamburguesa (*f.*)

hand mano (*f.*), 18

—lotion crema para las manos (*f.*)

handbag bolso (*m.*), 5; maletín (*m.*), 7

handkerchief pañuelo (*m.*)

handsome guapo(a), 3

hang colgar (*o:ue*), 10

happen pasar, 18

happy contento(a), feliz

—birthday feliz cumpleaños, 20

hat sombrero (*m.*), 12

hate odiar, 8

have tener, 4

—a cough tener tos

—a lot to do tener mucho que hacer, 11

—a nice trip! ¡buen viaje!, 7

—a seat Tome asiento, PI

—breakfast desayunar, 11

—dinner (supper) cenar, 2

—fun divertirse (*e:ie*), 11

—heart trouble sufrir del corazón

—high blood pressure tener la presión alta, 19

—just (done something) acabar de (+ *inf.*), 4

—low blood pressure tener la presión baja

—lunch almorzar (*o:ue*), 6

—something to drink (eat) tomar (comer) algo, 2

—to (do something) tener que (+ *inf.*), 4

head cabeza (*f.*), 8

headache dolor de cabeza (*m.*)

healer curandero(a) (*m., f.*)

health salud (*f.*), 2

healthiest más sano(a)

healthy sano(a)

heart corazón (*m.*), 18

　—**attack** ataque al corazón (*m.*), infarto (*m.*), 19

heating calefacción (*f.*), 5

hello hola, PI, Bueno, PII

help ayudar, 10

here aquí, PII

　—**is . . .** aquí tiene..., 4

　—**is the menu** aquí está el menú, 2

hi hola, PI

hidden escondido(a)

high alto(a), 19

　—**school** escuela secundaria (*f.*)

highway carretera (*f.*), 14

hike caminata (*f.*), 8

history historia (*f.*), 17

hit (oneself) golpear(se), 18

homework tarea (*f.*), asignación (*f.*) (*Puerto Rico*), 17

hood (of a car) capó (*m.*), bonete (*m.*) (*Puerto Rico*), 14

hope esperar, 17

horse caballo (*m.*), 8

　—**race** carrera de caballos (*f.*)

hospital hospital (*m.*), 18

　—**gown** bata (*f.*), 18

hot dog perro caliente (*m.*)

hotel hotel (*m.*), 4

house casa (*f.*), 2

household chores quehaceres de la casa (*m. pl.*), trabajos de la casa (*m. pl.*), 10

housework quehaceres de la casa (*m. pl.*), trabajos de la casa (*m. pl.*), 10

how cómo, PI

　—**are you?** ¿Cómo está Ud.?, PI

　—**can I serve you?** ¿en qué puedo servirle?, 4

　—**do you get to . . . ?** ¿cómo se llega a... ?, 16

　—**long?** ¿cuánto tiempo?, 5

　—**many?** ¿cuántos(as)?, PII

　—**much?** ¿cuánto?, 4

　—**nice!** ¡qué amable!, 12

how's it going? ¿qué tal?, PI

however sin embargo

hunt cazar, 8

hurt doler (*o:ue*), 8

husband esposo (*m.*), marido (*m.*), 2

I

I like me gusta, 2

I hope . . . ojalá..., 17

I'll be right back en seguida regreso, 2

I'll call later Llamo más tarde, PII

I'll say ¡Ya lo creo!, 6

I'll see you around hasta la vista, PI

I'll see you later hasta luego, PI

I'm sorry lo siento, PII

ice cream helado (*m.*), nieve (*f.*) (*Mex.*), mantecado (*m.*) (*Puerto Rico*), 1

iced tea té frío (helado) (*m.*), 1

idea idea (*f.*), 8

if si, 5

improve mejorarse

in en, a

　—**advance** por adelantado, 5

　—**full (not on installments)** al contado

　—**order to** para, 8

　—**that case** entonces, 6

　—**the end** al final

in-law pariente político (*m.*)

inexpensive barato(a), 12

infection infección (*f.*), 19

influenza gripe (*f.*), 19

information información (*f.*), 7

injection inyección (*f.*), 18

inner ear oído (*m.*), 18

instead of en vez de

insurance seguro (*m.*), aseguranza (*f.*) (*Mex.*), 15

insured asegurado(a), 15

intelligent inteligente, 3

intend pensar (*e:ie*), 5

interesting interesante, 8

interior interior, 6

international internacional, 17

iron planchar, 10

Is . . . (name) there? ¿Está... + (name)?, PII

it's a pity es (una) lástima, 17

it's a pleasure to meet you mucho gusto, PI

it's true   es verdad, 6
it's unlikely   es difícil, 17
Italian   italiano(a)
item   artículo (*m.*), 12

J

jack   gato (*m.*), 14
jacket, sports jacket   chaqueta (*f.*), 12
jam   mermelada (*f.*)
jewelry   joyas (*f. pl.*)
   —**store**   joyería (*f.*), 13
juice   jugo (*m.*), zumo (*m.*) (*Spain*), 1

K

key   llave (*f.*), 4
kilometer   kilómetro (*m.*), 15
kind   amable, 12; clase (*f.*)
kitchen   cocina (*f.*)
knee   rodilla (*f.*), 18
knife   cuchillo (*m.*), 1
know   (*a fact*) saber, 7

L

lack   hacer falta, 8
lady   señora, PI
lake   lago (*m.*), 8
lamb   cordero (*m.*), 2
land   (*a plane*) aterrizar, 16
large   grande, 12
last   último(a), 7; pasado(a), 17; durar
   —**night**   anoche, 11
later   más tarde, 1; después, 2
laugh   reír(se) (*e:i*), 12
learn   aprender
least healthy   menos sano(a)
leather   cuero (*m.*), 13
leave   ir(se), salir, 9
   —**(behind)**   dejar, 1
lecture   conferencia (*f.*), 3
leg   pierna (*f.*), 18
lend   prestar, 8
lentils   lentejas (*f. pl.*)
less   menos, 8
let's go   vamos, 5
letter   carta (*f.*), 20
lettuce   lechuga (*f.*)
library   biblioteca (*f.*), 17

license   licencia (*f.*)
   —**plate**   chapa (*f.*), matrícula (*f.*), placa (*f.*), 14
life   vida (*f.*)
lift   levantar, 14
light   luz (*f.*), 14
like   gustar, 8
line   cola (*f.*), fila (*f.*), 16
lipstick   lápiz de labios (*m.*), pintalabios (*m.*) (*Spain*)
liquid   líquido (*m.*), 19
list   lista (*f.*), 2
listen!   ¡oye!, 3
literature   literatura (*f.*), 17
live   vivir, 3
living room   sala (*f.*), 3
loaded (with)   cargado(a) (de), 13
lobby   vestíbulo (*m.*), 6
lobster   langosta (*f.*), 2
long hair   pelo largo (*m.*), 9
look   mirar, 8; verse, 9
   —**at oneself in the mirror**   mirarse en el espejo, 9
   —**for**   buscar, 12
lose   perder (*e:ie*), 5
   —**consciousness**   desmayarse, perder el conocimiento, 18
love   amor (*m.*), 2
lower berth   litera baja (*f.*), 16
luck   suerte (*f.*), 17
luggage   equipaje (*m.*), 5
lunch   almuerzo (*m.*), 5

M

madam   señora, PI
magazine   revista (*f.*), 5
magnificent   magnífico(a), 8
mail   correo (*m.*); echar al correo, 20
mailbox   buzón (*m.*), 20; (*in an office*) casillero (*m.*)
major   especialización (*f.*), 17
make   hacer, 8
   —**a reservation**   hacer una reservación
   —**a stopover**   hacer escala
   —**the bed**   hacer la cama, 10
makeup   maquillaje (*m.*), 9
manager   gerente (*m., f.*), 4
many   muchos(as), 3
margerine   margarina (*f.*)
marina club   club náutico (*m.*), PII

marmalade mermelada (*f.*)

mashed potatoes puré de papas (*m.*), 1

match hacer juego (con), combinar (con), 13

mathematics matemáticas (*f. pl.*), 17

mattress colchón (*m.*), 6

May I help you? ¿En qué puedo servirle?, 4

meal comida (*f.*), 5

means medios (*m. pl.*)

meanwhile mientras tanto

measles sarampión (*m.*), 19

measure medir (*e:i*)

meat carne (*f.*)

  —market carnicería (*f.*)

meatball albóndiga (*f.*)

mechanic mecánico(a) (*m., f.*), 14

medical doctor, M.D. médico(a) (*m., f.*), 18

  —test análisis (*m.*)

medicine cabinet botiquín (*m.*), 9

medium mediano(a), 12

  —height estatura mediana, 3

  —rare término medio

meet (*for the first time*) conocer, 16; encontrarse con (*o:ue*), 9

meeting reunión (*f.*), 9

melon melón (*m.*), 1

member socio(a) (*m., f.*), 14; miembro (*m.*)

men's clothing artículos para caballeros (*m.*), 12

mention mencionar

menu menú (*m.*), 1

message mensaje (*m.*), PII

Mexican mexicano(a)

Midnight Mass Misa de Gallo (*f.*)

midterm exam examen parcial (*m.*), examen de mitad de curso, 17

midwife partera (*f.*)

mile milla (*f.*)

milk leche (*f.*)

mind mente (*f.*)

mine mío(a), 9

mineral water agua mineral (*f.*), 1

mirror espejo (*m.*), 9

Miss señorita, PI

miss perder (*e:ie*)

  —the train (plane, bus) perder el tren (avión, autobús)

mixed mixto(a), 1

moment momento (*m.*), 8

monastery monasterio (*m.*)

Monday lunes

money dinero (*m.*), 2

  —order giro postal (*m.*), 20

monkey mono(a) (*m., f.*)

month mes (*m.*), 7

monthly mensual, por mes

monument monumento (*m.*)

moon luna (*f.*), 8

more más

morning mañana (*f.*), 10

mosque mezquita (*f.*)

most más

mother madre (*m.*), mamá (*f.*), 3

  —-in-law suegra (*f.*)

motor motor (*m.*), 14

  —scooter motoneta (*f.*)

mountain montaña (*f.*), 8

  —climbing alpinismo (*m.*)

mouth boca (*f.*), 18

movie theater cine (*m.*), 3

mow the lawn cortar el césped, 10

Mr. señor, PI

Mrs. señora, PI

much mucho, PI

mumps paperas (*f. pl.*), 19

museum museo (*m.*), 6

mushrooms champiñones (*m. pl.*), hongos (*m. pl.*)

musical musical, 9

must deber, 4

mustache bigote (*m.*), 9

my love mi amor, 2

N

nail polish esmalte para las uñas (*m.*), pintura de uñas (*f.*) (*Puerto Rico*)

  —remover acetona (*f.*), quitaesmalte (*m.*)

name nombre (*m.*)

napkin servilleta (*f.*), 11

narrow estrecho(a)

  —bridge puente angosto, 15

nausea náusea (*f.*), 19

navigate the Web navegar la red

near cerca (de), 6; junto a, 8

necessary necesario(a), 18

neck cuello (*m.*)

necklace collar (*m.*), 13

need necesitar, 4; hacer(le) falta (a uno), 8

nephew sobrino (*m.*)

never nunca, 6

new nuevo(a), 12

newspaper diario (*m.*), periódico (*m.*), 5

next próximo(a), 5; que viene, 17
 —**to** junto a, 8

nice amable, 12

nickname sobrenombre (*m.*)

niece sobrina (*f.*)

night noche (*f.*), 4
 —**club** club nocturno (*m.*)

nightgown bata de dormir (*f.*), camisón (*m.*), 13

nightstand mesita de noche (*f.*)

no no, PI
 —**parking** prohibido estacionar, 15
 —**smoking** no fumar, 7

nobody nadie, 19

noise ruido (*m.*)

non-smoking section sección de no fumar (*f.*)

noodles fideos (*m. pl.*)

noon mediodía (*m.*), 4

north norte (*m.*), 16

North American (from the U.S.) norteamericano(a), 3

nose nariz (*f.*), 18

not no, PI

notes notas (*f. pl.*)

nothing nada, 10

noun nombre (*m.*)

now ahora, 3; ya, 6

number número (*m.*), 16

nurse enfermero(a) (*m., f.*), 18

O

oculist oculista (*m., f.*)

of de, 1

office oficina (*f.*), 9

often a menudo

oil aceite (*m.*), 14

okay bueno, 12

on a, sobre
 —**installments** a plazos
 —**the phone** por teléfono, PII
 —**time** a tiempo
 —**vacation** de vacaciones, 5

one moment un momento, PII

one way (*ticket*) de ida, 7; (*street*) una vía, 15

onion cebolla (*f.*), 10

only solamente, sólo

open abrir, 2; abierto(a)

operate operar, 19

operation operación (*f.*), cirugía (*f.*), 19

or o, 1

orange naranja (*f.*), china (*f.*) (*Puerto Rico*), 1

order pedir (*e:i*), 2; pedido (*m.*), 2

orthopedist ortopédico(a) (*m., f.*)

other otro(a), 4

outdoor activity actividad al aire libre (*f.*), 8

outdoor cafe café al aire libre, 15

oven horno (*m.*)

overcoat abrigo (*m.*), 12

owner dueño(a) (*m., f.*), 5

P

package paquete (*m.*), 13

paddle remar

pain dolor (*m.*)

pair par (*m.*), 13

pajamas pijama (*m.*), 13

palace palacio (*m.*)

pancake panqueque (*m.*)

pants pantalón (*m.*), pantalones (*m. pl.*), 12

pantyhose pantimedias (*f. pl.*), 13

paper papel (*m.*), 11

parents padres (*m. pl.*)

park aparcar, estacionar, parquear; parque (*m.*)

parking estacionamiento (*m.*)
 —**lot** zona de estacionamiento (*f.*)

party fiesta (*f.*), 3

passenger pasajero(a) (*m., f.*), 7

passport pasaporte (*m.*), 7

pay pagar, 1
 —**bills** pagar cuentas

payment pago (*m.*), 15

peach durazno (*m.*), melocotón (*m.*), 1

pear pera (*f.*), 1

peas arvejas (*f. pl.*), guisantes (*m. pl.*)

pedestrian crossing paso de peatones (*m.*), 15

peel pelar, 11

pepper pimienta (*f.*)

per por
 —**day** por día, 15
 —**night** por noche, 4
 —**week** por semana, 15

percent por ciento (*m.*), 16
perfect perfecto(a), 8
perfume perfume (*m.*), 9
permanent wave permanente (*f.*), 9
person persona (*f.*), 4
pharmacy farmacia (*f.*), 6
phone teléfono (*m.*), PII; llamar por teléfono, 15
photocopier fotocopiadora (*f.*), 20
photocopy fotocopia (*f.*), 20; fotocopiar, hacer fotocopias, 20
physical físico(a),
  —education educación física (*f.*), 17
physics física (*f.*), 17
pick up buscar, 6; recoger
pickup truck camioneta (*f.*)
pie pastel (*m.*), 2
pill pastilla (*f.*), 16; píldora (*f.*), 19
pillow almohada (*f.*), 5
pillowcase funda (*f.*), 6
pineapple piña (*f.*), 1
pitcher jarra (*f.*)
place lugar (*m.*), 6
  —of interest lugar de interés (*m.*), 6
plan pensar (*e:ie*), 5; planear, 8
plane avión (*m.*), 7
plate plato (*m.*), 1
platform (railway) andén (*m.*), 16
play (*a game*) jugar (*u:ue*), (*a sport*) practicar, 8; obra (*f.*)
player jugador(a) (*m., f.*)
please por favor, PI; favor de (+ *inf.*), 7
pneumonia pulmonía (*f.*), 19
poem poema (*m.*)
polio poliomielitis (*f.*)
pork chop chuleta de cerdo (*f.*), 2
post office correo (*m.*), oficina de correos (*f.*), 20
  —box apartado postal (*m.*), casilla de correos (*f.*)
  —window ventanilla, 20
postage stamp estampilla (*f.*), sello (*m.*), 20
postcard tarjeta postal (*f.*), 20
pot olla (*f.*), 11
potato papa (*f.*), patata (*f.*) (*Spain*), 1
  —chips papitas (*f. pl.*)

pound libra (*f.*), 19
practice practicar
precious stones brillantería (*f.*)
prefer preferir (*e:ie*), 6
pregnant embarazada, 19
prepare preparar, 10
prescribe recetar, 19
present regalo (*m.*), 12
pretty bonito(a), 3
prevent prevenir
price precio (*m.*), 5
private privado(a), 4; propio(a)
probably probablemente, 6
problem problema (*m.*), 14
professor profesor(a) (*m., f.*), PI
proprietor dueño(a) (*m., f.*), 5
psychology psicología (*f.*)
pudding budín (*m.*), pudín (*m.*), 2
Puerto Rican puertorriqueño(a), 17
pure puro(a), 13
purse bolsa (*f.*), cartera (*f.*), 12
put poner, 10
  —in a cast enyesar, 18
  —in stitches dar (poner) puntos, 18
  —on ponerse, 9

Q

quality calidad (*f.*), 13
quarter trimestre (*m.*)

R

race track hipódromo (*m.*)
racquet raqueta (*f.*), 8
radishes rabanitos (*m. pl.*)
railroad crossing ferrocarril (*m.*), 15
railway ferroviario(a)
rain llover (*o:ue*), 10; lluvia (*f.*)
raincoat impermeable (*m.*)
raise levantar, 14
ranch finca (*f.*), 8
rare medio crudo
rate tarifa (*f.*)
  —of exchange cambio de moneda (*m.*), 7
razor máquina de afeitar (*f.*), 9
  —blade navajita (*f.*), 13; hoja de afeitar (*f.*)
read leer, 2

ready listo(a), 13
ready-made hecho(a)
really de veras, 11
receipt recibo (*m.*), 15
recently recientemente
receptionist recepcionista (*m., f.*), PII
recipe receta (*f.*), 11
recliner reclinadora (*f.*)
red rojo(a), 10
—**wine** vino tinto (*m.*), 1
refrigerator heladera (*f.*), nevera (*f.*), refrigerador (*m.*), 10
register registro (*m.*), 4; matricularse, 17
registered certificado(a), 20
relative pariente (*m., f.*)
remember recordar (*o:ue*), 6
rent alquilar, 8
repair shop taller de mecánica (*m.*), 14
report informe (*m.*), 17
requirement requisito (*m.*), 17
reservation reservación (*f.*), 4
reserve reservar, 7
restaurant restaurante (*m.*), 1
return (*to a place*) regresar, 2; volver (*o:ue*), 6; (*something*) devolver (*o:ue*), 20
rice arroz (*m.*)
—**pudding** arroz con leche (*m.*)
ride a bicycle montar en bicicleta
ride horseback andar a caballo, montar a caballo, 8
riddle adivinanza (*f.*)
right? ¿verdad?, 5
—**away** en seguida, 2
—**here** aquí mismo, 18
—**now** ahora mismo
ring anillo (*m.*), sortija (*f.*), 13; sonar
road camino (*m.*)
roast asar, 11
roasted asado(a), 2
room cuarto (*m.*), habitación (*f.*), 4
—**service** servicio de cuarto (*m.*), servicio de habitación (*m.*)
round-trip de ida y vuelta, 7
row remar
rubella rubéola (*f.*)
rum cake torta al ron (*f.*), 2
run correr, 4
—**errands** hacer diligencias, 9

S

sad triste
safe deposit box caja de seguridad (*f.*), 20
sail boat barquito de vela (*m.*)
salad ensalada (*f.*), 1
sale liquidación (*f.*), venta (*f.*), 12; rebaja (*f.*)
salt sal (*f.*)
same mismo(a)
sandals sandalias (*f. pl.*), 13
Saturday sábado (*m.*)
sauce salsa (*f.*), 2
saucepan cacerola (*f.*), 11
sausage chorizo (*m.*), salchicha (*f.*)
save ahorrar
savings account cuenta de ahorros (*f.*), 15
say decir (*e:i*), 7
—**hello to . . .** saludos a, PI
saying dicho (*m.*)
scale balanza (*f.*), 19
scarf bufanda (*f.*)
scarlet fever escarlatina (*f.*)
scholarship beca (*f.*), 17
school escuela (*f.*)
scissors tijera (*f.*), 9
scrambled egg huevo revuelto (*m.*), 11
scrub fregar (*e:ie*), 11
season estación (*f.*)
seat asiento (*m.*), 7
second segundo(a), 5
see ver, 8
sell vender, 13
semester semestre (*m.*), 17
send mandar, 10; enviar, 20
sense sentido (*m.*)
serious grave
serve servir (*e:i*), 5
service servicio (*m.*)
—**station** estación de servicio (*f.*), gasolinera (*f.*), 14
set the table poner la mesa, 11
several varios(as), 9
Shall we dance? ¿Bailamos?, 3
shampoo champú (*m.*), lavado (*m.*), 9
shave (oneself) afeitar(se), 9
sheet sábana (*f.*), 6
shellfish mariscos (*m. pl.*), 2
shirt camisa (*f.*), 12

shoe zapato (*m.*), 13
  —**store** zapatería (*f.*), 13
shop window vidriera (*f.*), vitrina
  (*f.*), 12
short (*height*) bajo(a), 3
  —**hair** pelo corto, 9
shot inyección (*f.*), 18
should deber, 4
show enseñar, mostrar (*o:ue*), 8;
  función (*f.*), 9
shower ducha (*f.*), 4
shrimp camarón (*m.*), gamba (*f.*)
  (*Spain*), 2
sickness enfermedad (*f.*)
sign firmar, 4; letrero (*m.*)
silk seda (*f.*)
silver plata (*f.*)
silverware cubiertos (*m. pl.*)
since como, 10; ya que, 12; desde,
  19
single bed cama chica (*f.*), 4
sink fregadero (*m.*), pileta (*f.*), 11
sir señor, PI
sister hermana (*f.*), 3
  —**-in-law** cuñada (*f.*)
sit down sentar(se) (*e:ie*), 9
situation situación (*f.*)
size medida (*f.*), talla (*f.*), 12;
  tamaño (*m.*)
skate patinar, 8
skates patines (*m. pl.*), 8
ski esquiar, 8
skirt falda (*f.*), saya (*f.*) (*Cuba*), 12
sky cielo (*m.*), 10
sleep dormir (*o:ue*), 8
sleeping bag bolsa de dormir (*f.*), 8
sleeping car coche litera (*m.*),
  coche-cama (*m.*), 16
slippers pantuflas (*f. pl.*), zapatillas
  (*f. pl.*)
small chico(a), 4; pequeño(a)
smallpox viruela (*f.*)
smog contaminación del aire (*f.*)
smoke fumar, 7
sneakers zapatos de tenis (*m.*)
snow nevar (*e:ie*); nieve (*f.*)
so de modo que, 20; así que
  —**many** tantos(as), 6
soap jabón (*m.*), 5
soccer fútbol (*m.*)
sociology sociología (*f.*), 17
socks calcetines (*m. pl.*), medias (*f.
  pl.*), 13
soda pop refresco (*m.*)

sofa sofá (*m.*)
soft-boiled egg huevo pasado por
  agua (*m.*), 11
some algún, alguno(a), unos(as),
  algunos(as), 11, 7
somebody alguien, 18
someone alguien, 18
something algo, 10
sometimes a veces, 11
son hijo (*m.*)
  —**-in-law** yerno (*m.*)
sooner antes, 12
soup sopa (*f.*), 1
south sur (*m.*), 16
spaghetti espaguetis (*m. pl.*),
  tallarines (*m. pl.*)
spare part pieza de repuesto (*f.*), 14
speak hablar, 4
specialty especialidad (*f.*), 2
speed limit velocidad máxima (*f.*)
spend gastar, 15
spoon cuchara (*f.*), 1
sport deporte (*m.*), 8
stadium estadio (*m.*), 6
stairs escalera (*f.*)
stamp sello (*m.*), estampilla (*f.*), 20
standard shift (car) de cambios
  mecánicos, 15
star estrella (*f.*), 8
start empezar (*e:ie*), 5; (*a motor*)
  arrancar, 14
station estación (*f.*)
stay in bed (when one is sick)
  guardar cama
steak bistec (*m.*), 1
steam (food) cocinar al vapor
steering wheel volante (*m.*), guía
  (*f.*) (*Puerto Rico*), 14
stepbrother hermanastro (*m.*)
stepdaughter hijastra (*f.*)
stepfather padrastro (*m.*)
stepmother madrastra (*f.*)
stepsister hermanastra (*f.*)
stepson hijastro (*m.*)
stew guisado (*m.*), guiso (*m.*), 2
stick out one's tongue sacar la
  lengua, 19
stomach estómago (*m.*), 18
stop alto, 15; parar
store tienda (*f.*), 5
stove cocina (*f.*), estufa (*f.*)
straight hair pelo lacio (*m.*), 9
strawberries fresas (*f. pl.*), 1
streetcar tranvía (*m.*)

strong fuerte

student estudiante (*m., f.*), 3

study estudiar, 17

stuffed turkey pavo relleno (*m.*)

subject (academic) asignatura (*f.*),
  materia (*f.*), 17

subsidized subvencionado(a)

subway metro (*m.*), subterráneo
  (*m.*), 18

suffer sufrir

sugar azúcar (*m.*), 1

suggest sugerir (*e:ie*), 16

suit traje (*m.*), 12

suitcase maleta (*f.*), 4

summer verano (*m.*), 10

sunglasses anteojos de sol (*m. pl.*),
  gafas de sol (*f. pl.*) (*Spain*), 13

suntan lotion bronceador (*m.*)

supermarket supermercado (*m.*),
  10

supper cena (*f.*), 5

sure seguro(a), 6

surgeon cirujano(a) (*m., f.*)

surgery cirugía (*f.*)

sweater suéter (*m.*), 10

sweep barrer, 11

swim nadar, 8

swimming natación (*f.*)

  —**pool** piscina (*f.*), alberca (*f.*)
    (*Mex.*), pileta de natación (*f.*)
    (*South America*), 4

symptom síntoma (*m.*), 19

syringe jeringuilla (*f.*)

syrup jarabe (*m.*), 19

T

t-shirt camiseta (*f.*), 13

table mesa (*f.*), PII

  —**linens** mantelerías (*f., pl.*)

tablecloth mantel (*m.*)

tablespoonful cucharada (*f.*), 19

tailor sastre (*m.*)

take (*someone or something someplace*)
  llevar, 2; (*a class*) tomar, 17; (*a bus*)
  tomar, 16

  —**a deep breath** respirar hondo,
    19

  —**a hike** hacer una caminata, 8

  —**off** quitarse, 18; (*plane*)
    despegar, 16

  —**out the garbage** sacar la
    basura, 11

  —**turns** turnarse

talk conversar, 2; hablar, 4

tall alto(a), 3

tank tanque (*m.*), 14

tasty rico(a), sabroso(a), 2

taxi stand parada de taxis (*f.*), 16

tea té (*m.*), 1

teach enseñar, 11

teacher profesor(a) (*m., f.*), PI

team equipo (*m.*)

teaspoonful cucharadita (*f.*), 19

teeth dientes (*m. pl.*), 9

television televisión (*f.*), tele (*f.*), 8

  —**set** televisor (*m.*), 4

tell decir (*e:i*), 7

teller cajero(a) (*m., f.*), 20

temperature temperatura (*f.*), 19

tennis tenis (*m.*), 8

  —**shoes** zapatos de tenis (*m. pl.*)

tent tienda de campaña (*f.*), 8

terrace terraza (*f.*), 10

tetanus shot inyección antitetánica
  (*f.*), 18

thank you gracias, PI

that eso, 8; que, 10

That's great! ¡Qué bien!, 13

that's why . . . por eso..., 12

the pleasure is mine el gusto es
  mío, PI

theater teatro (*m.*)

then entonces, 6

there allí, 3

there are hay, PII

there is hay, PII

therefore pues

thermometer termómetro (*m.*), 19

thin delgado(a), 3

thing cosa (*f.*), 9

think pensar (*e:ie*), 5; creer, 12

this este(a), 8

  —**afternoon** esta tarde, 10

  —**very day** hoy mismo, 7

  —**way** por aquí, 2

throat garganta (*f.*)

through por, 10

throw up vomitar, 19

Thursday jueves

ticket (*for a trip*) pasaje (*m.*), billete
  (*m.*), 7; (*for an event*) entrada (*f.*), 9;
  boleto (*m.*), 16; (*fine*) multa (*f.*)

  —**window** despacho de boletos
    (*m.*), ventanilla (*f.*), 16

tie corbata (*f.*), 12

tight estrecho(a)

tile azulejo (*m.*)

time tiempo (*m.*), 5; (as equivalent of *occasion*) vez (*f.*), 10
tire goma (*f.*), llanta (*f.*), neumático (*m.*), 14
tired cansado(a), 3
to para, 16; a
 —**the left** a la izquierda
 —**the right** a la derecha
toast brindis (*m.*), 2; pan tostado (*m.*), 5; tostada (*f.*), 11
toaster tostadora (*f.*), 11
today hoy, PI; hoy mismo, 7
toe dedo del pie (*m.*), 18
together juntos(as), 17
toiletries artículos de tocador (*m. pl.*)
tomato tomate (*m.*), 1
tomorrow mañana, 3
tongue lengua (*f.*), 18
tongue-twister trabalenguas (*m.*)
tonight esta noche, 6
too también, 2
toothbrush cepillo de dientes (*m.*)
toothpaste pasta de dientes (*f.*), pasta dentífrica (*f.*), 9
tossed (salad) mixto(a), 1
tourist turista (*m., f.*), 7
 —**class** clase turista (*f.*), 7
tow remolcar, 14
 —**truck** grúa (*f.*), remolcador (*m.*), 14
towel toalla (*f.*), 5
tower torre (*f.*)
town pueblo (*m.*)
traffic sign señal de tráfico (*f.*), 15
train tren (*m.*), 16
 —**schedule** horario (itinerario) de trenes (*m.*), 16
 —**station** estación de trenes (*f.*), 16
transfer transbordar, 16
travel viajar, 7
 —**agency** agencia de viajes (*f.*), 7
traveler's check cheque de viajero (*m.*), 1
trip viaje (*m.*), 7
trousers pantalón (*m.*), pantalones (*m. pl.*), 12
trout trucha (*f.*)
truck camión (*m.*)
trunk (of a car) maletero (*m.*), baúl (*m.*) (*Puerto Rico*), cajuela (*f.*) (*Mex.*), 14

try (to) tratar (de), 8
try on probarse (*o:ue*), 12
Tuesday martes (*m.*)
tuition matrícula (*f.*), 17
tuna atún (*m.*)
turkey pavo (*m.*)
turn doblar, girar, 16
tuxedo esmoquin (*m.*)
TV televisión (*f.*), tele (*f.*), 8
 —**set** televisor (*m.*), 4
two-door car coche de dos puertas (*m.*), 15

U

umbrella paraguas (*m.*)
uncle tío (*m.*)
uncomfortable incómodo(a), 6
under debajo de, 11
undershirt camiseta (*f.*), 13
undershorts (men's) calzoncillo (*m.*), 13
understand entender (*e:ie*), 15
underwear ropa interior (*f.*), 13
unfortunately desgraciadamente, por desgracia, 17
university universidad (*f.*), 17
unleaded sin plomo
until hasta, 8; hasta que, 19
upper berth litera alta (*f.*), 16
use usar, 9; gastar, 15; uso (*m.*)

V

vacate desocupar, 4
vacation vacaciones (*f. pl.*), 8
vaccination vacuna (*f.*), 19
vacuum pasar la aspiradora, 10
 —**cleaner** aspiradora (*f.*), 10
valid válido(a)
van camioneta (*f.*)
vanilla ice cream helado de vainilla (*m.*), 1
vegetable market verdulería (*f.*)
vegetable soup sopa de verduras (*f.*), 17
vegetables vegetales (*m. pl.*), verduras (*f.*), 1
verb verbo (*m.*)
vermouth vermut (*m.*), 2
very muy, PI
 —**well** muy bien, PI

vest chaleco (*m.*)
vinegar vinagre (*m.*)
visa visa (*f.*), visado (*m.*) (*Spain*), 7
visit visitar, 6
vocabulary vocabulario (*m.*)
vomit vomitar, 19

W

wait (for) esperar, 4
　—**in line** hacer cola (fila), 16
　—**on** atender (*e:ie*), 9
waiter camarero (*m.*), mesero (*m.*), mozo (*m.*), 1
waiting room sala de espera (*f.*), 18
waitress camarera (*f.*), mesera (*f.*), 1
walk caminar, 16
wallet billetera (*f.*), 9
want desear, 1; querer (*e:ie*), 5
wash lavado (*m.*), 9; (*oneself*) lavar(se), 9; fregar (*e:ie*), 11
washing machine lavadora (*f.*), 10
water agua (*f.*), 1
　—**pump** bomba de agua (*f.*)
　—**skiing** esquí aquático (*m.*)
watermelon sandía (*f.*), melón de agua (*m.*) (*Cuba*), 1
we'll see you nos vemos, 17
weak débil, 19
wear llevar, usar, 12
　—**a certain shoe size** calzar, 13
weather tiempo (*m.*)
wedding anniversary aniversario de bodas (*m.*), 13
week semana (*f.*), 5
weigh pesar, 19
weight peso (*m.*), 19
well bien, PI; bueno..., 5
　—**done** bien cocido
west oeste (*m.*), 16
what? ¿qué?, 1; ¿cuál?, 13
　—**do you think of . . . ?** ¿Qué te parece... ?, 8
　—**else?** ¿qué más?
　—**for?** ¿para qué?
　—**is . . . like?** ¿Qué tal es... ?, 6
　—**size shoe do you wear?** ¿Qué número calza?, 13
What's new? ¿Qué hay de nuevo?, PI

What's the date today? ¿Qué fecha es hoy?, PI
What's the exchange rate? ¿A cómo está el cambio de moneda?, 7
when cuando, 2
when? ¿cuándo?, 7
where ¿dónde?, 4
　—**from?** ¿de dónde?, PII
　—**to?** ¿adónde?, 5
whether si, 5
which? ¿cuál?, 13
while rato (*m.*) 2; mientras, 4
white blanco(a), 1
　—**wine** vino blanco (*m.*), 2
who ¿quién?, 3; que, 10
Who's speaking? ¿De parte de quién?, PII
whom ¿quién?, 3
whooping cough tos ferina (*f.*)
why ¿por qué?, 4
wide ancho(a), 12
wife esposa (*f.*), mujer (*f.*), 2
window ventana (*f.*), 10; (*of a car*) ventanilla (*f.*), 14
　—**seat** asiento de ventanilla (*f.*), 7
windshield parabrisas (*m. sing.*), 14
　—**wiper** limpiaparabrisas (*m. sing.*), 14
wine vino (*m.*), 1
　—**glass** copa (*f.*), 1
winter invierno (*m.*)
wish querer (*e:ie*), 5
with con, 1
　—**me** conmigo, 7
　—**you** (*fam.*) contigo, 6
without sin, 15
Wise Men Reyes Magos (*m. pl.*)
woman mujer (*f.*), 5
women's clothing artículos para señoras (*m. pl.*), 12
wool lana (*f.*), 13
word palabra (*f.*)
work funcionar, 6; trabajar, 10
worried preocupado(a), 12
worry preocuparse, 18
wound herida (*f.*), 18
wrist muñeca (*f.*)
wristwatch reloj de pulsera (*m.*), 13
write something down anotar, 2

X

x-ray radiografía (*f.*), 18
— **room** sala de rayos x (*f.*), 18

Y

yacht club club náutico (*m.*), PII
yearly anual
yes sí, 1
yesterday ayer, 19
yield ceda el paso, 15
you like te gusta, 2

young joven
— **lady** señorita, PI
— **man** chico (*m.*), muchacho (*m.*), 3
— **people** gente joven (*f.*)
— **woman** chica (*f.*), muchacha (*f.*), 3
yours tuyo(a), 9

Z

zoo zoológico (*m.*)